权威·前沿·原创

皮书系列为

“十二五”“十三五”国家重点图书出版规划项目

中国社会科学院创新工程学术出版资助项目

中国城市基本公共服务力评价（2018）

EVALUATION OF CHINESE CITIES' BASIC PUBLIC SERVICE CAPABILITY (2018)

主　编／钟　君　刘志昌　陈　勇
副主编／刘须宽　徐　滔

社会科学文献出版社
SOCIAL SCIENCES ACADEMIC PRESS (CHINA)

图书在版编目(CIP)数据

中国城市基本公共服务力评价.2018 / 钟君，刘志昌，陈勇主编.--北京：社会科学文献出版社，2018.12

（公共服务蓝皮书）

ISBN 978-7-5097-6274-5

Ⅰ.①中… Ⅱ.①钟… ②刘… ③陈… Ⅲ.①地方政府-社会服务-比较评价-中国-2018 Ⅳ.①D625

中国版本图书馆 CIP 数据核字（2018）第 292191 号

公共服务蓝皮书

中国城市基本公共服务力评价（2018）

主　　编 / 钟　君　刘志昌　陈　勇

副 主 编 / 刘须宽　徐　滔

出 版 人 / 谢寿光

项目统筹 / 蔡继辉　任文武

责任编辑 / 高振华　丁　凡

出　　版 / 社会科学文献出版社 · 区域发展出版中心（010）59367143

地址：北京市北三环中路甲 29 号院华龙大厦　邮编：100029

网址：www. ssap. com. cn

发　　行 / 市场营销中心（010）59367081　59367083

印　　装 / 三河市龙林印务有限公司

规　　格 / 开　本：787mm × 1092mm　1/16

印　张：17.5　字　数：260 千字

版　　次 / 2018 年 12 月第 1 版　2018 年 12 月第 1 次印刷

书　　号 / ISBN 978-7-5097-6274-5

定　　价 / 89.00 元

皮书序列号 / PSN B-2011-214-1/1

本书如有印装质量问题，请与读者服务中心（010-59367028）联系

公共服务蓝皮书编委会

《中国城市基本公共服务力评价（2018）》课 题 组

组　　长　钟　君　刘志昌　陈　勇

成　　员　钟　君　刘志昌　刘须宽　万相昱　陈秋霖　王永磊　罗紫罗兰　奥　博　丁燕鹏　郑晓君　万建超　杨　斌　栾文莲　曾宪奎　徐　滔　崔　斌　钟杏梅　潘宇峰　陈　宁　王　鑫　王彩云　赵红雁　张　婕　何文婷　茅　俊　刘玉红　杜南骏　余海萍　张茜茜　尹　倩　徐璟玉　卜万红　尹学朋

执　　笔　钟　君　刘志昌　刘须宽　万相昱　罗紫罗兰　崔　斌　钟杏梅　潘宇峰　陈　宁

课题承担单位

中国社会科学院马克思主义研究院经济与社会建设研究室
腾讯公司政务舆情部

主要编撰者简介

钟　君　男，山东昌乐人，法学博士，研究员。现任中国社会科学院办公厅副主任，兼任信息化管理办公室主任、中国社会科学杂志社副总编辑。入选国家“万人计划”青年拔尖人才。主要研究领域为中国特色社会主义、公共服务与社会建设等。代表作有《中国特色社会主义政治价值研究》、《社会之霾——当代中国社会风险的现实与逻辑》、《马克思靠谱》、《马克思主义中国化理论创新30年》（合著）、《改革开放三十年思想史》（合著）、《中国地方政府经济行为分析——基于公共选择视角》（论文，合著）、《科学发展观对地方政府执政行为的实践指导意义》（论文）等。

刘志昌　男，湖南临湘人，政治学博士，副研究员，澳大利亚迪肯大学访问学者。现任中国社会科学院马克思主义研究院经济与社会建设研究室副主任（主持工作）。主要从事公共服务、国家治理和社会建设等研究。主持国家社科基金项目及中国社会科学院项目等多项课题，独立撰写《中国基本公共服务均等化的变迁与逻辑》、《国家治理与公共服务现代化》等著作4部，在《当代世界》、《社会主义研究》、《统计与决策》等报刊发表论文和向政府部门提交对策咨询报告40余篇。

刘须宽　男，江苏泗阳人，法学博士，中国社会科学院马克思主义研究院副研究员。主要从事政治哲学、政治伦理、公共服务与社会建设等方面研究。主要研究成果有《柏拉图伦理思想研究》等专著4本，《历史上最具影响力的伦理学名著27种》（合作主编），在《马克思主义研究》、《哲学动态》、《北京师范大学学报》等刊物上发表论文40余篇，多次参与国家社科基金、教育部价值与文化研究基地等课题研究，多次参与中宣部、交通部等政府部门专项决策研究。

万相昱 男，经济学博士，中国社会科学院数量经济与技术经济研究所副研究员，中国社会科学院研究生院副教授，硕士研究生导师。长期从事经济模型、经济预测与公共政策研究工作，专注微观模拟模型与社会科学仿真技术的相关理论与实证研究。先后主持和参与国家或省部级以上科研课题10余项，形成多部具有影响力的研究报告，独立撰写相关学术专著2部，在国内外相关学术期刊发表论文30余篇。

崔 斌 男，山西晋城人，北京大学社会学、经济学双学士，现任腾讯公司政务舆情部副总监，在网络热点舆情分析、政务新媒体传播研究等领域拥有长期的经验积累与项目经历。

钟杏梅 女，云南大理人，中国传媒大学传播学硕士，现任腾讯公司政务舆情部高级研究员，长期从事网络热点舆情、网络传播趋势特征、舆论生态格局变化等领域的分析与研究工作。

潘宇峰 男，陕西宝鸡人，北京大学哲学硕士，现任腾讯公司政务舆情部高级大数据研究员，专注于大数据、新媒体传播等领域的研究，擅长基于互联网舆情数据搭建各类指数模型并进行深入数据分析。

陈 宁 男，广东兴宁人，中国青年政治学院文学学士，现任腾讯公司政务舆情部高级项目经理，主要从事社会治理、媒介融合等领域的研究，专注于线上调研、大数据分析及公共突发事件舆情分析等工作。

罗紫罗兰 女，湖南衡阳人，北京大学公共管理硕士，原华图政信公共管理研究院咨询师，现从事教育行业投资。

摘　要

本书按照优化的基本公共服务力评价指标体系，通过 15613 份网络调查问卷，对全国 38 个主要城市的基本公共服务力进行深入研究，发布了 2018 年全国 38 个主要城市调查问卷满意度评价情况及各排行榜。采用网络大数据分析方法，通过 879.3 万条有效评论样本对全国 38 个主要城市的基本公共服务力进行大数据评价。从网络大数据满意度与调查问卷满意度正评价的比较来看，网络大数据满意度与调查问卷满意度正相关性高，说明网络大数据满意度评价具有科学性、可行性、可靠性。

本书通过 GDP 对公共服务满意度杠杆指数等评价工具，对 38 个城市的基本公共服务调查问卷满意度进行了详细评价。根据网络调查问卷数据，对公共交通、公共安全、公共住房、基础教育、社保就业、医疗卫生、城市环境、文化体育、公职服务 9 项公共服务要素进行满意度单项分析。同时，参考腾讯指数社会热点舆情数据，归纳总结出 2018 年在社会公共服务领域公众最关注的十大热点问题，采用舆情大数据分析方法对医疗、教育、住房、交通、社保、个税等公共服务领域典型案例进行深入分析。

关键词： 公共服务　基本公共服务力　基本公共服务满意度

目　录

Ⅰ　总报告

Ⅱ　大数据分析报告

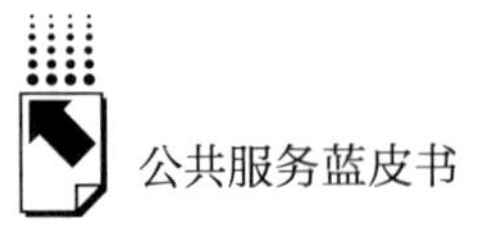

Ⅲ　评价报告

Ⅳ　附录

皮书数据库阅读**使用指南**

总 报 告

General Report

B.1
2018年中国城市基本公共服务满意度评估与发展报告*

摘　要： 本报告从公共交通、公共安全等9个方面，采用网络问卷调查方式，对全国38个主要城市的基本公共服务力进行深入研究，发布了2018年全国38个主要城市调查问卷满意度评价情况及各排行榜。采用网络大数据分析方法，通过879.3万条有效评论样本对全国38个主要城市的基本公共服务满意度进行大数据评价。由于调查方式的调整，2018年38个主要城市基本公共服务调查问卷满意度平均得分为58.05分，较2017年的63.37分有小幅下降。

关键词： 基本公共服务力　基本公共服务满意度　基本公共服务改革创新

* 执笔：钟君、刘志昌、万相昱等；统稿：钟君、刘志昌。

公共服务力是政府提供公共服务的能力。城市基本公共服务满意度是判断城市基本公共服务力强弱的重要标志。坚持在发展中保障和改善民生，坚持以人民为中心是新时代中国特色社会主义的基本方略。基本公共服务是新时期保障和改善民生的重要内容。党的十九大报告明确指出“带领人民创造美好生活，是我们党始终不渝的奋斗目标”。2018 年 11 月 4 日，中共中央办公厅、国务院办公厅印发《关于建立健全基本公共服务标准体系的指导意见》，明确提出构建以幼有所育、学有所教、劳有所得、病有所医、老有所养、住有所居、弱有所扶为统领，涵盖公共教育、劳动就业创业、社会保险、医疗卫生、社会服务、住房保障、公共文化体育、优抚安置、残疾人服务 9 个领域的国家基本公共服务标准体系。在中国特色社会主义新时代，必须“完善公共服务体系，保障群众基本生活，不断满足人民日益增长的美好生活需要，不断促进社会公平正义”，“让改革发展成果更多更公平惠及全体人民”。

中国社会科学院马克思主义研究院经济与社会建设研究室课题组自 2011 年开始，每年在调查问卷的基础上，已连续 8 年出版发布调查研究成果暨“公共服务蓝皮书”《中国城市基本公共服务力评价》。报告受到中央和地方政府及相关职能部门的高度关注，产生了积极的社会影响。

2018 年，为克服传统调查难度大、样本少、抽样不均衡等问题，课题组创新调查方式，积极探索大数据和云计算时代网络调查新渠道。课题组与腾讯公司政务舆情部团队组成联合课题组，利用网络抽样问卷调查和大数据分析相结合的创新方式开展调查研究，进一步提升了城市公共服务力评价的便利性和科学性。课题组通过大样本的网络问卷调查和海量大数据分析，对全国直辖市、省会城市和计划单列市等 38 个主要城市基本公共服务总体情况进行调查和分析研究，旨在为提高城市政府基本公共服务能力和效率，促进基本公共服务均等化、标准化，为保障和改善民生提供满意度评价和政策建议。

根据课题组分工安排，中国社会科学院马克思主义研究院经济与社会建设研究室负责研究框架和内容的设计以及调查问卷评价指标体系的制定、调研数据统计分析及主要内容的写作；负责基本公共服务理论分析。腾讯公司腾讯指数团队提供网络调查渠道，负责问卷投放和数据回收；构建城市公共服务网络大数据满意度指标体系，开展城市基本公共服务网络大数据满意度评价；依托大数据和云计算的舆情分析技术，对2018年城市公共服务领域的热点问题做深入分析。

2018年，课题组根据研究需要，对基本公共服务力评价指标体系及问卷进行了小幅优化与调整，通过线上调研平台企鹅调研和腾讯问卷发布，借助中国社会科学网、腾讯网等网络平台进行推广，共发放问卷18998份，回收有效问卷15613份。

与此同时，课题组根据近千万条网络评论内容，对城市基本公共服务满意度进行了网络大数据分析。腾讯指数团队以2018年7月1日至10月15日作为采样周期，将这段时间网民通过网络新闻跟帖、微信公众号精选评论、新浪和腾讯微博等公开场景渠道发布的评论文本作为分析对象。通过自然语言处理技术，准确判断各文本内容是否与城市公共服务相关，并将其归入相对应的二级指标之中。进一步从中筛选发布账号所属地位于北京、上海等38个研究对象城市的网络评论文本，并通过关键词匹配，识别出评论内容为其所在城市的公共服务话题。共得到覆盖38个城市的有效评论样本879.3万条，平均每个城市样本量为23.1万条。课题组对网络抽样问卷调查结果和网络大数据分析结果进行了比对研究，比对结论显示二者具有比较强的正相关性。

调查研究围绕38个主要城市的基本公共服务满意度，基于网络问卷调查，对相关城市的基本公共服务总体满意度以及医疗卫生、公共住房、公共交通、公共安全、社保就业、基础教育、城市环境、文化体育、公职服务9个方面基本公共服务满意度进行了排名。

基于网络大数据满意度评价方法，发布38个主要城市基本公共服务网络大数据满意度排行榜，即城市基本公共服务线上口碑榜。对相关城市的基本公共服务总体满意度进行了验证性评价。课题组使用“GDP对公共服务满意度杠杆指数”、“城市公共服务满意度上升指数”、“基本公共服务要素发展指数”等评估工具对调查结果进行纵向和横向的立体式评估研究。

需要特别强调的是，有别于2011~2017年的地面问卷调查方式，2018年，课题组采用网络问卷调查方式，调查问卷的调查对象主要是网民，因此，基本公共服务调查问卷满意度得分的纵向比较和分值变化，仅供各城市政府决策参考。

一　2018年城市基本公共服务调查问卷满意度评价情况

（一）2018年城市基本公共服务调查问卷满意度评价指标体系

根据城市基本公共服务满意度的评价指标体系，结合网络问卷调查的特点和需要，为了使调查具有便利性、科学性和持续性，结合公共服务热点的变化，2018 年的调查在对指标体系进行精简的同时，也进行了小幅度的优化。2017 年城市基本公共服务满意度评价指标体系共包含 9 个一级指标，分别是公共交通、公共安全、公共住房、基础教育、社会保障和就业（以下简称“社保就业”）、医疗卫生、城市环境、文化体育、公职服务，32 个二级指标，33 个三级指标（见表 1－1）。

表 1－1　2018 年城市基本公共服务满意度评价指标体系

一级指标	二级指标	三级指标(问卷主观题设置)
公共交通	拥堵度	您外出时,通常情况下感觉路上拥堵吗
	便利度	您外出时,通常情况下乘坐公共交通工具(公共汽车、地铁等)感觉方便吗
	舒适度	您出门乘坐公共交通工具(公共汽车、地铁等)通常觉得拥挤吗
	典型交通问题	您在本城市打车时,等待出租车的时间一般大概是多久
	整体满意度	请您对本城市的公共交通情况进行整体评价
公共安全	财产安全	过去一年遭遇过或看见财物被偷盗、抢劫
		过去一年遭遇过或看见诈骗现象(如传销、消费陷阱等)
	食品安全	您如何评价本地政府的食品安全监管工作
	信息安全	您或您认识的人是否遇到过个人隐私信息泄露的情况
	灾害防护	请问本城市的政府是否有过应对灾害(地震、火灾、水灾等)的宣传或演练
	整体满意度	请您对本城市的公共安全情况进行整体评价

续表

一级指标	二级指标	三级指标(问卷主观题设置)
公共住房	保障房政策	您本人或您认识的人是否享有或了解本城市的保障性住房
	房价调控	您觉得宏观调控政策对您所在城市的房价有影响吗
	整体满意度	请您对本城市的住房保障情况进行整体评价
基础教育	入学	孩子上幼儿园/小学/初中是否需要找关系或变相缴费
	教育资源	孩子上幼儿园/小学/初中是否遇到择校等教育资源不公平的情况
	整体满意度	请您对本城市的基础教育情况进行整体评价
社保就业	弱势群体救助	您认为本城市弱势群体(孤寡老人、低收入、流浪人群)是否得到有效救助
	养老服务	您对本城市的养老服务(社区养老、养老院设置等)是否满意
	创业扶持	您所在的城市政府是否出台了扶持创业的政策,并进行了有效落实
	整体满意度	请您对本城市的社会保障和就业情况进行整体评价
医疗卫生	医疗费用	您去本城市的公立医院看病,是否感觉有不必要的检查和费用发生
	医疗便利度	请问您去离家最近的公立医院(包括社区医疗卫生中心)的便利程度
	整体满意度	请您对本城市的医疗卫生情况进行整体评价
城市环境	水环境	城市生活环境满意度评价:河流湖泊水质如何
	绿化	城市生活环境满意度评价:绿化如何
	街道卫生	城市生活环境满意度评价:街道社区卫生如何
	雾霾治理	您对过去一年本城市的雾霾治理状况是否满意
	整体满意度	请您对本城市的环境情况进行整体评价
文化体育	设施建设	您周边公共的文化体育场馆或设施是否能满足您或家人的日常文化体育需求
	整体满意度	请您对本城市的体育文化情况进行整体评价
公职服务	简政放权	您认为政府减少行政审批等简政放权的效果如何
	服务效率	您上一次去政府部门办事,整件事务办理完毕总共跑了几趟
公共产品和公共政策	延迟退休政策	您如何评价延迟退休这一政策改革
	社会热点	您对本城市共享单车的管理情况评价如何
		您或您认识的人的孩子是否遭遇过校园欺凌

注：虽“公共产品和公共政策”未包含在9个一级指标中，但对于研究城市基本公共服务具有重要的参考价值，因此在我们的调查问卷中有所涉猎。

（二）2018年城市基本公共服务调查问卷样本数量及分布

2018 年，城市基本公共服务满意度网络调查共发放问卷 18998 份，回收有效问卷15613份（见表1－2），课题组根据不同城市人口规模的差异，对不同城市的问卷数量进行了科学控制。专业化、规范化、科学化的数据收集与分析方法，对于准确判断不同城市的公共服务现状具有重要参考价值。

表1－2　2018年城市基本公共服务满意度调查有效样本数量及分布

城市	数量	城市	数量	城市	数量	城市	数量	城市	数量
北京	1322	贵阳	299	拉萨	195	汕头	361	西安	569
长春	260	哈尔滨	283	兰州	288	沈阳	247	西宁	144
长沙	461	海口	130	南昌	331	深圳	1088	厦门	316
成都	759	杭州	394	南京	367	石家庄	321	银川	157
重庆	692	合肥	317	南宁	290	太原	268	郑州	430
大连	245	呼和浩特	200	宁波	353	天津	378	珠海	169
福州	312	济南	312	青岛	318	武汉	468		
广州	1187	昆明	302	上海	819	乌鲁木齐	261		

（三）2018年38个主要城市基本公共服务调查问卷整体满意度排行

经过对调查数据的统计汇总①，我们得出2018年全国38个主要城市基本公共服务调查问卷满意度排行榜（见表1－3）。2018年度公共服务满意度排名前10的城市为：拉萨、厦门、宁波、杭州、珠海、青岛、上海、深圳、银川、福州，其中得分最高的城市为拉萨，为68.43分。

① 2018年城市基本公共服务调查问卷满意度评价计算方法为：通过网络问卷调查获得主观满意度数据。

9个一级指标、32个二级指标、33个三级指标（即问卷中33个评估公共服务满意度题目），下设选项，按照从负面态度向正面态度进行排序赋分（问卷中以5分制设置），后统一折合成为百分制，最终计算每个城市满意度分值。课题组在二级指标中设置了“整体满意度”选项，并且在计算中将选题的权重设置为每个一级指标权重的1/2（公职服务未设置“整体满意度”选项，两个选题各占一级指标权重的1/2）。

表 1－3　2017～2018 年度 38 个城市基本公共服务调查问卷满意度排行榜

城市	分值	名次	城市	分值	名次
拉萨	68.43	1	广州	57.62	20
厦门	66.22	2	合肥	57.33	21
宁波	64.35	3	武汉	57.02	22
杭州	63.43	4	海口	56.93	23
珠海	62.88	5	沈阳	56.53	24
青岛	62.69	6	太原	56.41	25
上海	61.83	7	石家庄	56.17	26
深圳	61.55	8	大连	55.66	27
银川	60.40	9	贵阳	55.55	28
福州	60.14	10	南京	55.35	29
乌鲁木齐	60.01	11	昆明	55.20	30
天津	59.81	12	郑州	54.88	31
重庆	59.45	13	南昌	54.81	32
成都	58.73	14	呼和浩特	53.54	33
长沙	58.58	15	长春	53.40	34
济南	58.09	16	汕头	53.35	35
北京	57.95	17	兰州	53.02	36
西宁	57.89	18	哈尔滨	52.16	37
南宁	57.86	19	西安	50.65	38

表 1－4　2016～2017 年度 38 个城市基本公共服务调查问卷满意度排行榜

城市	分值	名次	城市	分值	名次
厦门	73.93	1	深圳	63.11	20
珠海	69.02	2	南京	62.91	21
大连	68.35	3	银川	62.87	22
青岛	67.55	4	西安	62.79	23
济南	67.03	5	昆明	62.71	24
西宁	66.96	6	兰州	62.33	25
拉萨	66.10	7	合肥	62.30	26
宁波	65.85	8	天津	61.98	27
长沙	65.81	9	乌鲁木齐	61.84	28
长春	65.12	10	贵阳	61.54	29
重庆	65.08	11	北京	60.89	30
福州	64.83	12	南昌	60.26	31
杭州	64.54	13	南宁	60.09	32
广州	64.45	14	哈尔滨	59.90	33
武汉	63.85	15	太原	59.85	34
海口	63.55	16	汕头	59.13	35
沈阳	63.48	17	郑州	57.89	36
成都	63.45	18	石家庄	57.69	37
上海	63.19	19	呼和浩特	55.93	38

表 1－5　2015～2016 年度 38 个城市基本公共服务调查问卷满意度排行榜

城市	分值	名次	城市	分值	名次
青岛	68.35	1	乌鲁木齐	61.75	20
珠海	66.67	2	济南	61.37	21
呼和浩特	66.09	3	杭州	60.57	22
银川	65.87	4	合肥	60.51	23
西宁	65.76	5	厦门	60.49	24
拉萨	64.15	6	大连	60.33	25
福州	63.79	7	北京	60.15	26
长沙	63.78	8	武汉	60.09	27
天津	63.72	9	南宁	59.69	28
宁波	63.65	10	昆明	59.32	29
广州	63.48	11	哈尔滨	59.04	30
上海	63.36	12	石家庄	58.97	31
海口	63.06	13	太原	58.06	32
兰州	62.95	14	南昌	58.05	33
深圳	62.43	15	成都	57.82	34
重庆	62.23	16	长春	57.62	35
西安	62.07	17	贵阳	55.98	36
南京	61.90	18	郑州	55.96	37
沈阳	61.80	19	汕头	55.72	38

表 1－6　2014～2015 年度 38 个城市基本公共服务调查问卷满意度排行榜

城市	分值	名次	城市	分值	名次
拉萨	68.91	1	福州	58.10	20
宁波	63.48	2	深圳	57.94	21
厦门	62.26	3	成都	57.89	22
珠海	62.26	4	南宁	57.87	23
海口	61.84	5	西宁	57.74	24
重庆	61.80	6	广州	57.68	25
大连	61.38	7	贵阳	57.56	26
上海	61.21	8	武汉	57.39	27
昆明	60.44	9	哈尔滨	57.19	28
银川	60.16	10	西安	57.01	29
天津	60.08	11	沈阳	56.63	30
乌鲁木齐	59.46	12	汕头	56.48	31
南京	59.40	13	太原	56.38	32
合肥	59.22	14	长沙	56.15	33
青岛	59.21	15	石家庄	55.97	34
杭州	59.12	16	长春	55.87	35
呼和浩特	59.10	17	兰州	54.74	36
济南	58.99	18	南昌	54.17	37
北京	58.47	19	郑州	52.53	38

表 1-7　2013~2014 年度 38 个城市基本公共服务调查问卷满意度排行榜

城市	分值	名次	城市	分值	名次
拉萨	66.11	1	哈尔滨	57.50	20
青岛	61.26	2	西宁	57.37	21
上海	61.17	3	合肥	57.08	22
海口	60.63	4	贵阳	56.98	23
宁波	60.23	5	大连	56.46	24
太原	59.97	6	北京	56.44	25
成都	59.46	7	石家庄	56.39	26
厦门	59.40	8	西安	56.29	27
重庆	59.38	9	济南	55.56	28
珠海	59.33	10	深圳	55.48	29
银川	59.28	11	武汉	54.71	30
长沙	59.08	12	昆明	54.59	31
沈阳	59.03	13	广州	53.87	32
南京	58.84	14	郑州	53.83	33
兰州	58.66	15	汕头	53.48	34
天津	58.37	16	南昌	53.35	35
杭州	57.99	17	呼和浩特	53.26	36
长春	57.73	18	南宁	51.35	37
福州	57.71	19	乌鲁木齐	49.06	38

表 1-8　2012~2013 年度 38 个城市基本公共服务调查问卷满意度排行榜

城市	分值	名次	城市	分值	名次
拉萨	68.94	1	沈阳	58.71	20
南京	63.75	2	南昌	58.61	21
海口	62.93	3	合肥	57.92	22
厦门	62.75	4	石家庄	57.89	23
长春	61.93	5	太原	57.74	24
宁波	61.63	6	银川	57.53	25
青岛	61.54	7	哈尔滨	57.37	26
西宁	60.83	8	深圳	57.34	27
长沙	60.70	9	珠海	57.04	28
杭州	60.60	10	广州	57.02	29
上海	60.39	11	西安	55.84	30
武汉	60.38	12	南宁	55.56	31
北京	60.27	13	昆明	55.54	32
大连	59.98	14	汕头	55.09	33
贵阳	59.81	15	兰州	54.75	34
呼和浩特	59.54	16	济南	53.95	35
成都	59.24	17	乌鲁木齐	53.74	36
天津	59.18	18	福州	53.65	37
重庆	59.11	19	郑州	52.12	38

表 1－9　2011～2012 年度 38 个城市基本公共服务调查问卷满意度排行榜

城市	分值	名次	城市	分值	名次
拉萨	68.89	1	呼和浩特	58.44	20
厦门	66.59	2	昆明	58.35	21
上海	66.30	3	深圳	58.21	22
大连	65.45	4	南宁	58.21	23
宁波	64.86	5	济南	58.17	24
南京	63.94	6	兰州	57.97	25
青岛	63.70	7	贵阳	57.84	26
沈阳	63.66	8	石家庄	57.70	27
杭州	62.54	9	武汉	57.58	28
天津	62.23	10	银川	57.27	29
重庆	60.80	11	合肥	56.84	30
长春	60.47	12	西宁	56.64	31
珠海	60.31	13	乌鲁木齐	56.60	32
北京	60.07	14	西安	56.47	33
福州	59.86	15	哈尔滨	56.17	34
海口	59.35	16	太原	55.77	35
长沙	59.00	17	南昌	55.65	36
成都	58.67	18	郑州	55.19	37
广州	58.58	19	汕头	54.17	38

表 1－10　2010～2011 年度 38 个城市基本公共服务调查问卷满意度排行榜

城市	分值	名次	城市	分值	名次
青岛	57.55	1	汕头	54.05	20
北京	57.27	2	济南	53.99	21
宁波	57.10	3	深圳	53.76	22
大连	57.00	4	广州	53.75	23
拉萨	56.87	5	贵阳	53.72	24
珠海	56.85	6	南京	53.65	25
杭州	56.52	7	成都	53.63	26
重庆	56.26	8	上海	53.47	27
厦门	56.25	9	合肥	53.03	28
郑州	55.76	10	昆明	52.93	29
银川	55.71	11	石家庄	52.65	30
海口	55.31	12	兰州	51.95	31
西宁	55.20	13	福州	51.47	32
长春	54.82	14	呼和浩特	51.08	33
哈尔滨	54.71	15	天津	50.87	34
南宁	54.59	16	武汉	50.26	35
沈阳	54.36	17	乌鲁木齐	50.06	36
南昌	54.09	18	西安	49.99	37
长沙	54.07	19	太原	48.53	38

通过对表1－3到表1－10这8个年度的调查问卷满意度排行榜对比可以看出，排名前10的城市每年都有一定的变动，基本公共服务满意度排名始终保持在前10的城市有：拉萨、宁波。

（四）2018年城市基本公共服务调查问卷满意度单项指标排行

1. 公共交通、公共安全、公共住房满意度排行榜

表1－11反映的是2018年全国主要城市的公共交通、公共安全、公共住房满意度排行。2018年，公共交通单项满意度排名前10的城市为：宁波、青岛、拉萨、厦门、天津、上海、杭州、重庆、深圳、长沙。其中宁波市得分最高，为68.23分。公共安全方面，拉萨以77.38分位居该单项第一，其余得分排名前10的城市为乌鲁木齐、厦门、宁波、杭州、青岛、上海、深圳、珠海、银川。在公共住房要素上，拉萨、厦门、银川、乌鲁木齐、天津、重庆、宁波、福州、上海、西宁排名前10，其中得分最高的拉萨为58.16分。各城市公共住房满意度得分普遍很低。

表1－11　主要城市公共交通、公共安全、公共住房满意度排行榜

公共交通			公共安全			公共住房		
城市	得分	排名	城市	得分	排名	城市	得分	排名
宁波	68.23	1	拉萨	77.38	1	拉萨	58.16	1
青岛	66.00	2	乌鲁木齐	73.78	2	厦门	52.47	2
拉萨	64.71	3	厦门	72.51	3	银川	50.85	3
厦门	64.20	4	宁波	71.60	4	乌鲁木齐	48.52	4
天津	62.36	5	杭州	70.34	5	天津	48.15	5
上海	62.26	6	青岛	69.83	6	重庆	46.92	6
杭州	61.74	7	上海	69.23	7	宁波	46.27	7
重庆	61.50	8	深圳	68.65	8	福州	45.77	8
深圳	61.49	9	珠海	68.57	9	上海	45.59	9
长沙	60.64	10	银川	67.75	10	西宁	45.55	10
成都	60.44	11	福州	65.76	11	石家庄	45.54	11
珠海	60.41	12	西宁	65.69	12	青岛	44.93	12
太原	60.30	13	重庆	65.66	13	珠海	44.57	13

续表

公共交通			公共安全			公共住房		
城市	得分	排名	城市	得分	排名	城市	得分	排名
石家庄	59.78	14	北京	65.51	14	济南	43.98	14
西宁	59.64	15	济南	65.51	15	沈阳	43.97	15
南京	59.58	16	天津	65.50	16	杭州	43.94	16
大连	59.40	17	成都	64.91	17	长沙	43.68	17
福州	59.29	18	太原	64.65	18	合肥	43.26	18
沈阳	59.10	19	广州	64.12	19	昆明	43.18	19
合肥	58.91	20	长沙	63.84	20	深圳	43.18	20
乌鲁木齐	58.52	21	南宁	63.47	21	南昌	42.74	21
海口	58.29	22	武汉	63.41	22	成都	42.72	22
郑州	58.08	23	贵阳	63.38	23	南宁	42.53	23
银川	58.06	24	合肥	63.17	24	贵阳	42.49	24
南宁	58.04	25	海口	63.08	25	汕头	42.48	25
武汉	57.85	26	沈阳	62.89	26	北京	42.31	26
广州	57.55	27	大连	62.38	27	兰州	42.12	27
南昌	56.77	28	南京	62.33	28	呼和浩特	42.06	28
济南	55.63	29	石家庄	61.96	29	太原	41.61	29
北京	55.56	30	南昌	61.88	30	大连	41.57	30
昆明	55.29	31	郑州	61.74	31	武汉	41.55	31
长春	53.92	32	昆明	60.81	32	哈尔滨	41.39	32
哈尔滨	52.67	33	长春	60.77	33	广州	41.13	33
西安	51.45	34	兰州	60.11	34	南京	41.10	34
贵阳	50.30	35	汕头	59.93	35	海口	40.76	35
汕头	48.90	36	哈尔滨	59.80	36	郑州	40.61	36
呼和浩特	48.81	37	呼和浩特	58.69	37	长春	40.25	37
兰州	47.95	38	西安	56.81	38	西安	38.14	38

2. 基础教育、社保就业、医疗卫生满意度排行榜

表 1－12 反映的是 2018 年全国主要城市的基础教育、社保就业、医疗卫生三个基本公共服务单项指标的满意度排名。基础教育单项满意度排名前 10 城市为拉萨、厦门、珠海、宁波、青岛、杭州、乌鲁木齐、上海、济南、

长沙。其中，拉萨市得67.87分，厦门市得64.98分，珠海市得64.28分。社保就业单项指标满意度排名第一的城市为拉萨，得分为71.63分，其他位列前10的城市还有厦门、杭州、宁波、上海、青岛、珠海、深圳、乌鲁木齐、成都。医疗卫生满意度得分排名前10的城市有厦门、杭州、拉萨、深圳、上海、青岛、宁波、珠海、天津、广州，其中，厦门以69.11分位列第一。

表1-12　主要城市基础教育、社保就业、医疗卫生满意度排行榜

基础教育			社保就业			医疗卫生		
城市	得分	排名	城市	得分	排名	城市	得分	排名
拉萨	67.87	1	拉萨	71.63	1	厦门	69.11	1
厦门	64.98	2	厦门	63.72	2	杭州	69.10	2
珠海	64.28	3	杭州	63.49	3	拉萨	67.86	3
宁波	62.14	4	宁波	62.45	4	深圳	67.82	4
青岛	60.16	5	上海	61.60	5	上海	67.64	5
杭州	58.62	6	青岛	60.54	6	青岛	67.35	6
乌鲁木齐	58.54	7	珠海	59.98	7	宁波	67.08	7
上海	58.30	8	深圳	59.93	8	珠海	66.72	8
济南	57.81	9	乌鲁木齐	59.31	9	天津	66.65	9
长沙	57.26	10	成都	58.12	10	广州	65.76	10
福州	57.25	11	北京	57.88	11	北京	65.49	11
天津	57.22	12	重庆	56.71	12	成都	65.26	12
深圳	56.86	13	广州	56.68	13	乌鲁木齐	64.65	13
重庆	56.35	14	天津	56.47	14	合肥	64.34	14
合肥	55.00	15	长沙	56.24	15	银川	64.30	15
南宁	54.72	16	福州	56.10	16	重庆	63.82	16
贵阳	54.55	17	武汉	55.74	17	济南	63.78	17
成都	54.23	18	济南	55.72	18	武汉	63.56	18
广州	54.18	19	银川	55.46	19	福州	63.51	19
武汉	53.28	20	合肥	55.19	20	南宁	63.34	20
西宁	53.20	21	贵阳	55.05	21	石家庄	62.99	21
北京	52.89	22	西宁	54.73	22	长沙	62.95	22
汕头	52.85	23	太原	54.24	23	沈阳	62.90	23
海口	52.80	24	南宁	53.85	24	太原	61.38	24
郑州	52.71	25	南京	53.48	25	郑州	61.31	25
大连	52.69	26	昆明	52.93	26	海口	60.46	26
南昌	52.62	27	呼和浩特	52.78	27	兰州	60.42	27

续表

基础教育			社保就业			医疗卫生		
城市	得分	排名	城市	得分	排名	城市	得分	排名
沈阳	52.55	28	大连	52.76	28	西宁	59.85	28
银川	52.50	29	石家庄	52.59	29	南京	59.38	29
太原	52.46	30	郑州	52.26	30	昆明	59.32	30
石家庄	51.22	31	南昌	52.02	31	长春	59.17	31
昆明	51.21	32	兰州	52.01	32	大连	58.99	32
兰州	51.04	33	海口	51.57	33	呼和浩特	58.80	33
南京	50.28	34	沈阳	51.55	34	汕头	58.41	34
呼和浩特	49.02	35	长春	50.50	35	南昌	57.93	35
哈尔滨	48.92	36	汕头	50.03	36	贵阳	57.26	36
长春	47.72	37	哈尔滨	48.72	37	西安	57.08	37
西安	40.70	38	西安	47.47	38	哈尔滨	56.19	38

3. 城市环境、文化体育、公职服务满意度排行榜

2018 年城市基本公共服务 9 项要素中，城市环境满意度排名前 10 的城市有拉萨、厦门、海口、珠海、杭州、深圳、青岛、西宁、宁波、福州，其中拉萨满意度分值最高，得分为 78.42 分。文化体育满意度分值最高城市是拉萨，为 64.17 分，排名前 10 的其他城市分别为厦门、宁波、珠海、杭州、青岛、上海、深圳、银川、福州。杭州市的公职服务满意度最高，得分为 69.66 分，其余公职服务单项满意度排名前 10 的城市有厦门、宁波、银川、拉萨、福州、深圳、珠海、青岛、沈阳（见表 1 - 13）。

表 1 - 13　主要城市城市环境、文化体育、公职服务满意度排行榜

城市环境			文化体育			公职服务		
城市	得分	排名	城市	得分	排名	城市	得分	排名
拉萨	78.42	1	拉萨	64.17	1	杭州	69.66	1
厦门	77.18	2	厦门	63.03	2	厦门	68.79	2
海口	74.69	3	宁波	62.75	3	宁波	68.30	3
珠海	74.44	4	珠海	62.35	4	银川	66.06	4
杭州	73.03	5	杭州	60.96	5	拉萨	65.70	5
深圳	71.62	6	青岛	60.51	6	福州	65.19	6

续表

城市环境			文化体育			公职服务		
城市	得分	排名	城市	得分	排名	城市	得分	排名
青岛	70.86	7	上海	60.16	7	深圳	64.72	7
西宁	70.47	8	深圳	59.65	8	珠海	64.63	8
宁波	70.30	9	银川	58.86	9	青岛	64.04	9
福州	70.10	10	福州	58.28	10	沈阳	62.71	10
银川	69.79	11	北京	56.98	11	上海	62.60	11
南宁	69.68	12	天津	56.64	12	济南	62.36	12
上海	69.06	13	成都	56.02	13	武汉	62.12	13
重庆	68.44	14	太原	55.86	14	成都	61.92	14
贵阳	66.20	15	重庆	55.82	15	长沙	61.57	15
长沙	66.20	16	乌鲁木齐	55.52	16	天津	61.37	16
昆明	65.02	17	济南	54.92	17	北京	61.36	17
成都	64.99	18	广州	54.86	18	合肥	61.34	18
乌鲁木齐	64.21	19	长沙	54.84	19	西安	60.58	19
天津	63.88	20	南宁	54.62	20	广州	60.58	20
广州	63.70	21	大连	54.59	21	南宁	60.50	21
北京	63.62	22	南京	54.29	22	重庆	59.79	22
济南	63.08	23	武汉	54.21	23	贵阳	59.62	23
大连	63.04	24	西宁	54.16	24	石家庄	59.17	24
合肥	62.06	25	沈阳	53.67	25	海口	58.75	25
呼和浩特	61.89	26	长春	53.41	26	呼和浩特	57.99	26
太原	61.68	27	合肥	52.69	27	汕头	57.89	27
武汉	61.42	28	昆明	52.37	28	南昌	57.78	28
石家庄	60.80	29	海口	51.93	29	西宁	57.71	29
南京	60.70	30	呼和浩特	51.82	30	兰州	57.13	30
郑州	60.58	31	石家庄	51.51	31	南京	57.04	31
南昌	60.34	32	南昌	51.19	32	乌鲁木齐	57.01	32
沈阳	59.44	33	贵阳	51.09	33	昆明	56.65	33
汕头	58.84	34	汕头	50.80	34	长春	56.25	34
长春	58.59	35	郑州	50.74	35	郑州	55.91	35
兰州	58.15	36	哈尔滨	50.68	36	太原	55.55	36
哈尔滨	55.83	37	兰州	48.21	37	大连	55.53	37
西安	55.45	38	西安	48.16	38	哈尔滨	55.20	38

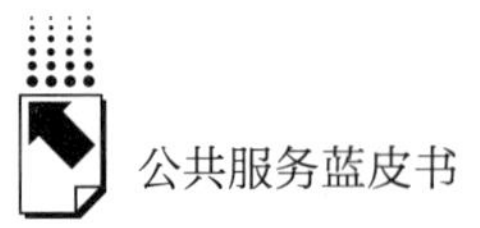

（五）GDP 对基本公共服务满意度杠杆指数

GDP 对基本公共服务满意度杠杆指数通过考察 GDP 和公共服务满意度之间的关系，旨在发现 GDP 和公共服务满意度之间的规律，提高公共服务投入的有效性，即以少量的 GDP 获得更高的社会满意度和幸福指数，破除唯 GDP 论的发展观念，促进经济与社会协调发展。GDP 对基本公共服务满意度杠杆指数是通过模型“满意度得分/ln（GDP 值）”得出。

GDP 对基本公共服务满意度杠杆指数 = 满意度得分/ln(GDP 值)

因为满意度得分是百分制，与城市 GDP 值在量纲上差距较大，为了消除这种差距，在不影响模型结果的情况下，我们采用计量上常用的取对数的方法对 GDP 值进行处理，其值越高，表明在一定的 GDP 水平下，城市公共服务满意度越高，经济发展水平与社会发展的协调性越好。

2018 年，蓝皮书项目组沿用 GDP 对基本公共服务满意度杠杆指数。表 1－14 和图 1－1 反映了 2018 年与 2017 年 GDP 对基本公共服务满意度杠杆指数的变化情况。

表 1－14　2018 年与 2017 年 GDP 对基本公共服务满意度杠杆指数数据

城市	2018 年指数	2018 年指数排名	2017 年指数	2017 年指数排名
拉萨	4.456	1	4.333	1
厦门	3.768	2	4.237	2
珠海	3.692	3	4.080	4
银川	3.615	4	3.787	6
西宁	3.536	5	4.098	3
乌鲁木齐	3.504	6	3.604	14
宁波	3.496	7	3.606	13
海口	3.461	8	3.888	5
杭州	3.401	9	3.485	21
青岛	3.382	10	3.667	10
福州	3.326	11	3.613	12
南宁	3.297	12	3.448	24
太原	3.264	13	3.479	22
济南	3.209	14	3.716	8
深圳	3.201	15	3.306	32

续表

城市	2018 年指数	2018 年指数排名	2017 年指数	2017 年指数排名
贵阳	3. 197	16	3. 564	17
长沙	3. 177	17	3. 586	15
合肥	3. 169	18	3. 470	23
上海	3. 167	19	3. 252	34
沈阳	3. 160	20	3. 497	20
汕头	3. 143	21	3. 509	18
天津	3. 141	22	3. 262	33
成都	3. 133	23	3. 408	28
石家庄	3. 121	24	3. 227	36
昆明	3. 119	25	3. 568	16
兰州	3. 116	26	3. 685	9
重庆	3. 114	27	3. 428	26
呼和浩特	3. 099	28	3. 238	35
南昌	3. 092	29	3. 426	27
大连	3. 073	30	3. 750	7
武汉	3. 047	31	3. 434	25
广州	3. 003	32	3. 376	30
郑州	2. 996	33	3. 182	37
北京	2. 980	34	3. 150	38
南京	2. 979	35	3. 406	29
长春	2. 965	36	3. 641	11
哈尔滨	2. 897	37	3. 336	31
西安	2. 794	38	3. 498	19

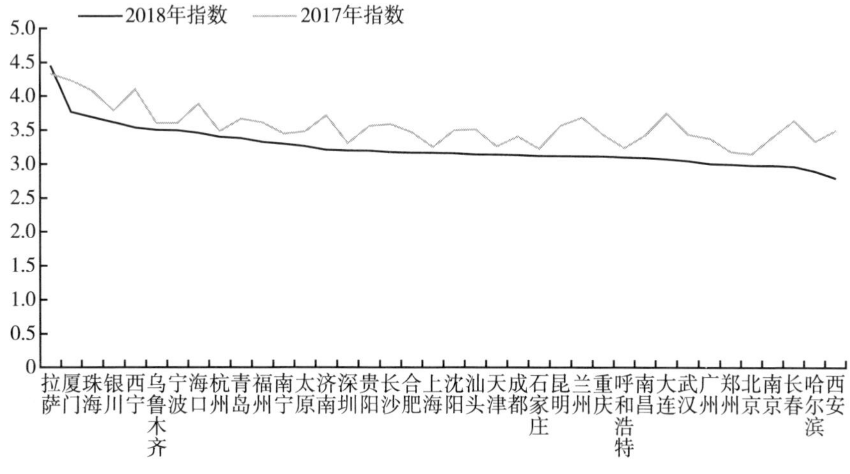

图 1-1　2018 年与 2017 年 GDP 对基本公共服务满意度杠杆指数数据

从表 1－14 和图 1－1 中可见，2018 年 GDP 对基本公共服务满意度杠杆指数最高的城市是拉萨，为 4.456，继续保持第一位。由于 2018 年城市基本公共服务满意度得分较 2017 年低，2018 年，全国 38 个主要城市 GDP 对基本公共服务满意度杠杆指数平均得分为 3.244，低于 2017 年的 3.559。全国 38 个主要城市中，除拉萨市 GDP 对基本公共服务满意度杠杆指数 2018 年有提高以外，其余城市均低于 2017 年的指数值。

（六）城市基本公共服务问卷调查满意度评价总体情况

综观 2011～2018 年 38 个主要城市基本公共服务满意度评价结果可以发现，2018 年 38 个城市的平均得分为 58.05 分，较 2017 年的 63.37 分有小幅下降（见图 1－2）。

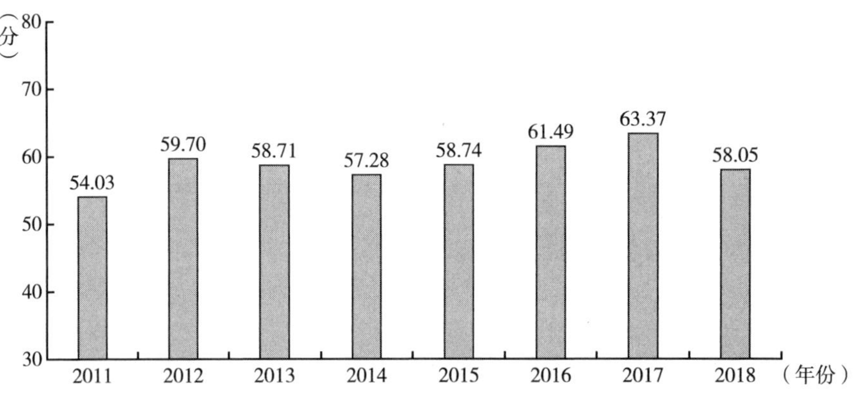

图 1－2　2011～2018 年城市基本公共服务满意度分值变化情况

需要说明的是，2018 年课题组对城市基本公共服务问卷调查满意度的评价体系进行了精简和优化，特别是将地面问卷调查改为网络问卷调查，因此，2018 年的城市基本公共服务满意度上升指数或与此相关，仅供参考。

从公共服务 9 项基本要素来看，如图 1－3、图 1－4 所示，医疗卫生、公共住房、公共交通是近几年人民群众最关注的方面。2016 年有 7 项要素满意度上升。同样，与前几年相比，2018 年，全国 38 个城市中的基本公共服务满意度均有不同程度的波动（见图 1-5）。

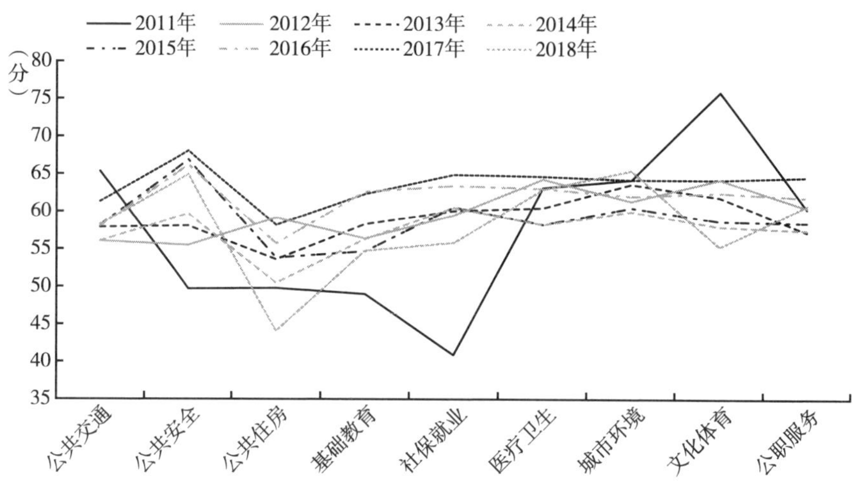

图 1-3　2011~2018 年基本公共服务要素满意度变化情况

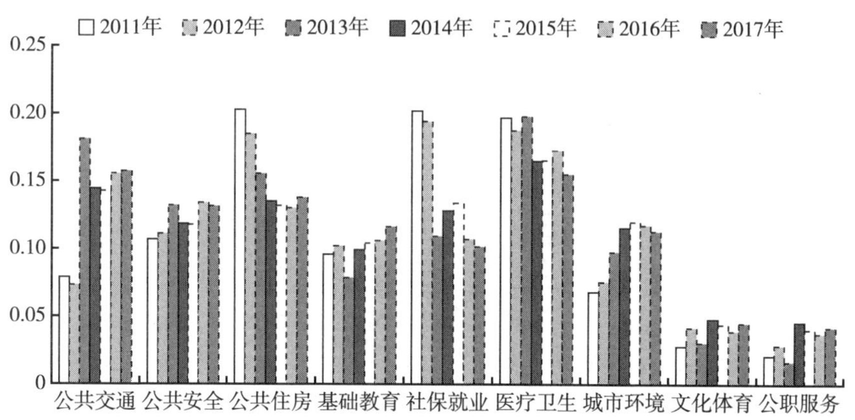

图 1-4　2011~2017 年基本公共服务要素关注度变化情况

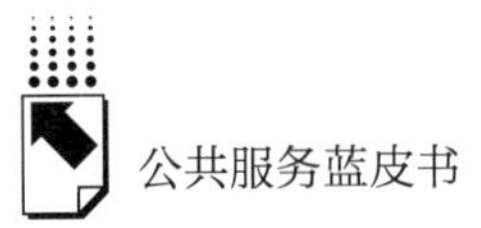

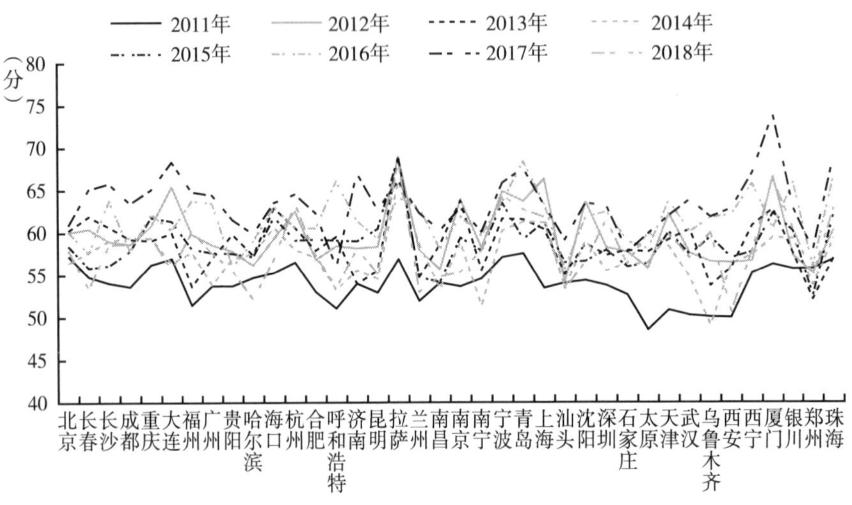

图1－5　2011～2018年38个城市基本公共服务满意度变化情况

二　2018年城市基本公共服务网络大数据满意度评价情况

根据CNNIC发布的第42次《中国互联网络发展状况统计报告》，截至2018年6月30日，我国网民规模达8.02亿人，互联网普及率为57.7%。现阶段，网络空间已成为社情民意表达的重要场所，大量的民众习惯于通过新闻跟帖、微信、微博、论坛、博客等渠道发表自己对公共事务的各种意见，而对这些互联网中的公共舆论进行数据挖掘、整理和分析逐渐成为我们了解社情民意的重要途径。课题组将网络新闻跟帖、微信公众号精选评论、新浪和腾讯微博等公开场景渠道发布的评论文本作为分析对象，识别出公共服务相关话题的有效评论样本879.3万条，运用大数据和云计算技术对相关数据进行了深入分析，形成以下报告。

（一）2018年城市基本公共服务网络大数据评价指标体系

测量市民针对城市公共服务的评价和满意度，同样可以依据网络舆论大数据分析方法，通过采集互联网中市民针对其所在城市公共服务相关的海量评论文本，并对这些评论内容进行大数据分析，评估其正负面情绪，最终可以得到市民对城市公共服务的整体满意度和口碑。为此，腾讯指数构建了城市公共服务网络大数据满意度指标体系，模型包含公共交通、公共安全、公共住房、基础教育、社保就业、医疗卫生、城市环境、文化体育、公职服务9个一级指标以及25个二级指标（见表1－15）。

表1－15　城市公共服务网络大数据满意度指标体系

单位：%

一级指标	一级指标权重	二级指标	二级指标权重
1　公共交通	11.1	1.1　顺畅度	25.0
		1.2　便利度	25.0
		1.3　舒适度	25.0
		1.4　等候时长	25.0
2　公共安全	11.1	2.1　财物被盗抢	20.0
		2.2　诈骗现象	20.0
		2.3　食品安全	20.0
		2.4　信息安全	20.0
		2.5　灾害防护	20.0
3　公共住房	11.1	3.1　保障性住房	50.0
		3.2　房价调控	50.0
4　基础教育	11.1	4.1　教育乱收费	50.0
		4.2　教育不公	50.0
5　社保就业	11.1	5.1　弱势群体救助	33.3
		5.2　养老服务	33.3
		5.3　双创扶持	33.3
6　医疗卫生	11.1	6.1　看病贵	50.0
		6.2　看病难	50.0
7　城市环境	11.1	7.1　水质	25.0
		7.2　绿化	25.0
		7.3　卫生	25.0
		7.4　大气	25.0
8　文化体育	11.1	8.1　文体设施	100.0
9　公职服务	11.1	9.1　简政放权	50.0
		9.2　办事效率	50.0

（二）2018年城市基本公共服务网络评论样本数量及分布

腾讯指数以2018年7月1日至10月15日作为采样周期，将这段时间网民通过网络新闻跟帖、微信公众号精选评论、新浪和腾讯微博等公开场景渠道发布的评论文本作为分析对象。通过自然语言处理技术，准确判断各文本内容是否与城市公共服务相关，并将其归入相对应的二级指标之中。进一步从中筛选发布账号所属地位于北京、上海等38个研究对象城市的网络评论文本，并通过关键词匹配，识别出评论内容为其所在城市的公共服务话题。共得到覆盖38个城市的有效评论样本879.3万条，平均每个城市样本量23.1万条。各城市一级指标的样本数量如表1－16所示。

表1－16　各城市一级指标的网络评论样本数量

单位：条

城市	公共交通	公共安全	公共住房	基础教育	社保就业	医疗卫生	城市环境	文化体育	公职服务	总量
北京	110483	826962	123315	14947	158091	181689	92662	114466	85192	1707807
上海	64303	728881	18861	12228	77515	86601	52182	191430	50066	1282067
杭州	20164	313482	8098	45951	46833	52196	48886	55188	21356	612154
南京	14738	346935	6016	2872	65215	28714	43205	72106	26552	606353
深圳	21075	206900	38000	3251	20785	47502	52111	48456	22028	460108
广州	27369	201509	9678	1968	24815	49404	16515	58124	23204	412586
重庆	30715	147720	10017	1863	70263	29074	10639	27217	17854	345362
武汉	26876	147121	2618	1665	16623	62741	14900	52633	12644	337821
成都	22523	131706	7027	6420	26894	42475	28580	37817	20253	323695
西安	19141	98700	12514	6302	24317	30505	28353	26118	16210	262160
天津	20327	108544	3284	1666	17902	14049	16909	13213	43054	238948
郑州	11697	66605	4690	3655	10472	22662	12130	36823	27055	195789
长沙	6012	56264	3345	1415	13537	29507	41513	14493	7663	173749
合肥	4502	63551	3551	1115	3396	54449	8200	4767	5442	148973
沈阳	7259	42155	8004	760	14765	8792	22784	8583	7746	120848
宁波	3761	59715	816	332	3579	22662	9130	9269	6759	116023
厦门	5579	39293	12242	494	8054	9178	27851	6002	6251	114944
石家庄	5999	68112	1241	313	6813	7815	13760	3958	4623	112634

续表

城市	公共交通	公共安全	公共住房	基础教育	社保就业	医疗卫生	城市环境	文化体育	公职服务	总量
济南	8908	25937	2100	5596	5306	17595	19272	6563	13272	104549
长春	11519	50156	995	1235	10447	11164	8321	2637	7980	104454
青岛	19224	32666	1790	2098	7578	6788	9462	6990	14185	100781
大连	4503	38997	860	1208	12650	8760	7498	5266	5759	85501
兰州	2980	47033	309	628	6505	9207	10421	3254	4382	84719
哈尔滨	2454	41061	2504	200	5659	17122	4235	3202	4238	80675
昆明	5975	28975	1679	1271	4896	16535	9004	4041	5901	78277
福州	3109	18974	2238	2184	4872	9632	4592	26444	5378	77423
南宁	3382	36484	1896	284	7288	9145	9238	4599	3140	75456
太原	5042	20046	1337	2554	11392	6386	14821	4784	4163	70525
南昌	4705	20383	733	2480	7284	10905	5228	2951	4748	59417
贵阳	2129	28291	545	142	2360	14202	2156	1644	3071	54540
银川	2009	37661	153	198	5445	1657	2526	781	2703	53133
珠海	2475	15100	646	3295	1785	12281	10580	2025	2136	50323
海口	2180	22912	1905	1036	1802	2579	13395	701	2414	48924
拉萨	760	2399	51	30	5891	513	11342	975	376	22337
汕头	674	10719	57	123	5649	1979	1816	43	1159	22219
呼和浩特	1492	8193	2385	119	1142	2144	1258	745	3615	21093
西宁	1621	6826	201	494	1669	1771	3014	690	1591	17877
乌鲁木齐	951	3256	94	189	581	1834	935	427	961	9228
总量	508615	4150224	295795	132581	720070	942214	689424	859425	495124	8793472

针对有效评论样本，通过基于深度机器学习的情感分析算法，计算每条样本背后网民针对相关公共服务的情感值，判断该样本情感正负面倾向，最后可得到各二级指标中各城市网民正面评论样本量以及正面评论占总评论样本的比例。

腾讯指数研究发现，市民对城市公共服务的满意度与其对公共服务的线上正面评论量以及正面评论率呈正相关。当市民对公共服务正面评论量较高时，公共服务的满意度较高，当市民对公共服务正面评论率较高时，公共服务的满意度较高。城市公共服务网络大数据满意度计算公式如下：

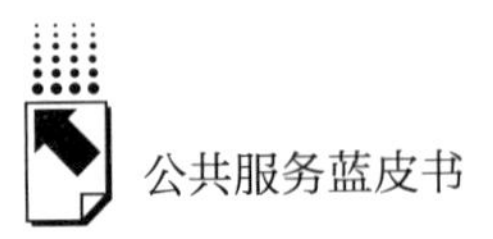

$$\overline{p_i^j} = \frac{r_i^j}{(1 - r_i^j)} \cdot \ln(\frac{n_i^j}{m_i} + 1)$$

其中 $\overline{p_i^j}$ 表示第 j 项二级指标中第 i 个城市的公共服务网络大数据满意度绝对值，r_i^j 表示第 j 项二级指标中第 i 个城市的网民评论正面情感百分比，n_i^j 表示第 j 项二级指标中第 i 个城市的正面评论样本条数，m_i 表示第 i 个城市在 2017 年的人口量，单位为千万人。

通过以下方法将公共服务网络大数据满意度绝对值进行归一化，得到第 j 项二级指标中第 i 个城市的公共服务网络大数据满意度：

$$p_i^j = \frac{\overline{p_i^j}}{\overline{p_{i\max}^j}} \times 100$$

其中 $\overline{p_{i\max}^j}$ 为第 j 项二级指标中各城市的公共服务网络大数据满意度绝对值的最大值。通过对各项二级指标满意度进行加权，得到各城市公共服务网络大数据一级指标满意度以及满意度总分。

（三）2018年38个主要城市基本公共服务网络大数据整体满意度排行

2018 年基本公共服务网络大数据满意度排名前 10 的城市为拉萨、厦门、杭州、珠海、宁波、上海、银川、深圳、青岛、乌鲁木齐，其中得分最高的城市是拉萨，得分为 68.99 分（见表 1－17）。

表 1－17　38 个主要城市基本公共服务网络大数据整体满意度排行榜

城市	分值	名次	城市	分值	名次
拉萨	68.99	1	深圳	42.48	8
厦门	66.21	2	青岛	39.89	9
杭州	58.07	3	乌鲁木齐	36.85	10
珠海	57.84	4	福州	36.46	11
宁波	48.75	5	海口	35.67	12
上海	44.32	6	西宁	35.24	13
银川	43.26	7	天津	34.46	14

续表

城市	分值	名次	城市	分值	名次
济南	33. 38	15	昆明	55. 66	27
南宁	33. 11	16	大连	55. 55	28
太原	32. 72	17	广州	55. 35	29
北京	32. 55	18	呼和浩特	55. 20	30
合肥	32. 48	19	贵阳	54. 88	31
成都	57. 62	20	石家庄	54. 81	32
长沙	57. 33	21	西安	53. 54	33
武汉	57. 02	22	汕头	53. 40	34
重庆	56. 93	23	南京	53. 35	35
沈阳	56. 53	24	长春	53. 02	36
南昌	56. 41	25	郑州	52. 16	37
兰州	56. 17	26	哈尔滨	50. 65	38

（四）2018年城市基本公共服务网络大数据满意度单项指标排行

表 1－18 是全国 38 个主要城市网络大数据公共交通、公共安全、公共住房满意度排行榜。公共交通排名前 10 的城市有青岛、拉萨、沈阳、厦门、天津、太原、珠海、宁波、杭州、海口，得分最高的青岛市为 67. 82 分。公共安全排名前 10 的城市有拉萨、厦门、宁波、乌鲁木齐、上海、珠海、杭州、银川、深圳、太原，排名第一的拉萨市得分为 71. 66 分。公共住房排名前 10 的城市有厦门、重庆、银川、拉萨、西宁、南宁、乌鲁木齐、兰州、福州、石家庄，排名第一的厦门市得 85. 82 分。

表 1－18　38 个主要城市网络大数据公共交通、公共安全、公共住房满意度排行榜

公共交通			公共安全			公共住房		
城市	得分	排名	城市	得分	排名	城市	得分	排名
青岛	67. 82	1	拉萨	71. 66	1	厦门	85. 82	1
拉萨	66. 04	2	厦门	65. 30	2	重庆	67. 40	2
沈阳	58. 27	3	宁波	43. 24	3	银川	62. 20	3
厦门	56. 42	4	乌鲁木齐	43. 07	4	拉萨	62. 16	4

续表

公共交通			公共安全			公共住房		
城市	得分	排名	城市	得分	排名	城市	得分	排名
天津	55.49	5	上海	42.69	5	西宁	56.27	5
太原	52.99	6	珠海	41.96	6	南宁	53.53	6
珠海	51.00	7	杭州	40.58	7	乌鲁木齐	50.99	7
宁波	50.02	8	银川	39.50	8	兰州	50.74	8
杭州	49.63	9	深圳	30.03	9	福州	49.21	9
海口	49.34	10	太原	28.45	10	石家庄	47.59	10
南昌	48.70	11	北京	27.99	11	南昌	45.98	11
上海	47.90	12	海口	27.80	12	天津	45.65	12
深圳	47.45	13	青岛	27.68	13	贵阳	45.44	13
武汉	44.89	14	西宁	27.62	14	宁波	44.18	14
长沙	44.76	15	贵阳	24.73	15	昆明	44.11	15
南京	44.53	16	兰州	23.73	16	汕头	44.09	16
西宁	44.53	17	福州	23.52	17	青岛	42.89	17
乌鲁木齐	42.73	18	沈阳	23.10	18	大连	42.13	18
昆明	42.05	19	合肥	22.98	19	珠海	41.93	19
大连	41.74	20	武汉	22.97	20	济南	41.89	20
成都	41.33	21	大连	22.18	21	西安	41.71	21
重庆	40.27	22	广州	21.91	22	北京	40.60	22
银川	39.56	23	济南	21.82	23	海口	39.07	23
合肥	39.12	24	重庆	21.80	24	长春	38.64	24
南宁	38.42	25	天津	21.79	25	深圳	38.55	25
石家庄	37.82	26	南宁	21.68	26	长沙	37.64	26
郑州	37.74	27	成都	21.46	27	太原	37.54	27
福州	37.70	28	长沙	21.26	28	合肥	37.45	28
广州	37.60	29	西安	21.23	29	武汉	37.15	29
济南	35.08	30	南昌	21.19	30	上海	36.66	30
汕头	30.93	31	南京	20.85	31	哈尔滨	35.97	31
呼和浩特	30.13	32	呼和浩特	20.71	32	呼和浩特	35.94	32
哈尔滨	29.49	33	长春	20.66	33	杭州	34.70	33
贵阳	29.08	34	昆明	20.59	34	郑州	32.45	34
长春	28.36	35	石家庄	19.14	35	成都	32.45	35
兰州	28.24	36	郑州	19.05	36	南京	30.41	36
北京	27.67	37	哈尔滨	18.45	37	广州	28.52	37
西安	25.86	38	汕头	18.30	38	沈阳	23.47	38

表1－19是全国38个主要城市网络大数据基础教育、社保就业、医疗卫生满意度排行榜。基础教育排名前10的城市有珠海、厦门、拉萨、济南、乌鲁木齐、青岛、宁波、长沙、海口、银川，得分最高的珠海市为满分100分。社保就业排名前10的城市有拉萨、杭州、厦门、珠海、上海、深圳、宁波、青岛、北京、成都，排名第一的拉萨市得分为94.19分。医疗卫生排名前10的城市有杭州、宁波、厦门、深圳、珠海、上海、拉萨、北京、合肥、武汉，排名第一的杭州市得80.27分。

表1－19　38个主要城市网络大数据基础教育、社保就业、医疗卫生满意度排行榜

基础教育			社保就业			医疗卫生		
城市	得分	排名	城市	得分	排名	城市	得分	排名
珠海	100.00	1	拉萨	94.19	1	杭州	80.27	1
厦门	56.21	2	杭州	57.71	2	宁波	78.19	2
拉萨	51.31	3	厦门	45.55	3	厦门	77.55	3
济南	42.08	4	珠海	37.75	4	深圳	68.81	4
乌鲁木齐	41.78	5	上海	37.70	5	珠海	67.28	5
青岛	40.66	6	深圳	31.28	6	上海	59.97	6
宁波	40.39	7	宁波	28.34	7	拉萨	58.13	7
长沙	40.39	8	青岛	28.23	8	北京	56.80	8
海口	40.32	9	北京	27.80	9	合肥	54.11	9
银川	38.74	10	成都	27.74	10	武汉	50.59	10
福州	38.59	11	银川	27.14	11	广州	47.31	11
上海	38.38	12	乌鲁木齐	25.50	12	成都	46.32	12
西宁	36.92	13	西宁	24.47	13	兰州	42.41	13
南宁	36.87	14	太原	24.33	14	银川	41.71	14
合肥	36.21	15	长沙	23.72	15	天津	40.29	15
贵阳	36.06	16	武汉	23.21	16	济南	40.28	16
呼和浩特	35.51	17	福州	22.77	17	福州	39.48	17
深圳	35.27	18	贵阳	22.65	18	青岛	38.99	18
杭州	35.04	19	广州	22.52	19	乌鲁木齐	38.65	19
汕头	34.85	20	呼和浩特	21.93	20	南宁	37.27	20
南昌	34.06	21	兰州	21.78	21	太原	36.33	21
天津	33.84	22	济南	21.78	22	海口	36.05	22
沈阳	33.81	23	海口	21.56	23	长沙	35.83	23

续表

基础教育			社保就业			医疗卫生		
城市	得分	排名	城市	得分	排名	城市	得分	排名
大连	32.74	24	合肥	21.37	24	沈阳	33.06	24
石家庄	32.70	25	昆明	20.83	25	郑州	32.90	25
哈尔滨	32.02	26	重庆	20.79	26	昆明	30.17	26
兰州	31.29	27	天津	20.74	27	西宁	29.49	27
武汉	31.24	28	南宁	20.41	28	重庆	29.20	28
昆明	30.93	29	大连	20.38	29	石家庄	28.74	29
重庆	30.70	30	南京	20.06	30	南京	28.32	30
成都	30.29	31	沈阳	19.14	31	西安	27.69	31
广州	30.22	32	石家庄	18.76	32	大连	27.52	32
郑州	28.87	33	郑州	18.06	33	呼和浩特	27.16	33
西安	28.23	34	长春	18.00	34	汕头	27.07	34
太原	27.79	35	南昌	17.72	35	长春	26.65	35
长春	24.89	36	西安	17.21	36	南昌	25.44	36
南京	18.50	37	哈尔滨	16.70	37	贵阳	22.13	37
北京	16.51	38	汕头	16.46	38	哈尔滨	19.22	38

表1-20是全国38个主要城市网络大数据城市环境、文化体育、公职服务满意度排行榜。城市环境排名前10的城市有拉萨、厦门、杭州、海口、珠海、深圳、西宁、银川、南宁、宁波，得分最高的拉萨市为70.5分。文化体育排名前10的城市有拉萨、珠海、宁波、厦门、杭州、上海、福州、深圳、银川、青岛，排名第一的拉萨市得分为满分100分。公职服务排名前10的城市有杭州、厦门、银川、珠海、宁波、上海、拉萨、福州、深圳、济南，排名第一的杭州市得分为满分100分。

表1-20　38个主要城市网络大数据城市环境、文化体育、公职服务满意度排行榜

城市环境			文化体育			公职服务		
城市	得分	排名	城市	得分	排名	城市	得分	排名
拉萨	70.50	1	拉萨	100.00	1	杭州	100.00	1
厦门	65.23	2	珠海	84.02	2	厦门	74.34	2
杭州	57.35	3	宁波	70.45	3	银川	62.68	3

续表

城市环境			文化体育			公职服务		
城市	得分	排名	城市	得分	排名	城市	得分	排名
海口	42.09	4	厦门	69.44	4	珠海	58.34	4
珠海	38.26	5	杭州	67.38	5	宁波	57.74	5
深圳	38.11	6	上海	60.57	6	上海	49.00	6
西宁	30.96	7	福州	50.05	7	拉萨	46.96	7
银川	30.58	8	深圳	49.15	8	福州	44.88	8
南宁	29.42	9	银川	47.19	9	深圳	43.64	9
宁波	26.16	10	青岛	46.89	10	济南	43.03	10
上海	26.01	11	太原	37.91	11	青岛	42.13	11
南京	24.67	12	乌鲁木齐	37.63	12	沈阳	38.86	12
成都	24.04	13	西宁	35.44	13	天津	38.84	13
青岛	23.74	14	天津	33.91	14	北京	38.43	14
长沙	23.47	15	北京	33.91	15	呼和浩特	35.85	15
济南	23.31	16	大连	32.65	16	武汉	35.53	16
北京	23.24	17	成都	31.84	17	海口	35.13	17
太原	22.70	18	呼和浩特	31.16	18	西安	34.80	18
昆明	22.39	19	西安	31.12	19	长沙	34.04	19
乌鲁木齐	22.14	20	济南	31.12	20	成都	33.85	20
福州	21.98	21	重庆	30.62	21	合肥	33.52	21
合肥	21.21	22	南宁	30.40	22	西宁	31.44	22
大连	20.92	23	长春	29.78	23	兰州	31.05	23
武汉	20.67	24	海口	29.69	24	广州	30.54	24
呼和浩特	20.54	25	汕头	29.43	25	贵阳	30.47	25
贵阳	20.49	26	南京	29.01	26	南宁	29.96	26
南昌	19.78	27	长沙	27.62	27	乌鲁木齐	29.13	27
广州	19.76	28	昆明	27.20	28	南昌	28.50	28
西安	19.74	29	贵阳	26.57	29	石家庄	27.00	29
兰州	19.66	30	合肥	26.32	30	太原	26.41	30
天津	19.62	31	南昌	26.07	31	汕头	26.18	31
郑州	19.55	32	哈尔滨	25.56	32	南京	25.68	32
长春	19.35	33	沈阳	25.06	33	昆明	25.13	33
沈阳	19.09	34	石家庄	24.30	34	重庆	24.36	34
石家庄	17.65	35	广州	23.85	35	长春	24.23	35
汕头	17.18	36	武汉	22.03	36	大连	23.18	36
重庆	16.84	37	兰州	15.90	37	哈尔滨	22.41	37
哈尔滨	16.10	38	郑州	15.23	38	郑州	20.78	38

三 研究结论

2018 年，课题组积极探索信息化时代网络调查分析方式方法，一是将城市基本公共服务满意度地面问卷调查改为网络问卷调查；二是利用网络舆论大数据分析方法，对城市基本公共服务满意度开展网络大数据满意度评价，对城市基本公共服务调查问卷整体满意度进行验证，同时也检测城市基本公共服务满意度开展网络大数据满意度评价的可行性；三是利用舆情大数据分析方法，归纳公共服务热点问题并对相关领域典型案例进行深入分析。

从网络大数据满意度与调查问卷满意度评价的比较来看，网络大数据满意度与调查问卷满意度相关性高，说明网络大数据满意度评价具有科学性、可行性、可靠性。

从各城市公共服务网络大数据满意度排名可以看出，拉萨、厦门和杭州的市民通过网络渠道对公共服务的正面评价和满意度最为优异。进一步比较城市公共服务网络大数据满意度与调查问卷满意度数据的相关性，PEARSON 相关系数达到 0.8981，两种调查方法的相关性较高，其有效性可互为印证（见表 1－21）。

表 1－21　网络大数据满意度与网络调查问卷满意度相关性

指标项	PEARSON 相关系数	指标项	PEARSON 相关系数
公共交通	0.8089	医疗卫生	0.8491
公共安全	0.8548	城市环境	0.7918
公共住房	0.6919	文化体育	0.8799
基础教育	0.6432	公职服务	0.8763
社保就业	0.8509	整体满意度	0.8981

从 38 个主要城市基本公共服务整体满意度排行来看，拉萨、厦门、杭州、珠海、宁波、上海、银川、深圳、青岛 9 个城市同时进入调查问卷满意度和网络大数据满意度前 10 名（见表 1－22）。

表1－22　38个主要城市基本公共服务整体满意度排行榜

调查问卷满意度			网络大数据满意度		
城市	分值	名次	城市	分值	名次
拉萨	68.43	1	拉萨	68.99	1
厦门	66.22	2	厦门	66.21	2
宁波	64.35	3	杭州	58.07	3
杭州	63.43	4	珠海	57.84	4
珠海	62.88	5	宁波	48.75	5
青岛	62.69	6	上海	44.32	6
上海	61.83	7	银川	43.26	7
深圳	61.55	8	深圳	42.48	8
银川	60.40	9	青岛	39.89	9
福州	60.14	10	乌鲁木齐	36.85	10

四　政策建议

（一）坚持在发展中保障和改善民生，以消费环境改善释放消费潜力，催生经济增长新动力，促进经济社会全面协调持续健康发展

坚持在发展中保障和改善民生，是新时代中国特色社会主义的基本方略之一。当前，中国经济发展的外部环境发生深刻变化，全球贸易保护主义泛起，美国发起对华经贸摩擦，增加了中国经济面临的外部风险，给中国经济带来下行压力。同时，从发展阶段来看，中国经济由高速增长阶段向高质量发展阶段转变，正处在转变发展方式、优化经济结构、转换增长动力的攻关期。《中华人民共和国国民经济和社会发展第十三个五年规划纲要》提出不断增强消费拉动经济的基础作用。课题组认为，公共服务对经济发展既有直接贡献，又有许多间接贡献。一方面，通过政府购买公共服务，增加公共服务支出，有利于扩大社会公共服务消费，从而增加社会总消费；另一方面，增加公共服务支出，有利于提高公共服务数量和质量，有助于减少城乡居民预防性储蓄，解决居民不敢消费、不能消费和不愿消费问题。建议各级政府在新常态下，贯彻落实坚持在发展中保障和改善民生的基本方略，增加公共

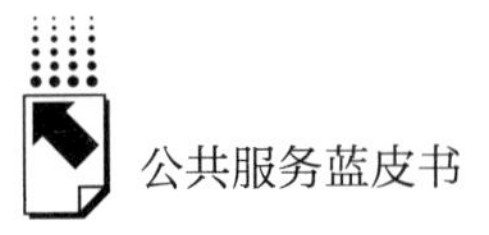

服务支出，推进以民生为重点的社会建设，形成推动经济发展新动力，促进经济社会全面协调持续健康发展。

（二）推进公共服务领域的供给侧结构性改革，把基本公共服务要素关注度作为改善民生的指挥棒，满足公众对基本公共服务的期望

民之所望，政之所向。在公共服务领域，各级政府也应当按照供给侧结构性改革的思路，根据人民群众的关注度，对公共服务产品进行有针对性的精细化供给。基本公共服务要素关注度反映了公众的基本公共服务需求和期待。对公众最关注的公共服务要素从高到低分别赋 9 分至 1 分，进行求和排序，可以知道，2011 ~2017 年公众关注由高到低的公共服务要素依次是医疗卫生、公共住房、公共交通、社保就业、公共安全、城市环境、基础教育、文化体育、公职服务（见图 1 –6）。也就是说，从 2011 年到 2017 年公众公共服务要素的关注度来看，各城市政府应持续关注医疗卫生、公共住房、公共交通等公共服务，在病有所医、住有所居和交通出行方面进一步深化改革，提高服务能力，改善服务质量，持续解决看病难看病贵难题，朝着全体人民住有所居目标不断前进，切实缓解交通拥堵，提高出行便利度和舒适度。

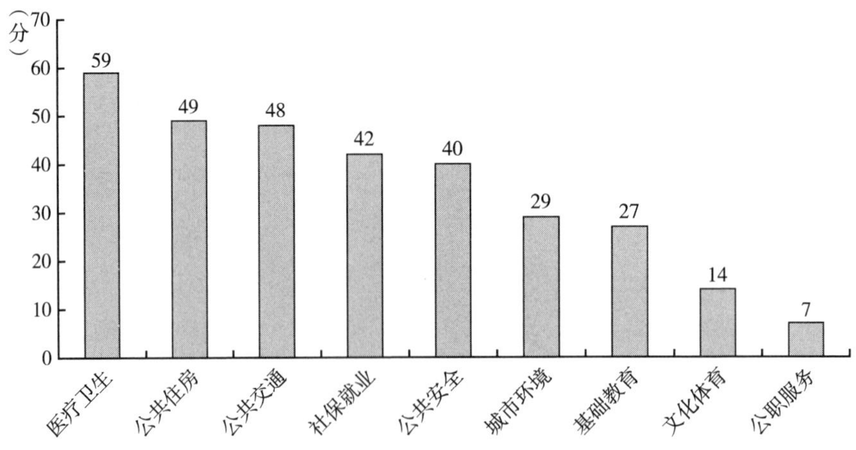

图 1 –6　2011 ~2017 年九大基本公共服务要素关注度赋分排行

（三）加快建设基本公共服务标准信息资源库，发挥大数据分析在基本公共服务评价中的积极作用，提高基本公共服务的标准化、科学化、精细化水平

在对 38 个主要城市开展公共服务满意度网络问卷调查的同时，课题组开展了大数据满意度调查分析，网络大数据满意度与调查问卷满意度的整体满意度 PEARSON 相关系数高达 0.8981，说明网络大数据满意度评价具有科学性、可行性、可靠性。建立基本公共服务标准信息资源库，加强政府基本公共服务基础数据的收集、统计和分析，有利于准确把握基本公共服务建设的现状、存在问题和努力方向，提高基本公共服务的标准化、科学化、精细化水平。中共中央办公厅、国务院办公厅 2018 年 10 月 4 日印发的《关于建立健全基本公共服务标准体系的指导意见》（中办发〔2018〕55 号）明确提出完善各级各类基本公共服务标准，创新基本公共服务标准实施机制。新时代，要以国家政务信息共享系统建设为契机，加快建设全国统一的集查询、公开、宣传、共享于一体的基本公共服务标准信息资源库，将基本公共服务标准信息资源库纳入全国公共数据服务体系，推进与公共服务相关的财政部、教育部、人力资源和社会保障部、民政部、国家发展改革委、国家卫生计生委等部委开放数据，与科研院所、高校等第三方科研机构共享开发利用数据，对地方政府公共服务能力进行客观评价，从而把主观评价与客观评价相结合，探索主观评价与客观评价相结合的科学评价方式方法，更好地指导公共服务。

（四）建议设立公共服务改革协调领导小组，作为国家基本公共服务改革和管理的职能部门，统筹协调公共服务的改革和管理工作

“十二五”以来，我国逐步构建起国家基本公共服务制度体系。2017 年 1 月，国务院印发《“十三五”推进基本公共服务均等化规划》的同时，将《“十三五”国家基本公共服务清单》作为附件同时发布。国家基本公共服务清单明确了具体服务项目及其服务对象、服务指导标准、支出责任和牵头负责单位，内容涵盖基本公共教育、基本劳动就业创业、基本社会保险、基

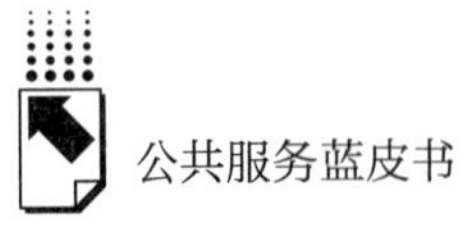

本医疗卫生、基本社会服务、基本住房保障、基本公共文化体育、残疾人基本公共服务9个领域，涉及财政部、中国人民银行、教育部、人力资源和社会保障部、民政部、住房和城乡建设部、国家发展改革委、国家卫生计生委、司法部、文化部、新闻出版广电总局、国家文物局、国家体育总局、中国残联等部委。清单中65%以上的服务项目涉及两个及以上的职能部门。调研中，课题组也发现不同职能部门的协调等问题成为推进基本公共服务均等化、打通基本公共服务的“最后一公里”、提高基本公共服务质量和水平等问题的重要影响因素。现实中，政府公共服务力的整体合力和综合优势难以发挥，“七八个部门管不了一只鸡，十几个单位管不好一桌菜”等问题仍然存在。新时期，为全面深化基本公共服务制度体系改革，提升改革绩效，加强绩效管理，建议设立公共服务改革协调领导小组，作为国家基本公共服务改革和管理的职能部门，由国家领导人任组长，办公室设在国家发改委，统筹协调公共服务的改革和管理工作。

大数据分析报告

Big Data Analysis Report

B.2
城市基本公共服务热点问题大数据分析报告*

摘　要： 本报告参考腾讯指数2017年10月至2018年10月间的社会热点舆情数据库，基于整个数据库上万起政务热点舆情事件的全网传播量，筛选出33个传播总量超过10万条的热门案例，归纳总结出2018年在社会公共服务领域公众最为关注的十大热点问题。这些热点问题分布在医疗、教育、住房、交通、社保等各个公共服务领域。借助腾讯舆情大数据对相关领域典型案例进行深入分析，报告力图呈现当前城市基本公共服务存在的问题和不足，并梳理出各领域专家对有关政府部门提升公共服务力的政策建议，为政府部门科学决策提供参考。

关键词： 城市基本公共服务　热点案例　满意度

---

* 执笔：崔斌、钟杏梅、潘宇峰、陈宁等；统稿：钟君、刘须宽。

一 公共医疗服务热点问题：抗癌药降价

医疗问题一直是舆论关注的焦点，解决看病难、药品贵问题是舆论的普遍呼声。2018 年政府工作报告指出，要深化公立医院综合改革，协调推进医疗价格、人事薪酬、药品流通及医保支付改革，提高医疗卫生服务质量，大力解决群众看病就医等难题。在此背景下，抗癌药价格下调、进口抗癌药零关税、进口抗癌药纳入医保等好消息频频见诸报端，加之电影《我不是药神》公映，再度引发舆论聚焦医疗改革举措、抗癌药价格下调等话题。舆论对政府抗癌药物药价谈判、纳入医保、规范药品流通等一系列举措表示肯定，同时希望进一步加大抗癌药的降价力度，增加纳入医保的抗癌药种类，规范抗癌药的供应链渠道，确保抗癌药的供应数量。在公共医疗服务领域，抗癌药降价成为年度最热话题。

1. 典型案例

6 月 20 日，李克强总理两次主持召开国务院常务会议，强调加快进口抗癌药的审批，落实抗癌药降价措施，强化短缺药供应保障。在中国政府多次谈判下，17 种药品确定加入医保。7 月 5 日，电影《我不是药神》上映，影片涉及抗癌类天价药、仿制药等问题，具有深刻的社会现实意义，引发舆论对我国医疗制度改革、抗癌药品价格等一系列问题的强烈共鸣和深刻探讨。7 月 18 日，李克强总理就电影《我不是药神》引热议作批示受到广泛关注，舆论高度肯定政府部门在下调抗癌药价格等方面推出的各项举措（见图 2 - 1、图 2 - 2）。

6 月 9 日至 6 月 25 日，关于抗癌药物降价事件相关信息全网传播总量约 19.9 万条。6 月 19 日至 7 月 9 日，《我不是药神》电影相关信息全网传播总量约 1501 万条，被誉为“现象级”国产片。7 月 18 日，中国政府网公众号文章《李克强就电影〈我不是药神〉引热议作批示》引发舆论聚焦，相关信息全网传播总量超 33.2 万条。

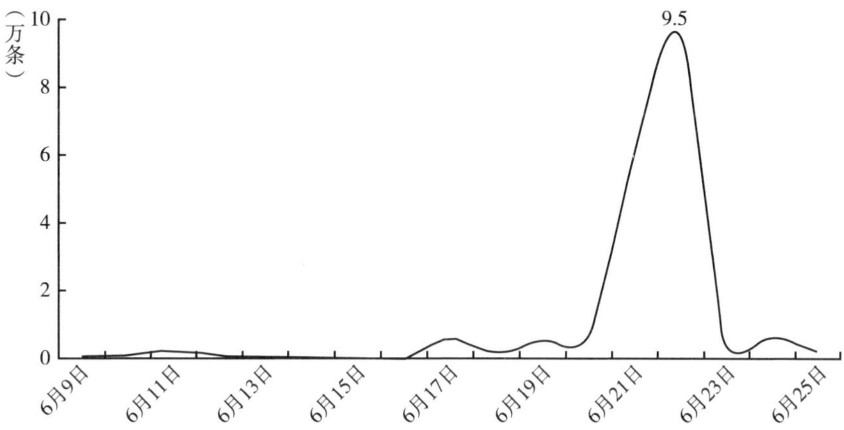

图 2－1　国务院督促加快抗癌药降价全网舆情走势

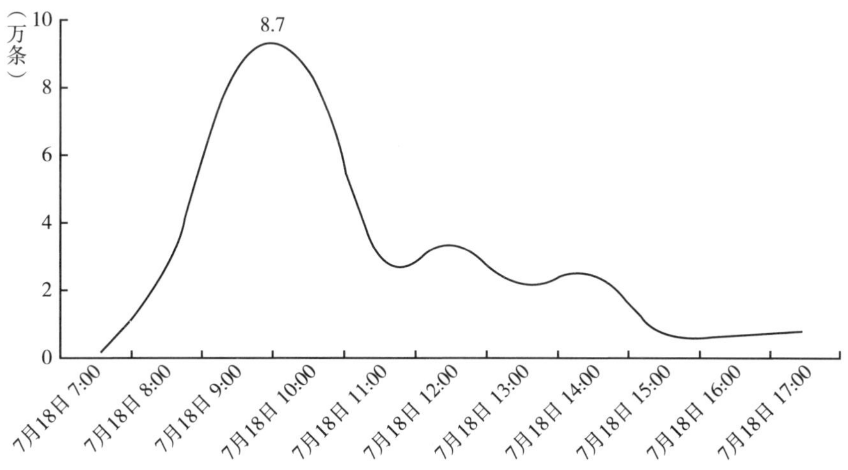

图 2－2　李克强就电影《我不是药神》引热议作批示全网舆情走势

腾讯指数大数据分析显示，在抗癌药降价这一话题中，舆论表现以中性情感倾向为主，占比约为 50%，集中体现为期待相关政策完善并落实、期待加强抗癌药的临床试验等；正面情感占比约为 33%，主要体现为对抗癌药物降价政策积极点赞，认为该政策利民惠民，体现了社会主义制度的优越性；负面情感占比约为 17%，主要是担心抗癌药降价难以落实到位（见图 2－3）。

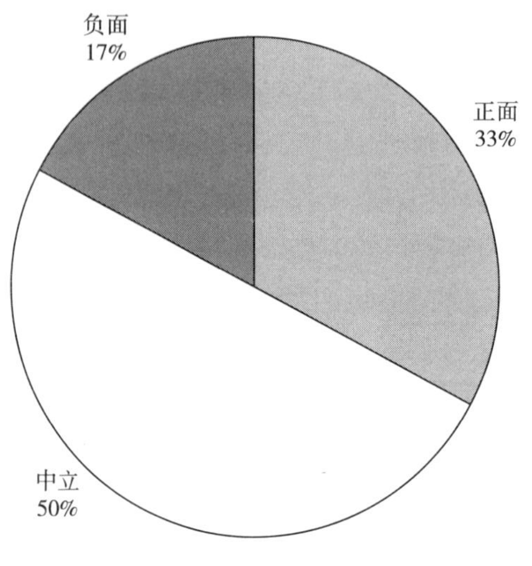

图 2－3　网民立场占比

统计周期内，涉多省下调抗癌药价格相关话题受到舆论高度关注。分析媒体报道与网民跟帖发现，“抗癌药”、“0 关税”、“降价”、“假药”等成为网民讨论高频词，反映出公众期待尽快完善并落实相关政策，解决“看病贵”、“看病难”等问题。

2. 问题与风险

分析发现，舆论高度认可政府采取措施助力抗癌药降价、进口抗癌药零关税的同时，也存在以下几方面的担忧：一是担心进口抗癌药的安全性。有媒体认为，并不是所有的进口药都是好药。针对中国高发或者多发人群的疾病，政府可以为国外药企开启绿色通道，经过充分临床试验后再上市，以此保证用药安全性。二是担心各省份及医院的相关政策未落实到位。目前，国家医疗保障局明确将 17 种抗癌药纳入医保报销目录。然而，有分析认为，纳入医保的高价抗癌药将给医院带来运输、存储成本和控费的压力，担心医院的“药占比”和医保总额控制指标等要求对抗癌药相关政策落实形成阻力。三是担心专利到期后的药品定价机制不合理导致药价高昂。大幅度降低关税、大幅度降低经销商和医院的盈利，减少中间流通环节的成本，或允许这些药的费用纳入医保，这些举措都可以减轻中国癌症患者的负担。但专利到期是药企面临的另一项挑战。国外专利到期后，廉价的代替品随处可见，但中国对已过专利期的药品定价机制不合理，国内药厂对仿药定价依然十分高昂，应当设法把它们的药价大幅度地降下来。

3. 对策建议

近年我国国民整体生活水平提升，癌症发病率却越来越高。我国抗癌药研发水平相对落后，进口抗癌药成了国内抗癌药物主流。在进口抗癌药零关税、抗癌药纳入医保、下调抗癌药价格背后，公众仍然存在多重担忧。为促进相关政策落地实施，提高我国制药水平，打消社会焦虑，有专家和学者提出以下建议。

一是政府部门加强监管，完善综合配套措施。中南财经政法大学税务系教授、博士生导师李波认为，明确的“抗癌药零关税”、“较大幅度降低抗癌药生产、进口环节增值税税负”等举措，对于缓解病患家庭的经济负担意义重大，体现出以人民健康为中心的药品改革思路。但税收只是价格调控的手段之一，决定药价的因素还有很多，比如国内代理层级、是否垄断供应等。因此，进口抗癌药实施零关税进入国内市场后，还需要相关主管部门加强监管，让患者真正得到实惠。

二是改善医疗制度，杜绝“药占比”现象。武汉大学人民医院肿瘤中心主任宋启斌教授认为，近年来，降低部分进口抗癌药价格、将部分进口抗癌药物纳入医保报销目录、进口抗癌药零关税等一系列“政策组合拳”不断减轻癌症患者负担，受到高度认可。但进口抗癌药价格相对较高，会造成医院的“药占比”上浮，而国家对医院“药占比”考核严格。这可能导致，一方面医生面对病人的病情不得不开进口抗癌药，另一方面药占比如果超出了会面临处罚。有专家建议主管部门出台相关政策，对费用相对较高的药物不要计入药占比等，让医生安心为病人治病，让病人享受更安全完善的治疗。

三是加强中国药厂创新能力，提高仿制药生产水平。西安交大一附院封卫毅教授称，医院在日常的工作中常常面临这样的困扰：如何采购到廉价优质的药品，在保证药品质量的前提下能够降低药品的费用。我国仿制药品种类多，但质量参差不齐，导致临床医生在选择时往往非常困难，对于很多急救或危重患者，很多医生宁愿选择质量有保证的高价原研药。此外，还有很多药品，比如针对罕见病或销量比较小的、价格比较低的药品，生产的厂家非常少，所以造成了药品的短缺。因此，政府部门利用政策调控手段加强国内药厂创新能力、提到仿制药生产水平十分必要。

二　公共应急管理热点问题：公共安全

公共安全关乎整个社会秩序的正常运转。当前，我国城市社会治安防控体系逐步完善，城市应急管理体制、机制和法制不断健全，突发事件应急能力不断提升，公民个体的公共安全意识和规则意识不断增强。近年来，诸多公共安全事件造成的影响，极大地考验政府部门的社会综合治理和应急管理能力，也引发全社会对公民个体责任的深刻反思。2017 年 10 月至 2018 年 10 月，各类社会公共安全事件频发，受到舆论广泛关注。其中，北京“11·18”大兴火灾后的安全隐患大排查大清理大整治专项行动引发全国聚焦；长春长生“问题疫苗”事件更是引发持续数月的舆论风暴，政府部门监管缺失备受诟病；重庆公交车坠江事故系由乘客和司机互殴引发，舆论强烈谴责乘客个体行为失控危害公共安全，并质疑万州长江二桥防护栏安全系数。在此背景下，2018 年国务院机构改革后新成立的应急管理部被寄予厚望。

1. 典型案例

案例 1：2017 年 11 月 18 日大兴发生火灾，造成 19 人死亡。事故发生后，北京市全面开展以消防安全为重点的安全隐患大排查大清理大整治行动。然而，专项行动开展不到一周，网络舆论场迅速掀起一场质疑北京市有关部门为疏解非首都功能驱赶“低端人口”的舆情风暴，负面情绪愈演愈烈（见图 2－4）。

案例 2：2018 年 7 月 21 日，《疫苗之王》一文在网络上大规模传播。文章披露 7 月 15 日国家药监局发布《长生生物违法违规生产狂犬病疫苗》公告，称长春长生存在冻干人用狂犬病疫苗生产记录造假等严重违反《药品

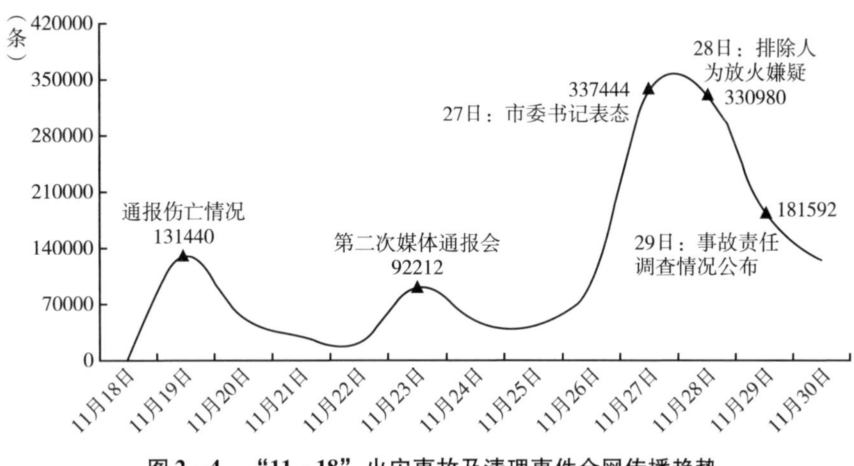

图 2－4 “11·18”火灾事故及清理事件全网传播趋势

生产质量管理规范》行为，并对其危害性进行深度解读。该文迅速推动“问题疫苗”话题再次进入公众视野，刺痛大众敏感神经，引发舆论广泛关注与讨论，舆情持续时间数月，疫苗监管、企业问责、善后举措等成为舆论关注焦点（见图 2－5）。

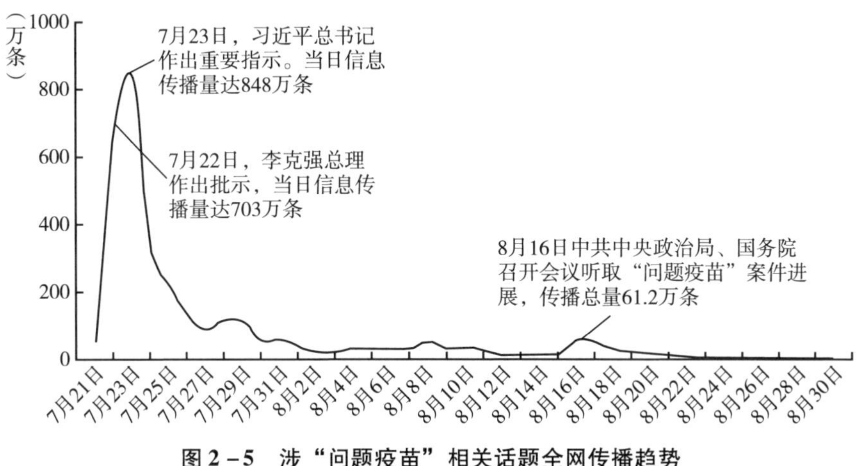

图 2－5 涉“问题疫苗”相关话题全网传播趋势

案例 3：2018 年 10 月 28 日 10 时许，重庆一辆公交车在万州长江二桥桥面与小轿车发生碰撞后坠入江中，事故造成 15 人遇难，引发舆论聚焦。11 月 2 日，相关部门公布事故调查结果，系乘客和司机激烈争执互殴导致车辆失控坠江。舆论强烈谴责个体危害公共安全行为，痛心公共安全意识缺失酿成人间惨剧，并对万州长江二桥防护栏的安全系数存疑（见图 2－6）。

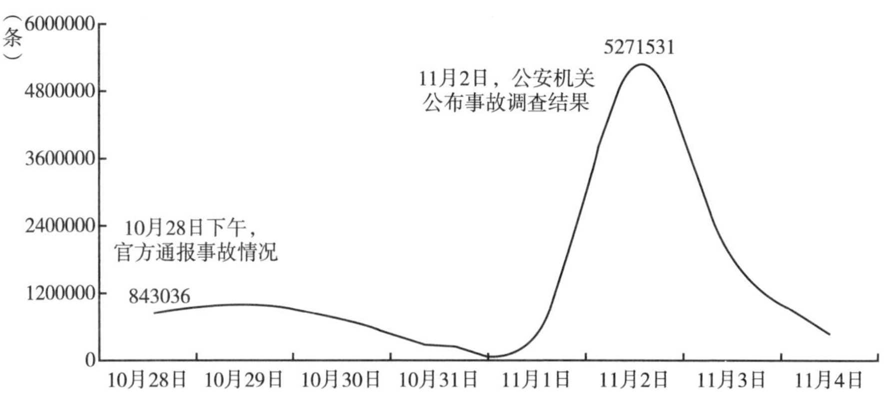

图 2－6　重庆万州公交车坠江事故全网传播趋势

社会公共安全事件发生后，舆论除了关注重庆市有关政府部门在个案中的应对方式和解决问题的能力外，普遍认为全国各级政府部门应该提高发现问题的敏感性，呼吁有关部门及时高效介入处理，从机制、流程等入手整改，杜绝同类事件再次发生。同时，舆论也开始关注公共安全事件中的个体责任，认为公民个人理应树立起规则意识，防范个体不当行为诱发公共安全事故。

腾讯指数显示，网民对社会公共安全类话题的情感倾向以中性为主，相关占比约为 40%。持中性态度的网民以聚焦事件本身，关注事实性信息，并理性提出建议，如完善日常监管制度、推动相关安全培训宣教、促进城市防灾减灾的整体应对、增强公民个人公共安全意识等为主。正面情感相关占比约为 38%，集中体现为对于事件发生后政府部门的快速反应及问责处罚力度的支持。负面情感相关占比约为 22%，主要体现为批评政府部门监管缺失、应对失当，导致同类悲剧不断上演（见图 2－7）。

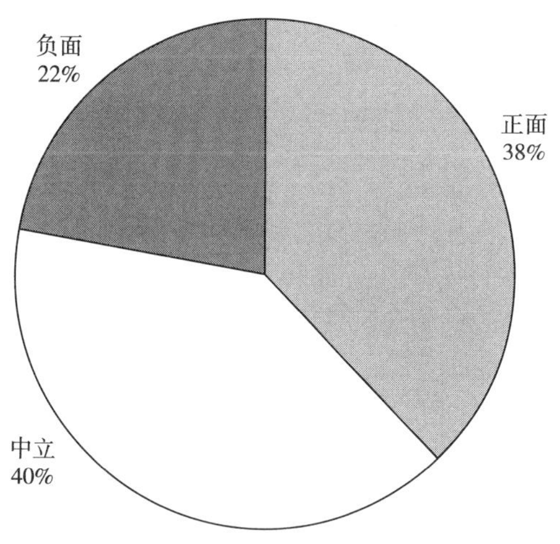

图 2－7　网民立场占比

腾讯指数大数据词云分析发现，在涉公共安全话题中，“监管”、“立法”、“完善”、“社会稳定”、“严惩”、“追责”等词成为高频词。这反映出网民群体对于社会公共安全事件的关注诉求为：希望完善相关法律，严惩各类危害公共安全的行为，健全社会公共安全管理体系。

2. 问题与风险

在社会公共安全类话题中，舆论主要关心以下几个问题：一是城市公共安全风险应对机制有待完善。有专家认为，随着城市不断扩张、人口不断增长，安全威胁也在不断加剧。我国在城市风险管理上与发达国家存在较大差距，不仅缺乏管理的理论与方法，而且在识别城市风险产生原因、辨析城市风险形成条件、制定应对城市风险对策等方面，亟须建立一套完善的机制。二是市场自律体系和监管体系的“双失灵”加剧社会恐慌。公众普遍认为，问题疫苗事件暴露出市场自律体系和监管体系的“双失灵”。这不仅引发社会对疫苗问题的恐慌和焦虑，更促使部分公众对政府监管体系和社会治理能力产生不信任，一定程度上导致社会安全感的丧失。因此，舆论呼吁建立一套完全脱离行政监管体制的独立的第三方评价体系，借助这一体系督促作为第一责任人的企业一方强化行业自律，促进政府部门建立更加严格的行政监管体系和司法救济体系，并充分发挥媒体监督的力量。三是社会公共安全问题的洞察、监管和整治缺乏长效机制。无论是北京大兴火灾还是长春问题疫苗都暴露出政府部门对潜在的甚至显性的公共安全风险失察，造成本应作为政府监管重点的社会公共安全领域，缺乏一整套行之有效的风险预警、职责监督和配套整治的长效机制。这也再次反映出提升社会治理精细化水平的重要性。四是公民个人缺乏公共安全和遵守规则意识引发公共安全事故。重庆公交车坠江调查结果公布后，媒体普遍认为导致重庆万州公交车坠江惨剧发生的一大重要原因，是公民规则意识和安全意识的普遍缺失：乘客谩骂击打公交车司机无视安全和规则，司机有权任性不知敬畏安全和规则，其他乘客事不关己集体冷漠同样是缺乏安全和规则意识。

3. 对策建议

通过研究历年来的社会公共安全热点事件发现，社会公众越来越倾向于将问题归咎于政府部门而非个别涉事责任主体。换言之，整个社会对政府社会治理能力的期望值正在不断提升。因此，政府部门在公共安全领域的治理应当在以下几个方面着力。

一是充分发挥应急管理部在应对社会公共安全事件中的统筹协调作用。中国人民大学危机管理研究中心主任唐钧认为，国家总体安全观需要一个强有力的部委进行统筹，对各方面的公共安全予以回应和监管，设立应急管理部是及时而必要的改革举措。重特大灾难往往需要大量的应急储备资源和人力、物力、财力、技术等资源的支持。实现这些资源支持，往往需要集中整个国家的力量，甚至需要国际力量的支援。因此，在应对社会公共安全危机时，应充分发挥应急管理部统筹协调作用，加快问题处理效率，实现危机应对的全流程把控。

二是加快公共安全科技创新和应用，为健全公共安全体系提供技术支撑。上海师范大学教授容志认为，必须善于运用“互联网 +”、人工智能和大数据等信息化技术和手段，提高风险感知的灵敏度、风险研判的准确度以及应急反应的及时度。清华大学公共安全研究院教授、中国工程院院士范维澄认为，基于物联网、大数据、云计算、移动互联网、AI 技术的新一代公共安全科技，正在为构建智慧安全城市、提升公共安全保障能力提供强有力的支撑。

三是公共安全要依靠人民群众、社会各界和政府部门协同治理。中央党校教授李雪峰称，面对社会公共安全问题，首先要牢牢把握应急管理改革的科学性原则，其次要尽快推进制度体系的完善。在基层应急体系建构过程中要落实多主体共治，公共安全要依靠人民群众和社会各界力量参与，和政府部门形成合力，借助全社会的力量共同助推社会协同治理水平的提升。《新京报》、《三湘都市报》等媒体认为，公共安全必须共同捍卫共同维护，这才是最好的防卫武器。只有全社会参与，人人参与，共同捍卫，社会才会更加安全。

三　公共教育资源热点问题：教育公平

近年来，涉及教育公平热点事件频发，城乡教育公正、区域教育公正等话题一次次成为社会舆论的热议焦点。为了促进教育公平，有关政府部门持续推动一些教育资源薄弱地区通过和优质学校建立“一对一”帮扶关系等方式，搭建教学一体、资源共享、师资共建等交流平台，切实提升落后地区的教育质量，实现优质资源的共建共享，极大地促进了教育均衡发展，受到舆论诸多肯定。但在实际操作过程中，教育资源配置不均衡、等级区分的现象屡见不鲜。基于对2017年10月至2018年10月教育类热点事件的大数据分析发现，我国教育公平问题仍然备受关注，相关工作还存在短板亟待补齐。

1. 典型案例

案例1：2018年1月9日，一张“冰花男孩”的照片在朋友圈走红。图片主人公云南昭通鲁甸县的三年级学生王福满，因冒着低温走了40多分钟山路赶到学校参加期末考试，头上挂满了白色霜花。他的照片在网络热传再次引发舆论关于教育公平、教育扶贫等话题的讨论。

案例2：2018年2月23日，教育部发布的《关于做好2018年普通中小学招生入学工作的通知》提出，要逐步压缩特长生招生规模，至2020年前取消各类特长生招生，遏制特长生招生乱象。

案例3：2018年7月28日，“寒门女孩”王心仪以707分的高考成绩被北大录取。然而她以亲身经历和感悟写的文章——《感谢贫穷》在网络引发热议，教育重心偏向城市、乡村学校教学落后等现实问题再次遭到舆论诟病。与此同时，清华大学“自强计划”和北京大学“筑梦计划”（两所高校针对优秀农村学子的考分优待政策）受到舆论高度认可。王心仪因其出色表现获得清华大学50分、北京大学40分的优待，而高考裸分707分的好成绩，让她不用享受优待照顾便可以升入这两所大学中的任何一所。舆论认为，推动教育公平需要更多类似“自强计划”和“筑梦计划”的招生政策。

案例4：2018年9月1日，湖南耒阳为消除超大班额将学生分流，部分学生从公办学校被分流到民办学校，引发城区部分学生家长不满，多次聚集维权。9月6日，教育部对此作出回应，表示消除“大班额”方向明确，但在方式方法上应当因地制宜、积极稳妥，确保学生利益，此后舆情开始逐渐缓和。

上述事件的讨论均牵涉教育公平问题，其中取消“特长生”得到社会舆论一致好评，被舆论认为有助于提高公众对教育公平的信任度和满意度。此外，教育部连续实施重点高校招收农村和贫困地区学生的国家专项计划、地方专项计划和高校专项计划，也受到较多肯定。目前，各名校纷纷推出自己的农村学生单独招生专项计划，如北大的“筑梦计划”、清华的“自强计划”、复旦的“腾飞计划”等等，都保证了农村和贫困地区的招录比例。

腾讯指数显示，2018年以来，冰花男孩、取消各类特长生、寒门学子707分被北大录取、湖南耒阳学生分流四个涉及教育公平话题的热点案例全网信息传播总量分别为254.7万条、121万条、115.9万条和106.9万条。其中冰花男孩传播总量最高，集中反映出公众对偏远地区农村留守儿童上学难问题的高度关注（见图2－8）。

腾讯大数据分析发现，在教育公平类社会热点事件的讨论中，网民情感倾向以正面中立为主。其中，36%的正面观点肯定教育部门相关举措的成效；44%的中性观点呼吁出台更多改革政策，加大对农村学校的扶持力度，

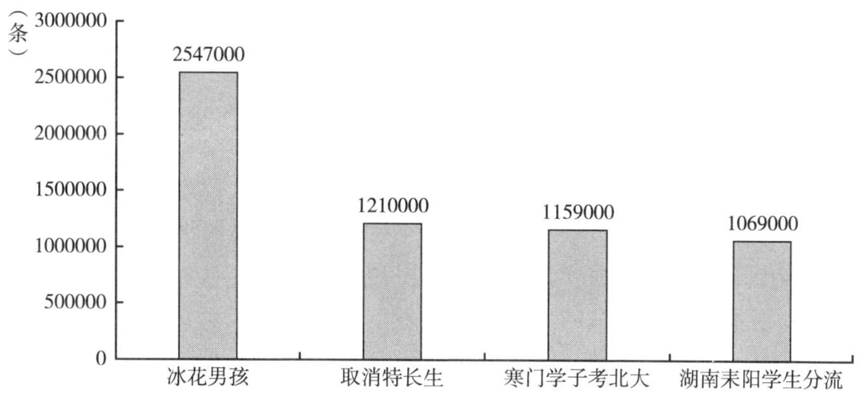

图2-8　涉教育公平社会热点事件全网信息量对比

缩小城乡教育差距；20%的负面观点主要集中于对特长生招生、择校、升学加分等问题的不满，希望政府加强对各类教育乱象的整治（见图2-9）。

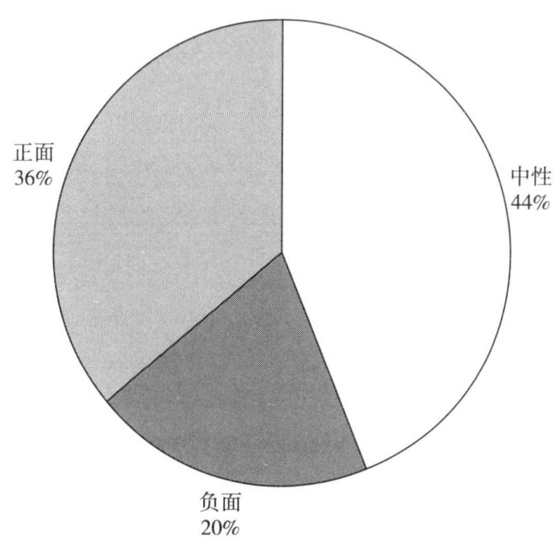

图2-9　网民立场占比

从腾讯大数据词云分析结果可以看出，在教育相关话题的讨论中，“教育”、“公平”、“老师”、“分配”、“努力”、“学校”、“孩子”等用词高频出现，说明有关教育公平的话题一直牵动着全社会的目光，希望教育资源分配更加公平。

2. 问题与风险

在涉及教育公平话题的讨论中，以下几个问题最为突出：一是城乡学校教育资源分配差异尤其是教师的差异，最终导致教育水平不均衡。《中国青年报》报道称，一直以来，尽管有关部门致力于推动城乡教育公平，但现实情况是城乡教育资源在存量和流量方面确实不均衡。而城乡学校教育资源不均衡的根本原因是教师的差距。由于政府对农村学校财政拨款严重不足，贫困地区教师工资待遇低、工作条件较差、升迁机会少，优秀的乡村教师不甘在农村留守，而城镇优秀教师则不愿意到乡村交流，师范院校优秀毕业生不愿去乡村执教，最终损害了乡村学生的教育利益。而城市学校所获的财政拨款、有利政策支持连年增大，校舍建设和办学设备得到充足补充，从而造成城乡学校差距越来越大。二是贫困地区撤点并校提升教学质量的同时产生了上学难等后遗症。在冰花男孩刷屏后，贫困地域撤点并校政策引发舆论聚焦。撤点并校是一场自 2001 年正式开始的对全国农村中小学重新布局的教育改革，主要是为了解决山区偏僻、条件落后、生源越来越少、难以集中开展教育等问题。这项政策一定程度上起到了优化农村教育资源配置，全面提高中小学教育质量的作用，但同时也带来了部分学生上学路途远、过早寄宿、校车安全等后遗症。该政策已于 2012 年停止执行。有媒体认为，就当前的趋势来看，撤点并校不可逆，唯有加大对贫困地区的教育援助力度，尽量均衡城乡教育资源，才能减轻农村儿童上下学过程中的风险。

3. 对策建议

围绕教育公平这一话题的讨论，一些教育领域的专家学者给出了一些缩小城乡差异、促进教育公平方面的政策建议。

一是完善社会捐赠制度，鼓励社会各界协同参与。经济科学基金会理事长、广东以色列理工学院校长李剑阁从经济学角度谈到教育公平，提议进一步完善社会捐赠制度，鼓励全社会为教育出谋划策。

二是设立专门的学校建设基金。北京理工大学教育学院教授、21 世纪教育研究院院长杨东平建议，针对农村小规模学校公用经费普遍不足的现象，设立专门的学校建设资金，通过专项资金划拨的方式，调动地方政府保留和建设小规模学校的积极性。

三是实行公办学校校长教师交流轮岗制度。全国政协委员、浙江省特级专家、文化部中国艺术研究院研究生院教授何水法认为，公办学校校长教师应轮岗交流教学，逐步去除重点学校、实验班等概念。教育部门合理统筹城乡义务教育资源分配，高中阶段实行就近入学，以此缩小校际、区域、城乡差距，让学生获得平等的教育机会。

四　收入分配调节热点问题：税收制度改革

近年来，我国不同社会群体的收入差距持续扩大，引发舆论对收入分配调节问题的持续关注和思考。2018 年 4 月 26 日，国家发展改革委办公厅印发《2018 年收入分配重点工作》，从完善初次分配制度、履行好政府再分配调节职能、促进社会公平、夯实收入分配体系建设基础四方面提出了 20 项工作。其中明确提出要推进税收制度改革，完善收入分配统计与核算，建立收入分配政策评估体系。2018 年 6 月末，个税法修正案（草案）向社会公开征求意见，旨在建立综合与分类相结合的个税税制，适时增加教育、房贷利息、养老等专项扣除项目，从而降低中低收入者的税负。舆论对此高度关注，整体情感正面积极，以支持尽快落实个税法配套方案为主。同时，希望政府不断完善相关政策，调节贫富差距，逐步实现共同富裕。

1. 典型案例

2018 年 8 月 31 日，十三届全国人大常委会第五次会议表决通过了关于修改个人所得税法的决定。新个税法拟于 2019 年 1 月 1 日起全面施行，拟自 2018 年 10 月 1 日至 2018 年 12 月 31 日先将工资、薪金所得基本减除费用标准提高至 5000 元/月，并适用新的综合所得税率。

腾讯指数显示，8 月 28 日至 9 月 2 日，相关信息全网传播总量约 93.8 万条。29 日上午，全国人大常委会分组审议个税草案后，信息传播热度迅速上升，于31日表决通过后达到统计周期内峰值，传播内容以转载《新个税法拟于明年起全面施行》等新闻通稿为主。舆论认为，新个税法一定程度上能够起到为民减负、充盈国库的作用，但和养老金等相关政策结合起来计算，对部分民众或未起到增收效果，反而削减了每月实际收入，呼吁政策制定部门能统筹考虑政策实施，切实推动政策惠民（见图2－10）。

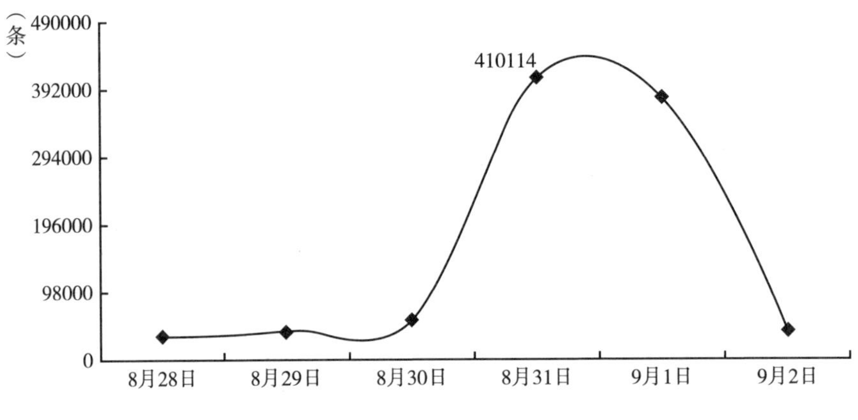

图2－10　《新个税法拟于明年全面施行》全网传播趋势

腾讯指数大数据分析显示，近年来网民对不同社会群体贫富差距问题持续关注，舆论对中央多次调节收入分配的政策表示肯定，呼吁改革聚焦实际问题发力。其中，45%的正面观点以肯定政府部门近年来在调节收入分配问题上作出的努力为主，认为个税免征额调整等相关政策切实为百姓增收；32%的中立观点中，呼吁中央相关部门重点关注民众收入分配、社会保障等民生问题居多，希望逐渐缩小贫富差距，缓解因财富差距带来的社会矛盾，以满足人们对美好生活的需求；23%的负面观点则集中认为资本利得与资产收益的差距远远高于收入差距，财富往往集中在少数人手中，调节收入分配实际上并不能起到消除贫富差距、增强社会消费能力以及刺激经济发展的作用（见图2－11）。

收入分配调节相关话题与民众密切相关，引发舆论热烈深入讨论。透过腾讯大数据词云分析可以看出，“实施”、“起征点”、“通过”、“国家”、

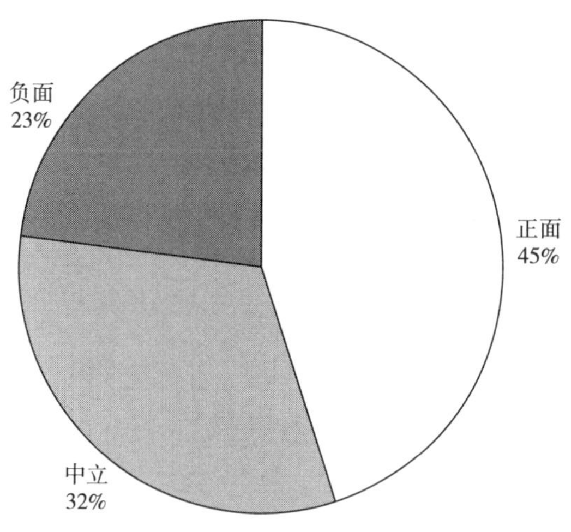

图 2-11　网民立场占比

“赞同”、“调节”、“税改”、“贫富差距”、“社会保障” 成为舆论讨论高频词，体现出网民对个税改革政策的肯定和期待。

2. 问题与风险

从关于个税改革相关讨论也可以看到，部分媒体及网民认为新个税法在收入分配调节方面的相关举措还存在一些不足：一是隐形税费影响经济发展，调节个税的步子迈得不够大。有媒体认为，资本利得与资产收益真正决定了中国的贫富差距，而非工资收入。在不能有效调节社会贫富分化、资产分配差距，向真正的富人征收资本利得税之前，个税具体方案的设计需考虑到更多方面，包括我国各地区之间经济发展不平衡、消费支出差异大于收入差异的现状、通胀与资产价格上涨带来的购买力变化等。各种隐性税费抑制了内需，阻碍我国经济可持续发展。对此，舆论认为，调节个税的步子不妨迈得大一些。二是扭转当前消费疲软趋势不能仅靠税改。舆论普遍认为，此次减税可能会对激活居民消费产生一定的作用，但是市场和投资者不应过分乐观，因为我国的个税制度并没有明显缓解居民收入分配和财富占有的差距过大问题，再加上对消费增长负面影响较大的另外两大因素——居民可支配收入增速回落和居民部门杠杆率高企，指望此次税改扭转当前消费疲软的趋势不容乐观。

3. 对策建议

针对个税改革讨论中反映的问题，一些专家学者围绕中央相关政策和现状提出对策建议，主要包括以下三点。

一是加强对高收入者的税收征管。中央财经大学财政税务学院教授汤贡亮认为，个税的突出问题是劳动性所得和资本性所得税负失衡问题。国内高收入群体的收入和财富来源，已经由劳动所得转向资本性财产所得，但后者的税负低于前者，其中一些所得法律上还没有明文列举。中央财经大学财税学院教授刘桓表示，挣工资的人想要成为大款是很难的，那些亿万富翁肯定不是通过工资薪金收入来积累财富的，工资薪金最高征收45%的税，而那些非工资薪金是真正产生富豪的领域，税率却很低，这是我们目前税改一个非常大的弊端。

二是建议个税免征额每两三年进行一次调整。舆论普遍认为，随着经济不断发展，老百姓的个人收入水平不断提高，个税免征额的调整频率应该跟上。中央财经大学财政税务学院副教授张广通表示，赞成个税免征额动态调整，建议人大授权国务院，过两三年调整一次。同时，向民众公示调整主要参考的各项指标和因素。

三是建议加大专项扣除力度。针对财政部、国家税务总局公开的《个人专项附加扣除暂行办法》（征求意见稿）中规定的，对子女教育、继续教育、大病医疗、住房贷款利息、住房租金和赡养老人六项专项附加扣除政策，舆论认为应加大扣除力度。如金杜律师事务所合伙人叶永青表示，专项扣除的力度应该不能太小，否则没有激励作用。

五　社会保障和就业热点问题：全额社保

社会保障是现代社会防范劳动者及社会成员社会风险、缓解收入分配差距、促进社会和谐稳定的制度安排。作为社会保障制度的重要组成部分，职工社保与劳动者权益和企业经济利益密切相关，历来备受舆论关注。2018

年3月，《深化党和国家机构改革》提出，为提高社会保险资金征管效率，将基本养老保险费、基本医疗保险费、失业保险费等各项社会保险费交由税务部门统一征收。此后，一系列改革举措快速有序推进，同时引发了广泛讨论。舆论担忧在税务部门统一征收社保、新个税法全面实施的大背景下，社保征管趋严、全额缴纳社保将导致中小企业运营成本大幅上升，进而加剧经济发展困难，出现裁员甚至倒闭潮。市场呼吁政府在合法合规的前提下加紧研究降低社保费率，出台有正向引导性的税收减免政策，帮助企业渡过转型初期的困难。9月，党和政府密集发声回应舆论关切，以期纾解焦虑情绪，提振发展信心。

1. 典型案例

7月20日，新华社授权发布《中共中央办公厅、国务院办公厅印发〈国税地税征管体制改革方案〉》，明确从2019年1月1日起各项社会保险费交由税务部门统一征收，引发舆论巨大反响。8月20日，国税总局、人社部等五部门提出，在2018年12月10日前完成社保费和第一批非税收入职责划转交接工作，社保转税进入倒计时。8月24日，《中国企业社保白皮书2018》发布，显示缴费基数不合规的企业比例超过七成，大多数职工都没有享受到应有的社保待遇。8月31日，新个税法表决通过，规定扣缴义务人应按照国家规定办理全员全额扣缴申报。9月初，多地曝出税务部门追缴企业欠缴社保费消息，“企业补缴压力严重或致裁员、破产”、“个人到手收入减少”等言论被迅速炒热。该时间段内，政策预期屡次踏空，舆论矛头直指全额缴纳社保。9月6日，国务院常务会议提出抓紧研究适当降低社保费率，确保总体上不增加企业负担。9月18日，国务院常务会议强调对历史形成的社保费征缴参差不齐等问题，严禁自行集中清缴。9月27日至29日，习近平总书记和李克强总理先后表态“两个毫不动摇”，有力回应舆论关切，释放出正本清源、增强信心的强大正能量。

7月24日至9月30日期间，全额缴纳社保话题和由此引发的企业裁员担忧交织并行，相关信息全网传播总量分别为54.4万条和30.4万条。7月20日中办、国办联合印发《国税地税征管体制改革方案》，8月31日新个税法表决通过，均引发舆论对全额缴纳社保语境下企业裁员的担忧。9 月 4 日，媒体曝光江苏常州有企业 10 年社保欠费被强制执行，舆论对全额社保话题的关注度升至首个峰值；9 月 6 日，国务院常务会议明确，在社保征收机构改革到位前各地一律保持现有征收政策不变，同时抓紧研究适当降低社保费率，确保总体上不增加企业负担，公众不安情绪有所缓解。9 月 12 日，市场风传券商业绩惨淡迎降薪裁员潮，舆情热度达到峰值（见图 2－12）。

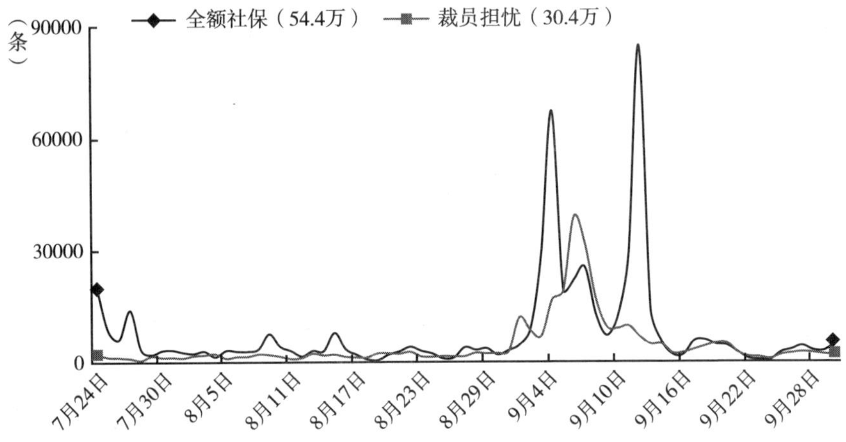

图 2－12　全额社保和裁员担忧全网传播趋势

腾讯指数大数据分析结果显示，在社会保障相关话题中，有关全额缴纳社保的相关讨论负面倾向较为突出。网民对全额缴纳社保可能引发裁员等担忧类观点占比高达 65%，主要包括：一是认为在税负高企利润微薄的大环境下，裁员减薪甚至倒闭的中小企业将比比皆是；二是猜测全额社保是为了填补养老金亏空、高铁债务和地方政府债务等，称“现在交的多以后拿的多”是“伪命题”；三是认为裁员现象已经发生，担心此轮裁员潮中会有更多人失业；四是全额社保加大企业用工成本，与国家倡导的鼓励创业不相符等。中性观点占比约 21%，认为企业社保合规是正确方向，但应有一定过渡期，或通过退税等方式对民营企业进行补贴；还有人认为企业的裁员实质上是优胜劣汰的精简，就业竞争愈演愈烈是大势所趋。正面情绪占比约

14%，认为规范收税、严格社保是社会进步的体现，能够增加守法企业的竞争力、制裁行为逾矩的企业主、保障劳动者合法权益（见图2－13）。

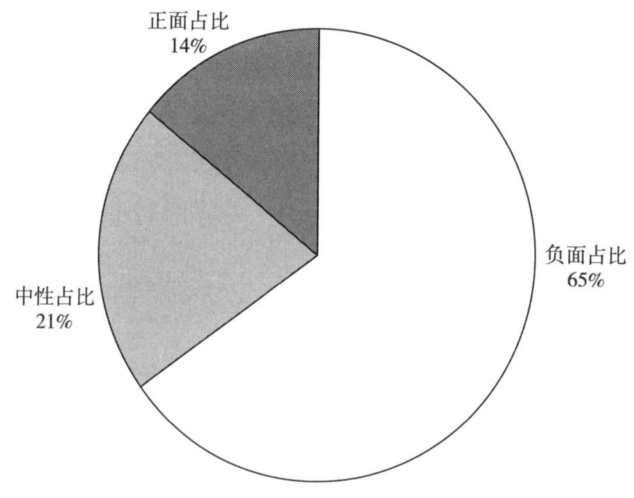

图2－13　网民立场占比

网民对全额社保或将引发企业裁员保持高度关注，经腾讯指数大数据词云分析发现，“企业”、“裁员”、“减薪”、“倒闭”、“降税”、“社会保障”等成为舆论高频词。其中“企业”讨论热度最高，反映出公众对全额缴纳社保大形势下中小企业发展前景的关注。“裁员”、“减薪”、“倒闭”等词频繁使用，反映出舆论对企业负担加重后可能带来裁员、减薪等焦虑情绪的蔓延。“降税”、“社会保障”等高频词反映出舆论对降费减税和完善社保制度的期待。在有关部门一系列正向表态后，相关负面情绪趋于平息。

2. 问题与风险

公众普遍认为全额缴纳社保有利于保障劳动者个人权益、减缓社保缺口逐渐扩大的趋势，但也担心导致企业负担过重，引发裁员倒闭潮。具体观点如下：一是降低社保费率是企业减负关键。有媒体认为，社保费改由税务部门统一征收后，公平性和可持续性都会提高，征管能力和征管效率的提升为整体降低费率争取更大空间。同时也强调减轻企业负担刻不容缓，建议通过做实缴费基数、降低费率等方式减轻企业负担，保障员工权益，促进经济发展。此外，从规范和长远来看，早日实现降低社保费率也是切实保障中低收入群体获得感的有效手段。二是全额社保对企业造成较大冲击，失业倒闭潮或将出现。部分媒体认为，中国企业税负沉重，合规缴纳社保，“五险一金”将接近工资总额一半，企业用工成本将因此上升20%～30%，微中取利的企业处境艰难。此外，一旦由税务部门统一征收，缴费基数规范化会增加社保征缴收入约7000亿元。如果企业负担不起数额巨大的社保费用，为了降低人力成本势必要裁员，新一轮的失业浪潮将滚滚而来。三是全额社保或可视作市场的重新洗牌，有利于营造公平竞争的市场环境。部分企业家和学者认为没有合规缴纳社保的企业在市场上占主流，对新政反应强烈，是市场担忧情绪蔓延的重要基础。新政后缺乏核心竞争力和多个利润增长点的企业极可能死亡，或可视作一次市场对中小微企业的大洗牌。企业整体合规缴纳社保，对营造公平的市场环境有利。

3. 对策建议

全额缴纳社保引发舆论普遍焦虑，业界专家学者纷纷为之把脉问诊，并提出降低社保费率、建立动态费率、国企反哺社保、提高财政效率等对策建议，具体情况如下。

一是建议同步推行配套政策，确保稳字当头。经济日报记者韩秉志认为，社保征收方式的统一，与降成本、保就业、促民生紧密相连，在社保转为税务部门征收的过程中，需要同步推行延长缴费年限、降低社保费率等配套政策措施。上海财经大学公共政策与治理研究院教授、院长胡怡建认为，社保转税需要稳字当头，统筹考虑社保征管主体变动给企业和职工带来的影响，建议分步逐渐提高社保征收强度直至合规，让社保缴费由税务部门统一征收管理实现有效平稳过渡。

二是建议设立动态费率，给予企业过渡期。全国人大法律委员会副主任委员、全国工商联副主席谢经荣认为，社保费率高低应以经济和企业发展实际状况为依据，经济和企业发展形势较好时可以有比较高的比率，在企业发展困难时适当降低比率。中国社科院财经战略研究院研究员汪德华建议，给予不合规企业继续执行较低费率政策的过渡期，同时逐步降低费率实现全国缴费基数和费率的统一，并增加收入渠道以维持社保基金的可持续性。

三是建议国资反哺社保，减轻民企负担。汇丰大中华区首席经济学家屈宏斌认为，不降低社保税费率很可能导致企业裁员倒闭潮，应对贸易战和产业升级创新将成为口号。建议尽快划拨更多的国有资产填补社保金缺口，为把企业社保税费率降至可承受的合理区间腾出空间。新浪财经文章《中金：划转国资充实社保　既降税费又可藏富于民》认为，划转国资充实社保是藏富于民的改革，有助于实现社保制度的公平性和可持续性，更有推动国有企业深层次改革、降低社保费率缓解企业压力、培养健康发展的资本市场等积极效果，是降税费、减成本、促消费的关键。

四是建议精简机构人员，提高财政资金使用效率。国民传媒有限公司认为，政府财政支出规模宏大，如果能够逐级精简机构和人员，就可能减少大量财政支出，也有利于减税降费，减轻民负。《经济日报》记者曾金华认为，政府部门过“紧日子”的思想要落到实处，预算绩效管理覆盖全部财政资金，进一步提高财政资金的使用效率，创造减税降费条件，拓展减税降费空间。

六　公共服务管理热点问题：机构调整

深化党和国家机构改革是推进国家治理体系和治理能力现代化的一场深刻变革。自 2018 年 2 月份以来，机构改革相关讨论贯穿全年，是舆论最为关注的焦点话题之一。3 月，中央印发《深化党和国家机构改革方案》（以下简称《方案》），并发出通知，要求各地区各部门结合实际认真贯彻执行。《方案》包括深化党中央机构改革、深化全国人大机构改革、深化国务院机构改革、深化全国政协机构改革、深化行政执法体制改革、深化跨军地改革、深化群团组织改革、深化地方机构改革等八部分。根据《方案》规定，应急管理部、退役军人事务部等纷纷正式挂牌，成为公共服务领域的重大热

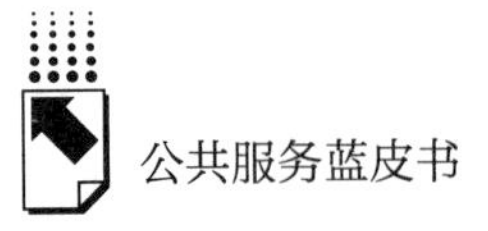

点话题，获得海内外舆论关注。

1. 典型案例

根据《方案》规定，中央和国家机关机构改革要在2018年底前落实到位；所有地方机构改革任务2019年3月底前基本完成。《方案》就统筹推进党政军群机构改革作出了全面安排部署，明确深化国务院机构改革是其中的一项重要任务。其中，组建退役军人事务部被认为是《方案》中最出乎意料的改革；而组建应急管理部则是涉及机构调整整合最多的一项改革，被认为是一个职能空前广泛的新机构。3月23日至5月31日，国务院新组建部门和单位陆续挂牌亮相（见表2－1），相关工作也已密集展开。4月16日，国务院新组建部门第二批挂牌仪式举行，生态环境部、退役军人事务部、应急管理部等分别挂牌，正式对外履职。其中，退役军人事务部和应急管理部与公共服务密切相关，职能整合归并的改革、对原有职责的升级管理等，都受到舆论较高期待。4月16日正式挂牌以来，退役军人事务部优抚保障、就业安置等相关政策举措及工作进展备受舆论瞩目（见表2－2）。公开信息显示，退役军人事务部已会同军地12个部门，出台了提高安置质量、加大扶持就业创业力度、悬挂光荣牌、提高抚恤补助标准等多项政策性文件；网上信访系统和门户网站“部长信箱”、“纪检监察举报”栏目也于9月1日上线试运行。9月以来，各省机构改革方案密集获批，并于10月相继出炉，也引发新一轮舆情高潮。腾讯指数显示，3月21日至10月21日，涉国家机构改革相关话题全网讨论量约685万条（见图2－14）。

腾讯大数据分析结果显示，在关于国家机构改革相关话题的讨论中，正面倾向观点占比高达68%，支持深化党和国家机构改革决定、肯定机构改革重大意义等观点是主流。此外，中立观点占比28%，主要是希望机构改革工作顺利落实、推进，建议分期制定机构改革目标，有序改革、循序渐进、逐步改革。负面倾向观点占比仅4%，主要是对懒政、庸政、怠政公务人员的情绪性发泄，呼吁将其清除出队伍（见图2－15）。

腾讯指数大数据词云分析，“机构改革”、“深化改革”、“支持党中央”

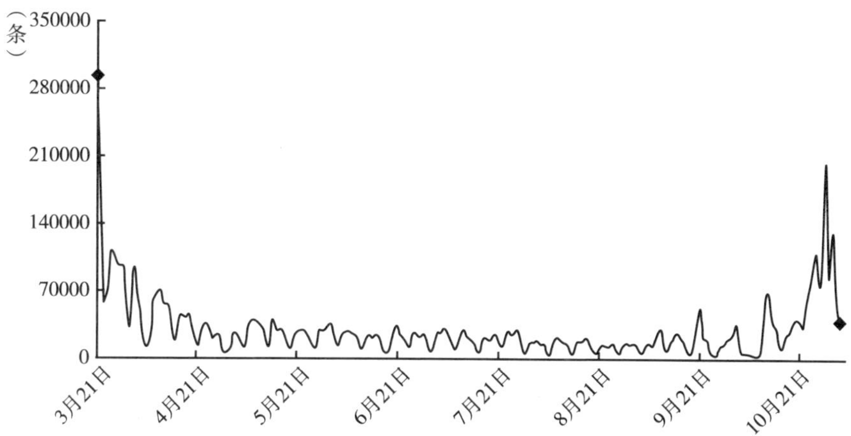

图 2－14　国家机构改革全网舆情传播趋势

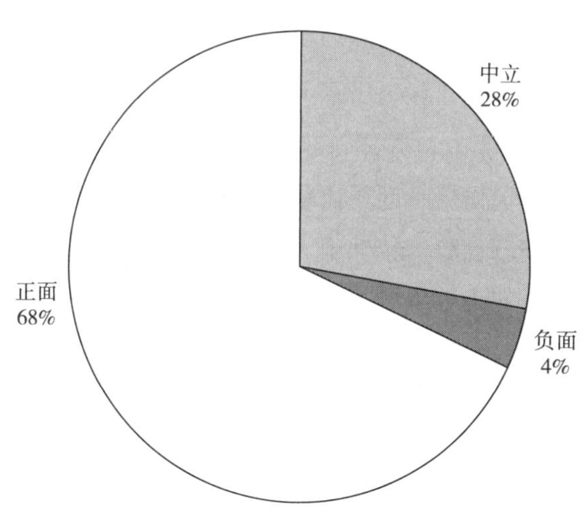

图 2－15　网民立场占比

等成为公众讨论的高频词。其中，“国务院”、“退役军人事务部”、“海南”、“雄安新区”等频繁出现，反映出国务院机构改革，尤其是组建退役军人事务部、应急管理部，以及各省、市级机关相继发布的改革方案受到关注。

2. 问题与风险

分析发现，公众高度认可成立退役军人事务部、应急管理部的同时，也存在以下几方面的担忧。一是认为对退役军人事务部、应急管理部而言，机构调整、重组仅是第一步，深化改革任重道远。有专家认为，直接成立退役军人事务部意味着，我国国防和军队改革的重心正由破解体制性障碍、结构性矛盾向解决政策性问题转变，任务依然艰巨繁重。也有专家认为，成立应急管理部只是改革的第一步，后续工作需最终体现中国特色，既遵循现代应急管理规律，又与中国具体国情相结合。二是应急管理部可能面临高层次综合协调部门空缺等难题。有专家认为，应急管理部的组建将 13 个主要部门整合在一起，难免面对提升协调性这一新体制的“难点”。在原应急体制中，国务院应急办被赋予履行综合协调与运转枢纽的职责。改革后，国务院应急办被并入，高级别综合协调部门的空缺可能导致与同级其他单位的协调困难。三是退役军人事务部将面临积压的历史“欠账”。中国新闻网称，长期以来由于多头管理，国家在退役军人就业安置、待遇保障等方面积压了大量历史“欠账”。退役军人事务部副部长方永祥也明确表示，成立三个多月来，退役军人事务部信访反映问题比较集中在安置政策的落实问题、身份认定问题、优抚标准问题、生活特殊困难问题，以及涉法涉诉问题。四是基层单位和部门反映退役军人安置等工作面临人手少任务重、待遇落实与现实表现脱节等问题。11 月 1 日，退役军人事务部部长孙绍骋带队到中央党校就基层退役军人工作中遇到的困难，与参加第 16 期县委书记研修班的部分学员座谈。据反映，当前，基层单位和部门主要面临着人手少任务重、机构设置不到位、管理服务工作不够深入细致、军地衔接不够顺畅等困难，也存在着服务和管理一手硬一手软、对退役军人党员教育管理不到位、服务对象的待遇落实与现实表现脱节等问题。

3. 对策建议

分析发现，目前，舆论对退役军人事务部的诉求及建议主要集中于以下几个方面：

一是建议加快构建符合时代特点的优待工作体系。11 月，退役军人事务部副部长钱锋主持召开军地座谈会。军地与会同志建议，优待制度的顶层设计，一要立足当前、着眼长远，在认真梳理现行优待政策的基础上，按照新时代退役军人工作的总体设计，加快构建符合时代特点的优待工作体系，推动优待工作由当前的解困型优待向激励型优待转变。二要尽力而为、量力而行，既要顺应优待对象的新期待，又要适应经济社会发展水平和承受能力。三要统筹兼顾、突出重点，做到物质与精神并重、优待与贡献匹配、待遇与表现挂钩，特别是要加大对现役军人及其家属的优待力度，真正让军人成为全社会尊崇的职业。四是退役军人群体反映政策执行力度不足、落实效果大打折扣，对安置范围、保障标准等提出更高要求。自媒体“爱特种部队”发布文章《〈退役军人保障法〉，我提几点建议!》称，《退役军人保障法》重在对为退役军人提供保障的部门进行引导和约束，重在对社会相关机构作出倡议和规范。建议一如既往落实转业安置，落实好退役军人的住房保障，持续做好退役军人的就业服务，提供出行和旅游优惠，特事特办做好退役军人维权工作，解决好退役军人的历史遗留问题。

一些专家学者围绕原有多部门整合后如何协调管理、能力建设等方面，就应急管理部如何有序推进机构改革工作提出意见建议，具体如下：

一是建议从框架、沟通机制及技术等层面科学构建国家应急管理体系。上海师范大学教授容志建议，科学构建国家应急反应框架；与各应急部门建立标准化、制度化、常态化的沟通机制；在专业基础上形成综合管理，提高规模效应；同时，运用“互联网 +”、大数据以及人工智能等信息化技术、手段，提高风险感知灵敏度、风险研判准确度、应急反应时效度。二是建议应急管理部重视非常规突发事件应急能力的养成。中国人民大学公共管理学院副教授、中国民生研究院特约研究员王宏伟认为，多年以来，在面对非常规突发事件时，我国应急管理存在组织结构僵化、过度依赖应急预案、基层应急资源短缺等问题，建议应急管理部重视非常规突发事件应急能力的养成，构建基于能力的应急响应体系，开发基于情境的应急预案，鼓励、资助、支持地方政府加强应急管理能力建设，以更好地应对突发事件并为公众提供更优质的服务。

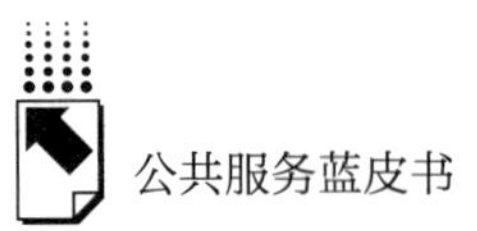

表 2-1　深化党和国家中央机构改革进展情况

部门调整		调整内容	揭牌/第一次会议日期
深化全国人大机构改革	组建全国人大社会建设委员会	整合全国人大内务司法委员会、财政经济委员会、教育科学文化卫生委员会的相关职责,组建全国人大社会建设委员会,作为全国人大专门委员会	3月13日
	全国人大内务司法委员会更名为全国人大监察和司法委员会	增加配合深化国家监察体制改革、完善国家监察制度体系、推动实现党内监督和国家机关监督有机统一方面的职责	
	全国人大法律委员会更名为全国人大宪法和法律委员会	增加推动宪法实施、开展宪法解释、推进合宪性审查、加强宪法监督、配合宪法宣传等职责	
深化党中央机构改革	组建国家监察委员会	将监察部、国家预防腐败局的职责,最高人民检察院查处贪污贿赂、失职渎职以及预防职务犯罪等反腐败相关职责整合,组建国家监察委员会,同中央纪律检查委员会合署办公,履行纪检、监察两项职责,实行一套工作机构、两个机关名称。由全国人民代表大会产生,接受全国人民代表大会及其常务委员会的监督。不再保留监察部、国家预防腐败局	3月23日
	组建中央全面依法治国委员会	主要职责是,统筹协调全面依法治国工作,坚持依法治国、依法执政、依法行政共同推进,坚持法治国家、法治政府、法治社会一体建设,研究全面依法治国重大事项、重大问题,统筹推进科学立法、严格执法、公正司法、全民守法,协调推进中国特色社会主义法治体系和社会主义法治国家建设等	8月24日
	组建中央审计委员会	主要职责是研究提出并组织实施在审计领域坚持党的领导、加强党的建设方针政策,审议审计监督重大政策和改革方案,审议年度中央预算执行和其他财政支出情况审计报告,审议决策审计监督其他重大事项等	5月23日
	组建中央教育工作领导小组	中央教育工作领导小组秘书组设在教育部	8月25日
	组建中央和国家机关工作委员会	不再保留中央直属机关工作委员会、中央国家机关工作委员会	5月15日
	组建新的中央党校(国家行政学院)	主要职责是承担全国高中级领导干部和中青年后备干部培训,开展重大理论问题和现实问题研究,研究宣传习近平新时代中国特色社会主义思想,承担党中央决策咨询服务,培养马克思主义理论骨干,对全国各级党校(行政学院)进行业务指导等	4月28日

续表

部门调整		调整内容	揭牌/第一次会议日期
深化党中央机构改革	组建中央党史和文献研究院	不再保留中央党史研究室、中央文献研究室、中央编译局	3月27日
	调整中央全面深化改革领导小组	中央全面深化改革领导小组调整为中央全面深化改革委员会	3月28日
	调整中央网络安全和信息化领导小组	中央网络安全和信息化领导小组调整为中央网络安全和信息化委员会	
	调整中央财经领导小组	中央财经领导小组调整为中央财经委员会	4月2日
	调整中央外事工作领导小组	中央外事工作领导小组调整为中央外事工作委员会	5月15日
	中央组织部统一管理中央机构编制委员会办公室	调整优化中央机构编制委员会领导体制,作为党中央决策议事协调机构,统筹负责党和国家机构职能编制工作。中央机构编制委员会办公室作为中央机构编制委员会的办事机构,承担中央机构编制委员会日常工作,归口中央组织部管理	
	中央组织部统一管理公务员工作	将国家公务员局并入中央组织部。中央组织部对外保留国家公务员局牌子。不再保留单设的国家公务员局	
	中央宣传部统一管理新闻出版工作	将国家新闻出版广电总局的新闻出版管理职责划入中央宣传部。中央宣传部对外加挂国家新闻出版署(国家版权局)牌子	
	中央宣传部统一管理电影工作	将国家新闻出版广电总局的电影管理职责划入中央宣传部。中央宣传部对外加挂国家电影局牌子	
	中央统战部统一领导国家民族事务委员会	将国家民族事务委员会归口中央统战部领导。国家民族事务委员会仍作为国务院组成部门	
	中央统战部统一管理宗教工作	将国家宗教事务局并入中央统战部。中央统战部对外保留国家宗教事务局牌子。不再保留单设的国家宗教事务局	
	中央统战部统一管理侨务工作	将国务院侨务办公室并入中央统战部。中央统战部对外保留国务院侨务办公室牌子。不再保留单设的国务院侨务办公室	
	优化中央网络安全和信息化委员会办公室职责	工业和信息化部仍负责协调电信网、互联网、专用通信网的建设,组织、指导通信行业技术创新和技术进步,为国家计算机网络与信息安全管理中心基础设施建设、技术创新提供保障,在各省(自治区、直辖市)设置的通信管理局管理体制、主要职责、人员编制维持不变	

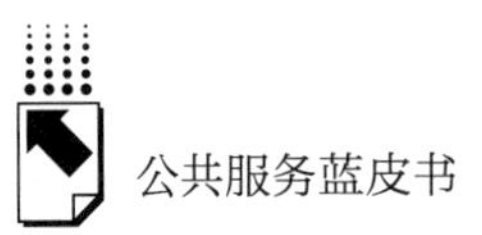

续表

部门调整		调整内容	揭牌/第一次会议日期
深化党中央机构改革	不再设立中央维护海洋权益工作领导小组	有关职责交由中央外事工作委员会及其办公室承担,在中央外事工作委员会办公室内设维护海洋权益工作办公室	
	不再设立中央社会治安综合治理委员会及其办公室	不再设立中央社会治安综合治理委员会及其办公室,有关职责交由中央政法委员会承担	
	不再设立中央维护稳定工作领导小组及其办公室	不再设立中央维护稳定工作领导小组及其办公室,有关职责交由中央政法委员会承担	
深化国务院机构改革	组建自然资源部	将国土资源部的职责,国家发展和改革委员会的组织编制主体功能区规划职责,住房和城乡建设部的城乡规划管理职责,水利部的水资源调查和确权登记管理职责,农业部的草原资源调查和确权登记管理职责,国家林业局的森林、湿地等资源调查和确权登记管理职责,国家海洋局的职责,国家测绘地理信息局的职责整合,组建自然资源部。对外保留国家海洋局牌子。不再保留国土资源部、国家海洋局、国家测绘地理信息局	4月10日
	组建生态环境部	将环境保护部的职责,国家发展和改革委员会的应对气候变化和减排职责,国土资源部的监督防止地下水污染职责,水利部的编制水功能区划、排污口设置管理、流域水环境保护职责,农业部的监督指导农业面源污染治理职责,国家海洋局的海洋环境保护职责,国务院南水北调工程建设委员会办公室的南水北调工程项目区环境保护职责整合,组建生态环境部。不再保留环境保护部	4月16日
	组建农业农村部	将农业部的职责,以及国家发展和改革委员会的农业投资项目、财政部的农业综合开发项目、国土资源部的农田整治项目、水利部的农田水利建设项目等管理职责整合,组建农业农村部。不再保留农业部,将原农业部的渔船检验和监督管理职责划入交通运输部	4月3日
	组建文化和旅游部	将文化部、国家旅游局的职责整合,组建文化和旅游部。不再保留文化部、国家旅游局	4月8日

续表

部门调整		调整内容	揭牌/第一次会议日期
深化国务院机构改革	组建国家卫生健康委员会	将国家卫生和计划生育委员会、国务院深化医药卫生体制改革领导小组办公室、全国老龄工作委员会办公室的职责，工业和信息化部的牵头《烟草控制框架公约》履约工作职责，国家安全生产监督管理总局的职业安全健康监督管理职责整合。不再保留国家卫生和计划生育委员会。不再设立国务院深化医药卫生体制改革领导小组办公室	3月27日
	组建退役军人事务部	将民政部的退役军人优抚安置职责，人力资源和社会保障部的军官转业安置职责，以及中央军委政治工作部、后勤保障部有关职责整合，组建退役军人事务部	4月16日
	组建应急管理部	将国家安全生产监督管理总局的职责，国务院办公厅的应急管理职责，公安部的消防管理职责，民政部的救灾职责，国土资源部的地质灾害防治、水利部的水旱灾害防治、农业部的草原防火、国家林业局的森林防火相关职责，中国地震局的震灾应急救援职责以及国家防汛抗旱总指挥部、国家减灾委员会、国务院抗震救灾指挥部、国家森林防火指挥部的职责整合。中国地震局、国家煤矿安全监察局由应急管理部管理。公安消防部队、武警森林部队转制后，与安全生产等应急救援队伍一并作为综合性常备应急骨干力量，由应急管理部管理。不再保留国家安全生产监督管理总局	4月16日
	重新组建科学技术部	将科学技术部、国家外国专家局的职责整合，科学技术部作为国务院组成部门。科学技术部对外保留国家外国专家局牌子	4月10日
	重新组建司法部	将司法部和国务院法制办公室的职责整合，重新组建司法部，作为国务院组成部门。不再保留国务院法制办公室	
	优化水利部职责	将国务院三峡工程建设委员会及其办公室、国务院南水北调工程建设委员会及其办公室并入水利部。不再保留国务院三峡工程建设委员会及其办公室、国务院南水北调工程建设委员会及其办公室	

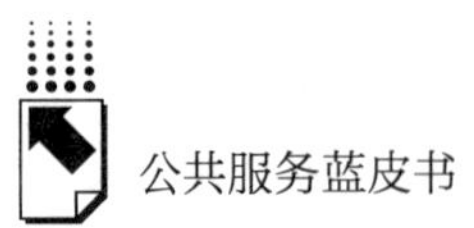

续表

部门调整		调整内容	揭牌/第一次会议日期
深化国务院机构改革	优化审计署职责	将国家发展和改革委员会的重大项目稽察、财政部的中央预算执行情况和其他财政收支情况的监督检查、国务院国有资产监督管理委员会的国有企业领导干部经济责任审计和国有重点大型企业监事会的职责划入审计署,构建统一高效的审计监督体系。不再设立国有重点大型企业监事会	
	监察部、国家预防腐败局并入新的国家监察委员会	监察部、国家预防腐败局并入新的国家监察委员会	3 月 23 日
	组建国家市场监督管理总局	将国家工商行政管理总局的职责、国家质量监督检验检疫总局的职责、国家食品药品监督管理总局的职责、国家发展和改革委员会的价格监督检查与反垄断执法职责、商务部的经营者集中反垄断执法以及国务院反垄断委员会办公室等职责整合,组建国家市场监督管理总局,作为国务院直属机构。同时,组建国家药品监督管理局,由国家市场监督管理总局管理。 将国家质量监督检验检疫总局的出入境检验检疫管理职责和队伍划入海关总署。 保留国务院食品安全委员会、国务院反垄断委员会,具体工作由国家市场监督管理总局承担。 国家认证认可监督管理委员会、国家标准化管理委员会职责划入国家市场监督管理总局,对外保留牌子。 不再保留国家工商行政管理总局、国家质量监督检验检疫总局、国家食品药品监督管理总局	4 月 10 日
	组建国家药品监督管理局	由国家市场监督管理总局管理,主要职责是药品、化妆品、医疗器械的注册并实施监督管理	4 月 10 日
	组建国家广播电视总局	在国家新闻出版广电总局广播电视管理职责的基础上组建国家广播电视总局,作为国务院直属机构。不再保留国家新闻出版广电总局	4 月 16 日
	组建中国银行保险监督管理委员会	将中国银行业监督管理委员会和中国保险监督管理委员会的职责整合,组建中国银行保险监督管理委员会,作为国务院直属事业单位。 将中国银行业监督管理委员会和中国保险监督管理委员会拟订银行业、保险业重要法律法规草案和审慎监管基本制度的职责划入中国人民银行。 不再保留中国银行业监督管理委员会、中国保险监督管理委员会	4 月 8 日

续表

部门调整		调整内容	揭牌/第一次会议日期
深化国务院机构改革	组建国家国际发展合作署	将商务部对外援助工作有关职责、外交部对外援助协调等职责整合,组建国家国际发展合作署,作为国务院直属机构。对外援助的具体执行工作仍由有关部门按分工承担	4月18日
	组建国家医疗保障局	将人力资源和社会保障部的城镇职工和城镇居民基本医疗保险、生育保险职责,国家卫生和计划生育委员会的新型农村合作医疗职责,国家发展和改革委员会的药品和医疗服务价格管理职责,民政部的医疗救助职责整合,组建国家医疗保障局,作为国务院直属机构	5月31日
	组建国家粮食和物资储备局	将国家粮食局的职责,国家发展和改革委员会的组织实施国家战略物资收储、轮换和管理,管理国家粮食、棉花和食糖储备等职责,以及民政部、商务部、国家能源局等部门的组织实施国家战略和应急储备物资收储、轮换和日常管理职责整合,组建国家粮食和物资储备局,由国家发展和改革委员会管理。不再保留国家粮食局	4月4日
	组建国家移民管理局	将公安部的出入境管理、边防检查职责整合,建立健全签证管理协调机制,组建国家移民管理局,加挂中华人民共和国出入境管理局牌子,由公安部管理	4月2日
	组建国家林业和草原局	将国家林业局的职责,农业部的草原监督管理职责,以及国土资源部、住房和城乡建设部、水利部、农业部、国家海洋局等部门的自然保护区、风景名胜区、自然遗产、地质公园等管理职责整合,组建国家林业和草原局,由自然资源部管理。国家林业和草原局加挂国家公园管理局牌子	4月10日
	重新组建国家知识产权局	将国家知识产权局的职责、国家工商行政管理总局的商标管理职责、国家质量监督检验检疫总局的原产地地理标志管理职责整合,重新组建国家知识产权局,由国家市场监督管理总局管理	4月10日
	调整全国社会保障基金理事会隶属关系	将全国社会保障基金理事会由国务院管理调整为由财政部管理,作为基金投资运营机构,不再明确行政级别	
	改革国税地税征管体制	将省级和省级以下国税地税机构合并,具体承担所辖区域内各项税收、非税收入征管等职责。国税地税机构合并后,实行以国家税务总局为主与省(自治区、直辖市)人民政府双重领导管理体制	

续表

部门调整		调整内容	揭牌/第一次会议日期
全国政协机构改革	组建全国政协农业和农村委员会	将全国政协经济委员会联系农业界和研究“三农”问题等职责调整到全国政协农业和农村委员会	
	全国政协文史和学习委员会更名为全国政协文化文史和学习委员会	将全国政协教科文卫体委员会承担的联系文化艺术界等相关工作调整到全国政协文化文史和学习委员会	
	全国政协教科文卫体委员会更名为全国政协教科卫体委员会	组织委员学习宣传党和国家教育、科技、卫生、体育方面的方针政策和法律法规,就教育、科技、卫生、体育问题开展调查研究,提出意见、建议和提案,团结和联系教育、科技、卫生、体育界委员反映社情民意	
深化行政执法体制改革	整合组建市场监管综合执法队伍	整合工商、质检、食品、药品、物价、商标、专利等执法职责和队伍,组建市场监管综合执法队伍。由国家市场监督管理总局指导	
	整合组建生态环境保护综合执法队伍	整合环境保护和国土、农业、水利、海洋等部门相关污染防治和生态保护执法职责、队伍,统一实行生态环境保护执法。由生态环境部指导	
	整合组建文化市场综合执法队伍	将旅游市场执法职责和队伍整合划入文化市场综合执法队伍,统一行使文化、文物、出版、广播电视、电影、旅游市场行政执法职责。由文化和旅游部指导	
	整合组建交通运输综合执法队伍	整合交通运输系统内路政、运政等涉及交通运输的执法职责、队伍,实行统一执法。由交通运输部指导	
	整合组建农业综合执法队伍	将农业系统内兽医兽药、生猪屠宰、种子、化肥、农药、农机、农产品质量等执法队伍整合,实行统一执法。由农业农村部指导	
深化跨军地改革	公安边防部队改制	公安边防部队不再列武警部队序列,全部退出现役	
	公安消防部队改制	公安消防部队不再列武警部队序列,全部退出现役	
	公安警卫部队改制	公安警卫部队不再列武警部队序列,全部退出现役	
	海警队伍转隶武警部队	按照先移交、后整编的方式,将国家海洋局(中国海警局)领导管理的海警队伍及相关职能全部划归武警部队	

续表

<table>
<tr><th colspan="2">部门调整</th><th>调整内容</th><th>揭牌/第一次会议日期</th></tr>
<tr><td rowspan="2">深化跨军地改革</td><td>武警部队不再领导管理武警黄金、森林、水电部队</td><td>按照先移交、后整编的方式，将武警黄金、森林、水电部队整体移交国家有关职能部门，官兵集体转业改编为非现役专业队伍
武警黄金部队转为非现役专业队伍后，并入自然资源部
武警森林部队转为非现役专业队伍后，现役编制转为行政编制，并入应急管理部
武警水电部队转为非现役专业队伍后，充分利用原有的专业技术力量，承担水利水电工程建设任务，组建为国有企业，可继续使用中国安能建设总公司名称，由国务院国有资产监督管理委员会管理</td><td></td></tr>
<tr><td>武警部队不再承担海关执勤任务</td><td>参与海关执勤的兵力一次性整体撤收，归建武警部队</td><td></td></tr>
<tr><td>深化群团组织改革</td><td colspan="2">群团组织改革要认真落实党中央关于群团改革的决策部署，健全党委统一领导群团工作的制度，紧紧围绕保持和增强政治性、先进性、群众性这条主线，强化问题意识，以更大力度、更实举措推进改革，着力解决“机关化、行政化、贵族化、娱乐化”等问题，把群团组织建设得更加充满活力、更加坚强有力</td><td></td></tr>
<tr><td>深化地方机构改革</td><td colspan="2">要全面贯彻落实党中央关于深化党和国家机构改革的决策部署，坚持加强党的全面领导，坚持省市县统筹、党政群统筹，根据各层级党委和政府的主要职责，合理调整和设置机构，理顺权责关系，改革方案按程序报批后组织实施</td><td>截至11月11日，31个省级机构改革方案均已获得中央批复</td></tr>
</table>

注：具体调整内容见2018年3月，中共中央印发《深化党和国家机构改革方案》。

表2-2　退役军人事务部工作推进情况一览

日期	主要进展	具体内容或要求
4月16日	退役军人事务部挂牌仪式和成立大会	
7月16日	《关于做好2018年军队转业干部安置工作的通知》	各地要严格按照规定的时间节点抓好工作落实，7月底前完成军队转业干部档案交接工作，8～9月组织实施计划分配军队转业干部接收安置工作，10月底前落实计划分配军队转业干部定岗定位，计划分配和自主择业军队转业干部的报到通知要同时向部队发出，确保按时全面完成年度军转安置任务。中央和国家机关及军队有关部门将适时组成联合督查组，对军转安置工作情况进行督导检查，及时发现和通报存在问题

续表

日期	主要进展	具体内容或要求
7月19日	退役军人事务部就《退役军人保障法》召开座谈会	来自军地的10余名有关部门负责同志、军事法律专家学者、现役军人、退役军人、媒体代表参加座谈,从不同角度提出了意见建议
7月25日	退役军人事务部部署开展全面清理退役军人工作法律法规政策工作	退役军人事务部日前启动全面清理退役军人工作法律法规政策工作,将对新中国成立以来所有涉及退役军人工作的法律、法规、规章和规范性文件进行大盘点,做出或者提请有权机关做出废止、失效、修改、继续有效结论,并按程序和权限进行修改等后续工作
7月27日	8月1日起国家再次提高部分退役军人和其他优抚对象抚恤补助标准	从8月1日起,伤残人员(残疾军人、伤残人民警察、伤残国家机关工作人员、伤残民兵民工)残疾抚恤金标准、"三属"(烈士遗属、因公牺牲军人遗属、病故军人遗属)定期抚恤金标准、"三红"(在乡退伍红军老战士、在乡西路军红军老战士、红军失散人员)生活补助标准,在现行基础上提高10%,在乡老复员军人生活补助标准在现行基础上每人每年提高1200元,烈士老年子女生活补助标准由现行每人每月390元提高至440元,以上提标经费由中央财政承担
7月29日	国务院办公厅印发《为烈属、军属和退役军人等家庭悬挂光荣牌工作实施办法》	在全国部署为烈属、军属和退役军人等家庭悬挂光荣牌工作。各省(自治区、直辖市)均已启动悬挂光荣牌工作,并结合本地退役军人和其他优抚对象信息采集工作,统筹安排,有序推进,确保2019年5月1日前完成悬挂工作
7月31日	国新办举行退役军人事务部工作进展及相关政策发布会	退役军人事务部部长孙绍骋,副部长钱锋,中央军委政治工作部主任助理兼退役军人事务部副部长方永祥介绍退役军人事务部工作进展和相关政策举措等情况,并答记者问
7月31日	《关于进一步加强由政府安排工作退役士兵就业安置工作的意见》	各类机关、团体、企事业单位都要严格落实中发〔2016〕24号文件要求,确保"由政府安排工作退役士兵安置到机关、事业单位和国有企业的比例不低于80%"。安置地退役士兵安置工作主管部门要制定具体的办法措施,形成机关、事业单位和国有企业科学合理的分类接收结构比例。党政机关要采取措施鼓励退役士兵参加公务员招考,事业单位和国有企业要发挥安置主渠道作用,确保提供充足的安置岗位数量,不断提高安置岗位质量。 国有、国有控股和国有资本占主导地位的企业,要按照本企业全系统新招录职工数量的5%核定年度接收计划,每年4月底前主动报送同级人民政府退役士兵安置工作主管部门,审核通过后按计划落实。不得提供濒临破产或生产有困难的企业岗位以及与退役士兵安置地不在同一地区(设区市)的岗位给退役士兵。中央企业岗位不计入属地提供的岗位数量

续表

日期	主要进展	具体内容或要求
7月31日	中华人民共和国退役军人事务部门户网站上线运行	网站开设机构、新闻、公开、服务、解读、互动、风采等频道，秉承“维护军人军属合法权益，让军人成为全社会尊崇的职业”这一宗旨，向全社会宣传退役军人为党、国家和人民牺牲奉献的精神风范和价值导向，提供“互联网＋退役军人服务”，打造退役军人工作信息公开、政策发布解读和及时回应关切的第一平台
8月2日	退役军人事务部等军地12个部门联合印发《关于促进新时代退役军人就业创业工作的意见》	《意见》指出，退役军人是重要的人力资源，是建设中国特色社会主义的重要力量。促进退役军人就业创业，对于更好实现退役军人自身价值、助推经济社会发展、服务国防和军队建设都具有重要意义
9月1日	退役军人网上信访系统上线	截至10月26日，上线运行以来，退役军人网上信访系统共注册27272人次，信访件提交19071件，办理18430件，占提交总量的96.6%。网上信访件提交量占退役军人事务部同期接访总量的49.5%。网上信访与书信、走访等形式具有同等效力，且费用更低、效率更高，正逐步成为退役军人反映诉求的主渠道
9月14日	退役军人事务部近日向各中央企业下达2018年度符合政府安排工作条件退役士兵接收安置计划	根据计划，2018年度央企提供1.5万个岗位安置退役士兵。 这是退役军人事务部认真落实军地10部门《关于进一步加强由政府安排工作退役士兵就业安置工作的意见》精神，提高退役士兵安置质量、服务国防和军队建设大局的重要举措
10月16日	退役军人和其他优抚对象信息采集工作领导小组召开第二次全体会议	会议强调，10月起将进入最关键的信息采集录入阶段，各类情况纷繁复杂，时间紧、任务重，又正处在省级机构改革期间，各级退役军人工作部门要在现有基础上，进一步加大工作力度，有力有序推进信息采集工作高质量发展
10月16日	《退役军人保障法（草案）》正征求中央和地方有关单位意见	目前，退役军人事务部正在抓紧梳理汇总各单位的意见，认真分析研究，反复与有关单位沟通协调，对法律草案进行修改完善，适时将公开向社会征求意见
10月16日	退役军人事务部开通政务微信公众号	此次上线的“退役军人事务部”官方微信公众号突出权威、服务等特点，致力于打造新闻发布的主阵地、政务公开的新平台、服务互动的好窗口，设置了信息动态、政策法规、特别策划等栏目，将及时传达中央决策部署，发布重大政策，推广工作经验，宣传先进典型，回应社会关切，为广大退役军人和其他优抚对象提供服务，为推进退役军人工作营造良好舆论氛围

续表

日期	主要进展	具体内容或要求
10 月 22 日	全国军队转业干部安置工作推进会	军改以来,各级党委政府和军队各级组织认真贯彻落实习近平总书记关于军转安置工作的重要指示精神,贯彻落实中央关于军改期间军转安置工作的部署要求,坚持把安置好军转干部作为一项特殊的政治任务,摆上突出位置,狠抓工作落实,圆满完成了 13.8 万名军转干部安置任务,取得了突出成绩,为深化国防和军队改革提供了坚强有力的保障支撑,也为促进干部队伍建设,促进经济社会发展和维护国家发展稳定大局做出了贡献
11 月 2 日	退役军人事务部部署做好自主就业退役军人接收安置工作	退役军人事务部印发通知,要求地方各级退役军人事务部门认真做好档案交接管理,配合做好党组织关系转接,及时兑现退役金等待遇,切实加强人员信息登记管理,尽早谋划就业创业工作,确保年度任务圆满完成
11 月 4 日	退役军人事务部召开军地座谈会研究讨论加强新时代优待工作的意见	退役军人事务部副部长钱锋主持召开座谈会,听取军队有关部门同志对加强新时代优待工作的意见建议。此前,拥军优抚司还分别召集北京、河北、山东等 12 个省(自治区、直辖市)退役军人工作部门的同志进行座谈,征求各地意见
11 月 12 日	退役军人和其他优抚对象信息采集工作领导小组召开第三次全体会议	通报前期工作进展,研究当前存在的主要问题,部署下一阶段工作重点。领导小组组长、退役军人事务部副部长钱锋出席会议并讲话

注：具体内容来自役军人事务部网站。

七　公共住房热点问题：住房保障

住房问题历来是社会热点话题，与每一位城市居民的生活息息相关。在党的十九大报告中，习近平总书记提出“房子是用来住的，不是用来炒的”总纲领，加之各地房价调控切实有效，以往关于房价上涨的抱怨、吐槽声音有所降低。但在 2018 年经济领域相关议题持续高热，以及中美贸易战等外部因素导致舆论情绪相对消极的大背景下，一线城市房租上涨、北京市公积金新政、部分楼市价格下跌、房地产税等多个热点话题共同推升住房问题讨论热度。与往年不同的是，除了购房群体，租房群体也成为相关讨论的重要参与者。

1. 典型案例

案例 1：2017 年 12 月 5 日，中国社科院财经战略研究院、中国社科院城市与竞争力研究中心共同发布《中国住房发展报告（2017～2018）》，并建议 2018 年将房产税纳入立法议程。12 月 20 日，财政部部长肖捷在《人民日报》发表署名文章称，着力完善直接税体系。按照“立法先行、充分授权、分步推进”的原则，推进房地产税立法和实施。紧接着，“全国人大及其常委会首次将加快房地产税立法提上议程”的消息再次引爆舆论热潮。2017 年 11 月 20 日至 12 月 23 日，关于房地产税的相关讨论信息总量为 369.4 万条。进入 2018 年，3 月的《政府工作报告》提到“稳妥推进房地产税立法”；7 月，国家统计局指出“加快推进房地产税相关政策举措”；9 月，十三届全国人大常委会立法规则公布房地产税法被列为一类法规项目；全国人大法工委副主任称房地产税法拟在 5 年内提请审议等相关消息都引发舆论热议，成为年度住房问题有关热点话题之一（见图 2－16）。

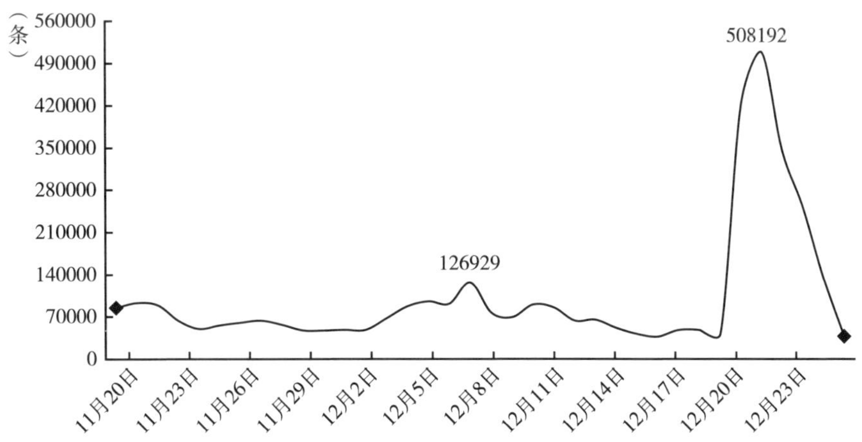

图 2－16　2017 年底房地产税相关信息全网传播趋势

案例 2：2018 年 8 月，众多媒体纷纷报道称 7 月份全国一、二线城市住宅租金普涨，有媒体报道称北京 7 月房租同比上涨 21.89%。8 月 15 日，清华大学水木社区于 8 月 1 日发布的一篇反映长租公寓竞价争夺房源的帖子在各大自媒体平台热传，诸多租房中介遭舆论谴责哄抬租金。相关行业分析数据和公众切身感受的持续表达迅速推高舆情。腾讯指数监测显示，房租上涨相关话题讨论量达185.4万次。

8月17日，北京市有关部门集中约谈自如、贝壳等长租公寓机构负责人，要求各租赁企业不得以高于市场水平的价格抢占房源哄抬租金。8月22日，北京住房和城乡建设委员会同多部门开通12345打击“黑中介”投诉举报热线，并曝光涉嫌存在违法问题的23家中介机构。上海、深圳、南京等7地均陆续发布相关管控政策。腾讯指数显示，长租公寓被约谈相关话题讨论量达21.9万条（见图2－17）。

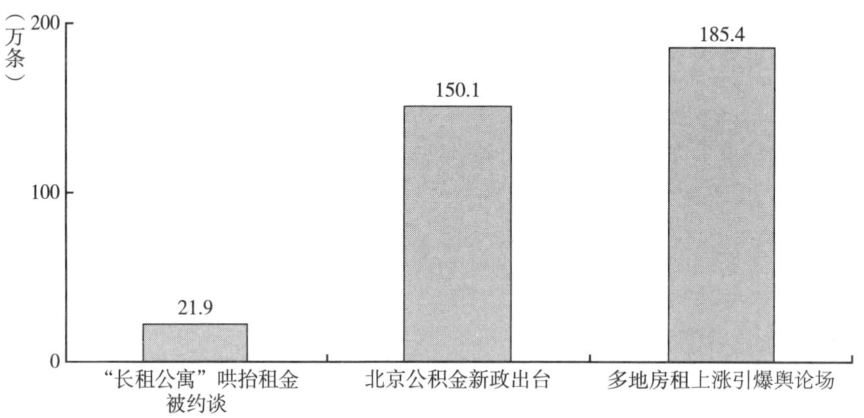

图2－17　住房话题相关重点事件舆情传播热度

9月13日晚，北京住房公积金管理中心官网发布《关于调整北京住房公积金贷款政策的通知》、《关于落实放管服、优化营商环境提升住房公积金归集服务水平的通知》，对二套房认定、异地购房提取公积金、首付款比例等六方面公积金政策进行调整，相关新政于9月17日正式实施。腾讯指数显示，北京市公积金新政相关话题讨论量达150.1万条。

此外，阿里员工租住自如甲醛超标房后患白血病身亡一事的传播热度也较高。这导致在住房问题相关讨论中，规模庞大的租房群体成为重要的意见表达者，呼吁政府采取宏观调控稳定房价保障群众的基本住房权益。

社会公众对2018年住房热点问题保持高度关注。其中42%的人观点倾向较为负面，主要是看衰政府宏观调控及约谈政策，质疑公积金新政让买房贷款更困难。同时，部分网民情绪化严重，抨击高房价、高房租绑架了年轻人的梦想，对国家长远发展不利。中立观点占比32%，认为国家应该不断提高居民的收入水平。正面观点占比26%，主要是支持政府出台合理的公积金、房地产税、房屋空置税等调控政策，呼吁全国住建系统建立房屋租赁指导价，并尽快和一行两会建立联合工作机制（见图2-18）。

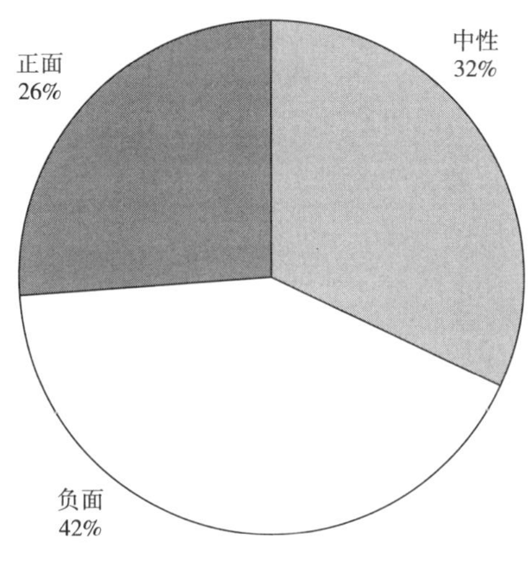

图2-18　网民立场占比

腾讯指数大数据词云分析发现，“住房”、“房地产税”、“政策”、“房价”、“暴涨”等成为舆论高频词，反映出公众对2018年房价及住房相关政策讨论热烈，对于租房价格暴涨以及存在的问题未能及时解决表示不满，期待政府及时公布相关政策调控房价，稳定资本市场。

2. 问题与风险

公众聚焦住房相关话题，分析其中的问题与风险如下：一是资本涌入租房市场导致一线城市房租暴涨。有媒体报道称，北京房租上涨表面上看是供需缺口导致的，但2018年在政策风口驱动下，租赁市场涌入很多专业租赁机构。这些机构以“二房东模式”运营，面对政策鼓励和市场前景，有很强的抢占赛道和市场份额冲动。在巨大的房源竞争压力下，激进地拓展房源、抢占市场。二是房地产领域存在诸多问题，住房改革刻不容缓。第一，城乡二元结构基础下的土地制度安排，造成农村建设用地资产，不能对冲城市虚高的住宅地价；第二，政府成为住宅用地供应的单一主体；第三，商品房用地面积过大而保障房供地面积不足；第四，住宅用地需求激增，而工业、服务业用地相对减少；第五，我国内地土地有偿使用制度和供地制度是借鉴香港实施的是“招拍挂”制度，然而内地并没有香港的保障房供地体系。所以，新型房地产用地市场体系亟待建立。三是房产新政对房地产及其他基础制度改革提供条件的同时可能存在一定风险。北京公积金出台新政，严厉调控房价，利用购房时间差缓解楼市供不应求，以及促进市区结构和城市规划调整。有媒体认为，考虑到北京的代表性，有可能是下一轮楼市的调控方向和重点，需要防范由此引发的社会风险。此外，开征房地产税是化解楼市与经济长短期风险的制度性举措。合理地开征房地产税有利于抑制房价过快上涨、促进楼市稳健，为土地、财税和金融等基础制度改革创造条件。但也需要注意房地产税征收与住宅 70 年产权再次引发争议。四是政府保障性住房供应链不健全。目前，国家保障性住房包括公租房、经济适用房、自住型商品房、共有产权房等类型，但公租房空置，自住房弃购、弃选等现象不断出现，多是因为位置过于偏僻，配套设施不足，户型等与商品房相差太多等。而多地推出的共有产权房更是存在“僧多粥少”一房难求的尴尬。

3. 对策建议

对于住房相关热点问题，除了历史遗留问题，还存在一定的地域差异等问题，多位专家对此提出以下建议。

一是呼吁学习他国法律，完善住房租赁法律制度。经济学家易宪容认为政府可以参照德国，颁布法律严格限制住房投资投机需求。鼓励企业及居民建造或购买住房用于租赁，维护租赁者合法权益。中原地产首席分析师张大伟认为，建立完善的数据系统，反映真实状况，完善住房制度与住房供应体系，培育住房租赁市场。

二是建议政府调控房价的政策不能用力过猛，应尊重市场规律。中国地方金融研究院研究员莫开伟表示，政府调控房价的政策不能用力过猛，避免房价反弹，应从尊重市场客观规律角度出发，构建抑制房价过快上涨的长效机制。

三是强调政府不应过分干预房租，做好信息披露与公开。民建中央经济委员会副主任马光远指出，政府不应该管制房租，而应尽快完善租房市场的政策体系，引导更多的机构加入租房市场而非各种设限；强化租房市场的信息公开，而不是单纯管理价格或者上空置税；政府第一时间介入，严防、严查租房市场过度金融化。

四是盘活存量、用好增量、多渠道解决，最大限度发挥保障性住房价值。北京市城市规划设计研究院专家廖正昕给出以下建议：一是将现有各类住房作用最大化，如对城区“老破小”房屋合理改造，出台相关政策配合鼓励闲置资源利用，也可对地理位置有优势的闲置厂房进行改造；二是按需定制保障性住房，根据历年申请保障性住房通过人员备案情况，结合职业、家庭结构等特点建设针对性更强的保障性住房，同时配备与市场上住房相匹配的建设能力；三是坚持发展公共租赁住房，出台针对新就业大学生等阶段性住房困难群体的优待政策，鼓励人才流动，提升城市竞争力。

八　生态建设热点问题：环境保护

环境污染是当今社会普遍关注的问题。长期以来，北方地区冬季取暖以燃煤为主，散烧煤取暖已成为我国北方地区冬季雾霾的重要原因之一。燃煤导致的资源与环境问题日益突出，在新能源、可再生能源供应不足的背景下，推进煤炭清洁高效利用成为必然选择。2017 年底，发改委、能源局等十部委发布《北方地区冬季清洁取暖规划（2017～2021 年）》（以下简称《规划》），对煤改气工作提出了具体要求，计划到 2021 年北方地区清洁取暖率达到 70%。在北京“11·18”大兴火灾发生后，北京周边地区煤改气致供暖难舆情不断发酵，引发舆论质疑环境保护“一刀切”、“不顾百姓死活”。此后，环保部向北京、天津、河北等周边地区的城市下发特急文件，提出坚持以保障民众温暖过冬为第一原则，进入供暖季节后，凡属煤改气电

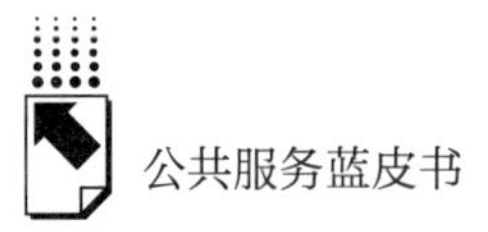

没有完工的项目或地方，应继续沿用过去的燃煤取暖方式或其他替代方式，舆情才得以平息。除此以外，环保重压之下，部分中小企业被重罚、关停导致工人下岗等现象也引发舆论质疑。对此，公众对政府保护环境的决心，以及各省针对地方性问题制定出台了具体的管控和整治方案表示高度认可的同时，也呼吁平衡环境保护与经济发展之间的关系。

1. 典型案例

案例1：2017年12月，发改委、能源局会同财政部、环保部、住建部等10部委联合印发《北方地区冬季清洁取暖规划（2017～2021年）》（以下简称《规划》），对北方地区清洁能源取暖工作进行了整体部署，包括清洁取暖现状、存在问题、热源选择等，并特别对煤改气工作提出了具体要求（见图2－19）。规划提出，到2021年北方地区清洁取暖率达到70%；力争在5年之内，基本实现雾霾问题严重城市、地区的供暖清洁化。在北京“11·18”大兴火灾发生后，北京周边地区煤改气致供暖难舆情不断发酵，河北学生跑步取暖等相关报道引发舆论较多质疑。此后，环保部下发特急文件，提出坚持以保障民众温暖过冬为第一原则，进入供暖季节后，凡属煤改气电没有完工的项目或地方，应继续沿用过去的燃煤取暖方式或其他替代方式，舆情逐渐平息。

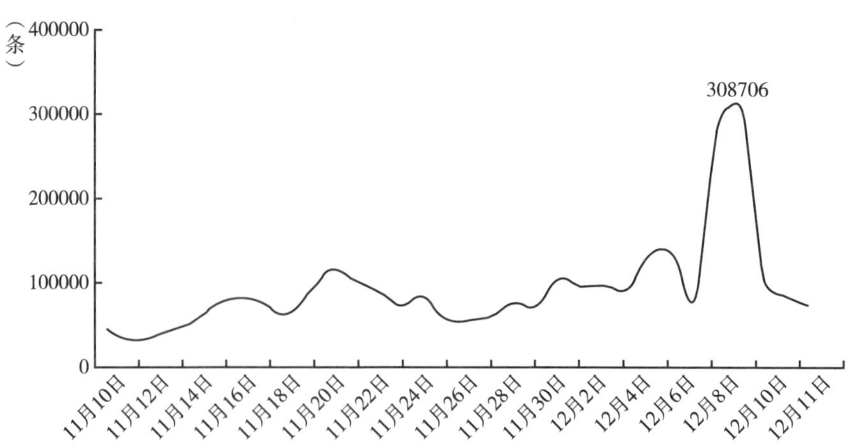

图2－19　2017年底煤改气相关环保舆情全网传播趋势

案例2：2018年7月3日，国务院印发《打赢蓝天保卫战三年行动计划》，明确加强碳排放、大气污染物排放协同控制，在3年内，大幅减少主要污染物的排放总量，进一步降低PM2.5浓度，明显增强人民的蓝天幸福感。舆论高度肯定政府工作举措，期待环境污染能够有明显改善，环境质量可以大幅提升。然而，环保加压、督查力度强化也引发部分中小企业被重罚、关停进而造成工人下岗等社会问题，导致舆论中出现一定争议。

腾讯大数据分析发现，舆论聚焦环境保护政策对群众日常生活的影响，相关话题讨论以正面情感倾向为主，占比约为50%，集中体现为对于政府出台相关环保政策和推广清洁能源等举措的支持和肯定；负面情感倾向的观点占比约为37%，主要是质疑有关环保政策和标准对相关企业造成超高压力、提高群众清洁能源使用成本；中性情感倾向观点占比约为13%，主要体现为期待政府建立环境保护激励机制，激发企业和群众积极性，保障环保长效机制的建立（见图2－20）。

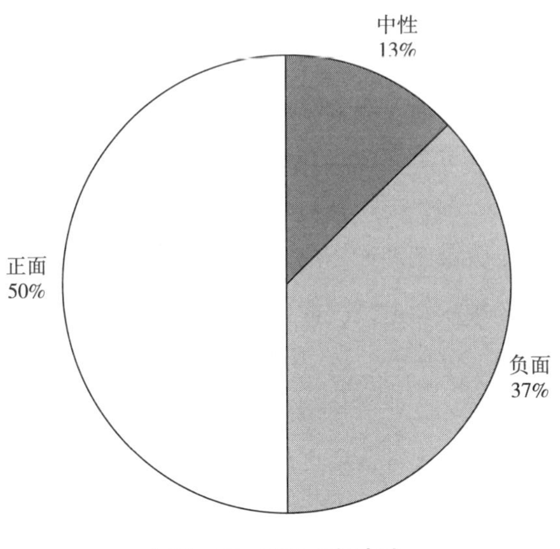

图2－20　网民立场占比

统计周期内，涉环境保护相关话题受到舆论高度关注。腾讯大数据词云分析发现，“环境”、“污染”、“煤炭”等成为舆论高频词，反映出公众对环境污染问题的高度关注，迫切希望政府能加快发展清洁新能源，降低环境治理成本，对现存的污染问题大力整治和改善。

3. 问题与风险

在涉环境保护话题相关讨论中，公众主要关心的问题有：一是造成当前环境污染的因素较多，问题繁杂。有媒体称，大气污染防治强化督查发现的问题涉及“散乱污”、燃煤锅炉淘汰、大气污染防治设施未安装或运行不正常等方面，同时，还存在工业粉尘、建筑工地扬尘、物料堆场扬尘治理缺失或不到位等问题。《打赢蓝天保卫战三年行动计划》将在更多城市区域持续展开行动。二是“清洁取暖”还需辅以技术创新。有媒体认为，要正确理解“清洁取暖”的含义，不能笼统认为“煤改气”就是清洁取暖。要实现技术创新，多收集民间的发明和创新，让“互联网+”的信息技术在供热行业大放异彩。三是要确保民众的正常生活，不能盲目整改。舆论普遍认为，在推进冬季清洁取暖的过程中，要全力保障气源电源的供应，确保正常供暖。在民用散煤方面，还需解决“双替代”所造成的供应、成本矛盾问题。一方面，京津冀及周边地区散煤“双替代”（电代煤、气代煤）的下一步补贴政策和时限尚未明确。另一方面，民用清洁能源替代项目往往需要企业前期垫付资金，资金回收期较长。四是环保督查手段存在简单化、“一刀切”的问题。有媒体认为，“一律关停”、“先停再说”等不作为、临时乱作为的做法不仅会给企业造成不必要的损失，也会影响产业链上下游的协同发展。比如在建材业，如果中游的石材企业突然被关停，就可能殃及上游的刀具企业稳定接单，下游的建筑业采购也会遭遇价格异动。“一刀切”看似一视同仁，实则有碍市场公平竞争。对无证无照的污染企业应该坚决整改，确需关停的要依法关停。但在个别地方，一些已经投入大量资金进行转型升级、环保达标的企业也被一并限电停产，无疑会影响企业追求高质量发展的积极性。

3. 对策建议

对于我国环境问题成因的特殊性，以及环保与经济发展之间的特殊关系，有关媒体和专家提出以下建议。

一是针对现阶段的污染防治问题，需要建立环保领跑者制度、具体规划和实施环保防治，避免“一刀切”。全国工商联环境商会副会长兼首席环境政策专家骆建华认为，在工业污染治理过程中，需推动政府、市场双向发力，推行排污许可证制度，并通过第三方治理形成规模化的污染治理模式，提高治污专业化和效率。对非电行业大气污染治理，可以采取税收等激励政策，促使企业主动将环境成本内部化。对于农村污染治理，可以采用分散式污水处理系统，通过第三方治理来实现规模化运营。此外，在重点区域、重点行业，根据需要提高排放标准、设置污染物特别排放限值，并结合企业排污许可证内容，分阶段、分类推动各排污企业实现全面达标。

二是针对当前全社会环保意识较为薄弱的问题，需要从教育入手，加强社会环保意识。中国科学院生态环境研究中心研究员、博士生导师王爱杰建议，环保应该不分男女老幼，即使是一个没有受过良好教育的人，也应该认识到这一行为。建议我国政府应该继续强化环保意识的普及，加强引导公众生态文明宣传教育，强化公民环保意识和守法观念，提倡低碳生活和绿色出行等日常环保方式。

三是针对环保政策给工程施工方带来困难的问题，需要制定针对性相关制度、法规。天津鑫路桥建设工程有限公司侯宇辉建议环保不能一味地要求工程机械达到排放要求，应该制定相关的政策和法规，给予施工方或者出租方淘汰更新机械的优惠条件，减少损失，降低成本。另外，限制或禁止使用排放不达标的工程机械，不能一蹴而就，应该给施工方和出租方一个缓冲适应时间，强制执行将无法施工，最终影响企业效益和经济发展。

四是针对环保扶持和保障的问题，需要建立相对的补偿机制，加大力度扶持环保项目。国家林业和草原局局长张建龙建议，进一步加强顶层设计，加强政府引导，发挥市场作用，启动示范建设试点，努力提供务实、高效的机制保障。要研究完善扶持政策，加大财政支持力度，引入金融社会资本，实施重大生态修复工程。同时，要建立健全共享机制，完善森林、草原、湿地等重点生态功能区的补偿制度，建立并完善生态资源定价、补偿以及自然资源有偿使用制度，让绿水青山守护者获得应有的经济回报。

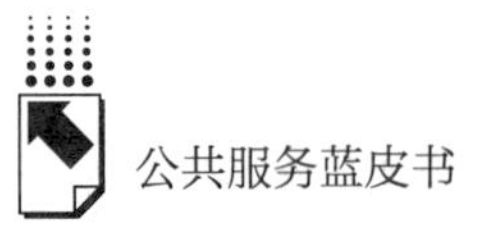

九　公共交通热点问题：通勤问题

近年来，在政府部门不断加强公共交通建设、提升公共交通运行保障的背景下，公众对公共交通发展的获得感、认同感和幸福感均有提升。2018年3月23日，国务院办公厅印发《关于保障城市轨道交通安全运行的意见》，指出要从有序统筹规划建设运营、加强运营安全管理等6方面保障城市轨道交通安全运行。5月21日，交通运输部公布《城市轨道交通运营管理规定》，进一步规范了城市轨道交通运营管理方法。6月25日，交通运输部例行新闻发布会上表示，要推动城市轨道交通和快速公交系统合理发展，提升公共交通运营服务水平。相关政策的出台，反映出城市公共交通从重建设到重运营的模式转变，凸显出努力建设发展更平衡供给更充分的公共交通体系的决心。但在公共交通管理模式、基础设施建设等方面，不同城市之间会存在一定的差距。2018年9月，网络热文《通勤，正在“杀死”1000万北京青年》激起北京市上班族的情感共鸣，导致北京通勤问题成为年度最热门话题之一。

1. 典型案例

2018年以来，“通勤问题”受到舆论广泛关注。9月3日，《通勤，正在“杀死”1000万北京青年》一文引发热议。该文通过“北京人平均每天通勤路程13.2公里、耗时56分钟”的数据指出大城市年轻人花费大量时间在通勤路上的无奈现实。舆论聚焦通勤时间过长对生活的影响，呼吁通过健全交通建设、改善城市规划、调控地区房价等手段改善大城市的通勤现状。

9月3日至9月6日，《通勤，正在“杀死”1000万北京青年》相关信息全网传播总量约12.1万条，于9月4日达到舆情高峰（见图2－21）。传播内容主要是对该文的转载，微信公众平台中，公众号“中国新闻周刊”、“虎嗅网”和“有意思报告”发布文章阅读量均超过10万次。

腾讯大数据分析发现，网民对于城市公共交通治理问题保持较高关注。

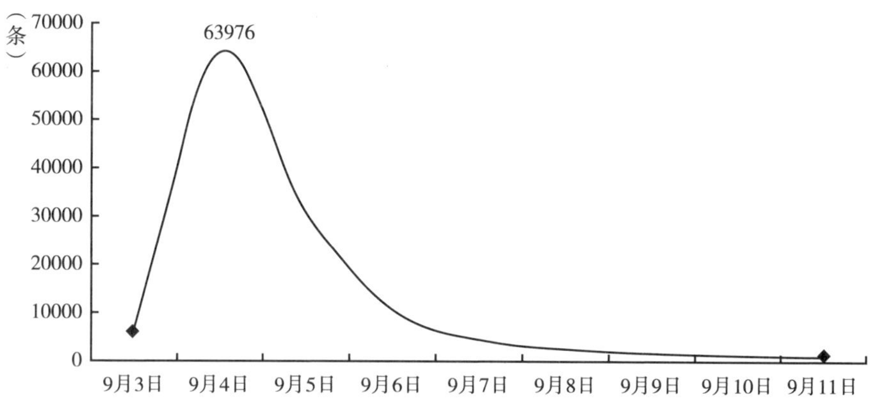

图 2－21　“北京通勤”相关话题全网传播趋势

统计周期内，网民负面观点达 63%，其中抱怨通勤耗时长、吐槽城建路网密度不科学、认为高房价导致职住分离情况日趋严重等观点占据主流；中性观点占比 26%，建议政府加强公共交通建设、科学规划城市道路的言论居多；正面观点占 11%，主要是对所在城市的公共交通出行表示满意（见图 2－22）。

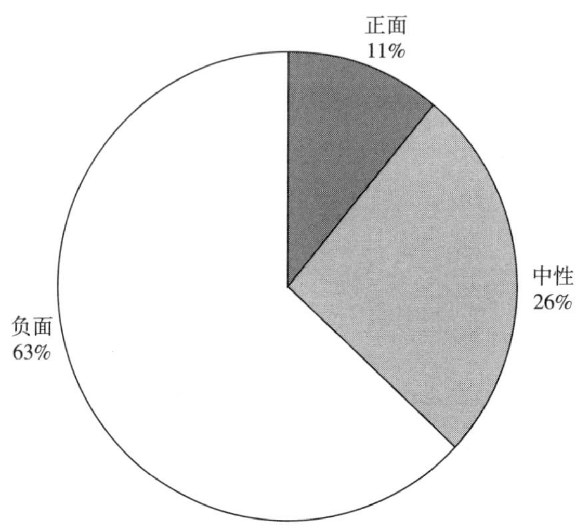

图 2－22　网民立场占比

统计周期内，有关“公共交通”相关话题受到网民高度关注，腾讯大数据词云分析发现，“交通”、“城市”、“公共”、“上班”、“时间”、“通勤”等成为舆论高频词，网民高度聚焦高峰时期城市通勤问题。此外，“拥堵”、“堵车”、“辛苦”、“抱怨”等词也较为高频，反映出部分网民面对公共交通拥堵问题的焦虑情绪。

2. 问题与风险

在涉及城市公共交通相关话题中，舆论讨论的问题与风险主要体现为：一是大城市工作的通勤时间过长。有媒体分析，数据显示北京的平均通勤距离和时间在全国城市中最长，平均通勤距离为 13.2 公里，平均通勤时间为 56 分钟。排在其后的城市为上海、重庆、天津和成都。就算是以休闲闻名的成都，平均通勤时间也达到了 46 分钟，这种生活方式已经成为年轻人的日常。二是大部分城市交通布局和交通管理水平尚有欠缺。有专家指出，人均汽车保有量高，汽车行驶量加重了城市的拥堵情况。此外，公共交通体系不健全，例如运行时间短、准点差、自行车车道短缺、道路实用性差、土地高度利用不足、基础设施没跟上等诸多问题致使公交出行率低。再次，人们一般都在大城市的中心地区上班，但中心地区可以容纳的居住人口有限，加上房价高企，注定居住和工作的分离。三是城市对公共交通需求波动较大，使得政府无法投入大量资金规划。有专家认为，高峰、非高峰时段的公共交通是一对难以解决的矛盾。增加投资可以满足高峰时段的公共交通需求，但这些设施在非高峰时间极有可能被闲置，造成浪费。统计显示，近年来，多个国家财政赤字严重，无力进行大规模投资，导致公共交通相关设施老旧，数量减少，服务质量下降。

3. 对策建议

针对当前我国城市交通面临的交通拥堵、交通管理不完善等问题，一些专家、学者提出以下建议。

一是建议使用公交智能调度系统，提高交通效率。人民网称，智能调度系统通过给每辆公交车安装 3G 智能调度车载机，实现 3G 视频监控、实时调度管理、里程和趟次自动统计、超速报警统计和甩站绕道统计等功能。

2018 年，大连公交车全部装上了智能调度系统。以前大连公交调度室设在线路两端，只能根据车辆进出站情况判断线路是否通畅，而智能调度系统可以实时掌握线路运营情况，遇到拥堵、超速或其他问题迅速做出提示反应。现在，大连公交车运营更加合理化。据统计，在全国 38 个主要城市的公共服务评价中，大连市公共交通满意度排名全国第三。

二是建议使用先进的智能公交系统，提高公交服务水平和公交分担率。清华大学交通研究所所长陆化普表示，需要不断提高公交运行管理、安全管理、绩效管理、优先控制、公交信息服务、智能需求应答型公交服务、多样化与个性化服务等功能；推广多样化智能公交服务，上下车智能缴费，一卡通支付、手机支付逐步过渡到无感支付；基于移动终端的车辆到达和停站时间的精准预报和车辆位置的精准预测；建设智能 VR 车载系统；研发应用智能化公交设施与车辆，设置智能化交互式公交站点、VR 人车互动，逐步推广自动驾驶公交车的应用与服务。

三是建议重点发展智能交通，应用先进技术改善出行环境。同济大学交通运输工程学院杜豫川教授表示，随着信息技术的日渐成熟，可以依托物联网、大数据等实现大量信息采集，进行实时监控、测量、分析，并依据结果进行实时反馈、反应。如道路、桥梁的安全护栏、防护系统，能够在事故发生后自动报警，能在出现路面结构复杂、结冰、车辆超重等问题时自动检测可行路线；能实时优化疏导交通的路云，提示人车的智能标志等。未来，这些高新技术将极大改善公共出行环境。

四是加速相关立法保障，加大专项资金支持力度。公共交通的正常运转要求公共政策扶持和公共财政补贴的保证，政府应当加大政策、财政投入力度，提供公共交通发展专项资金，同时建立对应的发放和监管机构，保证资金的核算、评估和监管，确保财政补贴、政策发挥应有作用。

十　公共场所管理热点问题：高铁霸座现象

2018 年以来，高铁、飞机等公共空间发生的侵犯他人权益、干扰公共秩序、影响周边环境等破坏规则的行为受到舆论高度关注。如“合肥高铁女子扒门”、“飞机上手机外放音乐扰客”、“公交车上占据老弱病残孕专座”等不文明事件的舆情屡屡出现，对社会环境造成恶劣影响，尤其高铁“霸座”现象激起全民公愤，引发广泛热议。10月9日，广东省针对频繁出现的火车“霸座”现象，出台《广东省铁路安全管理条例》，明确规定旅客不得强占他人座位，否则失信行为将被推送至全国信息平台。该条例受到舆论支持与点赞，受众希望能在全国推广制定相应惩罚措施，惩治不文明行为。

1. 典型案例

2018年8月以来，高铁“霸座”事件频繁曝光。8月21日，开往北京南站的G334次列车上，男子孙某霸占靠窗位置不愿起身，开启同类事件舆情高热先例；9月17日，开往成都东的D353次列车上，一名中年女子持无座票强占座位并与座票乘客发生冲突；9月19日，开往深圳北的G6078次高铁上，女子周某某抢占不属于自己的靠窗位置。“霸座男”、“霸座大妈”、“霸座女”经过密集的媒体曝光和网民热议，产生了“一波还未平息，一波又来袭击”的叠加效应。相关话题舆情反复发酵，舆论一致谴责公共场所不文明行为的同时，处罚标准、法治威慑、国民素质等成为争议热点，提高违法成本成为舆论场最高呼声。

腾讯指数显示，8月21日至9月21日，涉高铁“霸座”现象全网传播信息总量约357万条（见图2-23）。统计周期内“霸座男”、“霸座大妈”、“霸座女”多个舆情子话题引发传播峰值，9月17日“霸座大妈”、19日“霸座女”两起事件共同助推舆论升温，舆情热度于20日达到周期内顶峰。

三起高铁“霸座”事件中，“霸座男”孙某事件开启同类舆情先例，相关热度占比38%；“霸座大妈”、“霸座女”两起事件连续发生，引发叠加效应，占总热度的62%（见图2-24）。统计周期内，相关舆情整体热度发酵趋势明显，舆论传播内容以“高铁三霸一家人”、“高铁霸座何时休”、“处置不能太佛系”等相关话题为主。

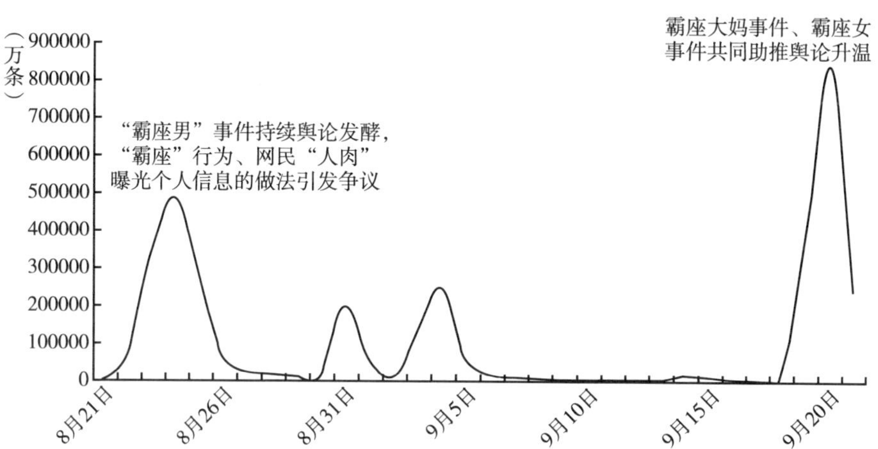

图 2－23　高铁霸座现象相关舆情全网传播趋势总量

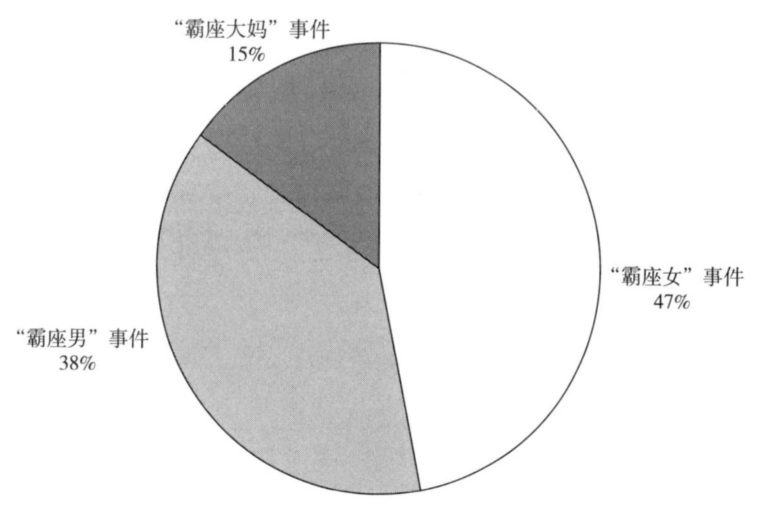

图 2－24　三起霸座事件传播热度占比

大数据分析显示，网民对高铁“霸座”现象相关话题保持高度关注，不文明现象、铁路部门执法力度、处罚机制等话题均受热议。而舆论多次发酵，进一步催生了网民对国民素质、建章立制等的反思。

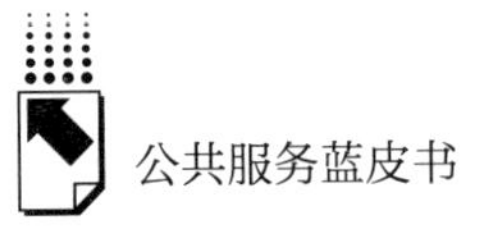

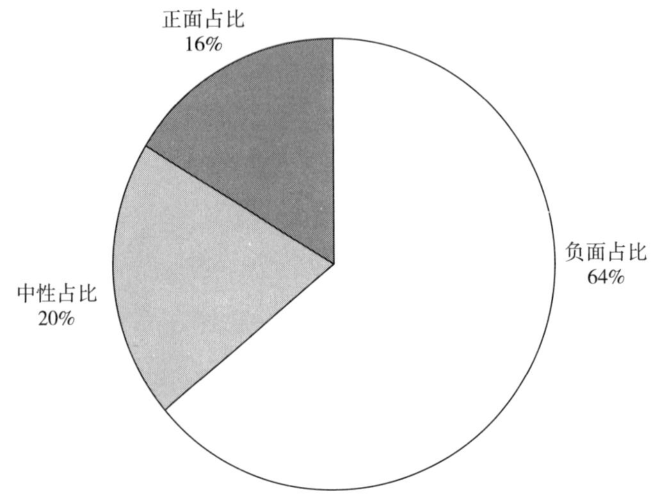

图 2-25　高铁“霸座”网民立场占比

在高铁“霸座”现象相关话题的讨论中，网民负面情感倾向较为突出，占比 64%，主要集中于认为破坏规则的成本过低，起不到惩罚教育作用，贬低国民素质，以及质疑铁路公安部门执法不严等。客观中立观点占比 20%，以分析不文明现象产生的原因居多。16% 的正面观点则集中于支持广东省率先出台《广东省铁路安全管理条例》，点赞铁路管理部门处理及时等。

统计周期内，“霸座”现象相关舆情持续发酵。腾讯大数据词云分析显示，舆论对相关话题关注较高，“霸座”、“规则”、“不文明”等成为媒体及网民讨论的高频词，相关话题围绕批评不文明现象及质疑对“霸座”行为处罚过轻，呼吁相关部门建章立制，加大执法力度等。

2. 问题与风险

舆论聚焦并探讨“霸座”现象的相关讨论中，以下几个问题最为突出：一是对执法处罚力度的质疑。舆论普遍认为，铁路乘警作为执法者，只有当场拿起法律武器严格执法，才能震慑宵小之辈；而对待“铁闹”等违法者，只有通过“违法必究、执法从严”手段，才会让其遵规守纪、本分做人。

二是认为铁路部门缺乏应急处置预案。部分媒体在对不文明行为进行谴责的同时，提出“铁路部门应尽快制定相关的应急预案”、“此类事件只能依靠治安管理处罚法处理，暴露出铁路法规存在欠缺”等观点。也有媒体列举美国、德国、日本等国处理类似事件的严惩措施，以及我国民航“失信黑名单”制度，认为铁路管理部门应该借鉴民航局相关处理措施。三是认为凸显社会公共管理制度不完善。有媒体认为，社会公德应是建立于健全的社会公共管理制度充分执行的基础上。从多起“霸座”事件的处置情况可以看出，代表社会公共管理权力的列车工作人员、乘警等在处理此类事件时的软弱无力凸显了公共管理制度的不完善。舆论普遍认为事后惩罚力度太轻，不足以体现震慑作用，无法体现公权力对社会公德、正义的有力维护和彰显。四是期盼服务者的履约基础服务到位。舆论认为，霸座现象频发最基础的问题在于公共交通工具服务提供者的基础服务义务尽责不到位。文明乘坐公共交通工具基本依靠乘客自觉，对于不文明行为则鲜有必要的基础性规制措施。此外，对相关问题的重视程度不够、舆论监督缺位，也是长期存在不对位乘坐问题的重要因素。

3. 对策建议

“霸座”等不文明事件频繁被曝光，部分媒体及专家从应急处置、治理措施、国民素质等角度，建议相关部门以解决“霸座”问题为突破口，积极推动公共服务管理转型升级，具体观点如下。

一是加大现场执法力度，果断处置不法行为。新华微评称，针对不文明行为，事后处罚固然有必要，还应加大现场执法力度，进行有效纠偏。该出手时就要出手，让违规者付出应有代价，才能防止“破窗效应”，树立起对规则的敬畏。法制日报记者史奉楚称，只有不法行为被当场果断处置，才能对“霸座”及类似无赖行为形成震慑，使“不以恶小而为之”的理念深入人心，进一步促进社会风气激浊扬清、公共秩序公平有序。

二是呼吁修改相关法律，适当给予企业行政强制权。交通运输管理干部学院教授张柱庭称，目前政企分开后，涉及行政的事情必须由政府机关来处理。当出现问题时，铁路运输企业没有权力处理，导致问题难以快速解决。

因此，建议适当给予企业行政强制权、小额处罚权、轻微强制权。“霸座男”、“扒车门”等事件的出现，提示有关部门应加快铁路法修改进程。国家行政学院政法部副主任杨小军建议，要么把民警配上，要么用法律赋予列车长行使部分警察权力。

三是建议出台全国统一规定。自由撰稿人江德斌称，广东率先出台《广东省铁路安全管理条例》，新增禁止“霸座”规定，赋予有关部门和铁路运输企业依法制止违规行为、实施联合惩戒的权力，将“霸座”行为推送至信用信息共享平台。但是，该条例作为地方立法，对于省外的类似行为无能为力，且未制定更加严厉的处罚措施，相对于层出不穷的“霸座”事件，法律效力较低，有必要出台全国统一规定。

四是建立征信体系的法律支撑。中国人民大学法学院教授杨建顺称，相对于高铁“霸座”这一负面行为，征信体系还未建立起基本的法律支撑显得更为重要。各地推出的黑名单制度也要讲究科学合理值得进一步推敲。高铁“霸座”事件中，仅依据《关于在一定期限内适当限制特定严重失信人乘坐火车推动社会信用体系建设的意见》，对铁路客运部门来说限制权利显得不够充分。此外，公众对《关于限制铁路旅客运输领域严重失信人购买车票的管理办法》的知晓度有待进一步提高。

总之，整治高铁“霸座”等不文明行为，相关职能部门应及时回应社会呈现的新环境、新问题。从法律及政策的制定上，要考虑不同层次客体的需求及客观因素的影响，进一步明确执法权力、责任划定等。

评价报告

Evaluation Reports

B.3

2018年主要城市公共服务调查问卷满意度评价报告*

摘　要： 通过对比近两年数据，报告揭示了38个主要城市公共服务满意度的基本情况及其发展变化，并根据多种分类标准对不同类型城市的基本公共服务满意度评价情况进行比较研究。

关键词： 城市基本公共服务满意度　问卷调查　大数据

一　38个主要城市基本公共服务满意度评估概要

（一）2018年拉萨市基本公共服务满意度评估概要

拉萨市在2018年城市基本公共服务满意度网络调查中得分68.43分，

* 执笔：刘志昌、罗紫罗兰、万相昱、万建超；统稿：钟君、刘志昌。

在我国38个主要城市中排名第一。从9个基本公共服务满意度单项指标来看，拉萨在城市环境、公共安全、社保就业、基础教育、文化体育、公共住房6项上满意度位居38个城市第一，其中城市环境、公共安全和社保就业得分超过70分，表现突出，医疗卫生和公共交通排名第三，公职服务排名第五，满意度情况整体优秀且较为均衡（见表3－1和图3－1）。

表3－1　拉萨市基本公共服务满意度各要素得分排名

单位：分

项目	公共交通	公共安全	公共住房	基础教育	社保就业	医疗卫生	城市环境	文化体育	公职服务	总体满意度
得分	64.71	77.38	58.16	67.87	71.63	67.86	78.42	64.17	65.70	68.43
排名	3	1	1	1	1	3	1	1	5	1

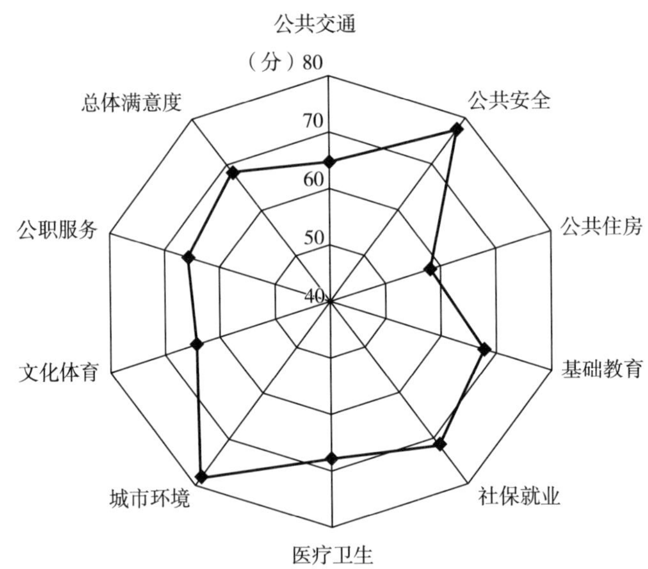

图3－1　拉萨市基本公共服务满意度各要素得分

（二）2018年厦门市基本公共服务满意度评估概要

厦门市在2018年城市基本公共服务满意度网络调查中得分66.22分，

在我国38个主要城市中名列第二。从9个基本公共服务满意度单项指标来看，厦门在医疗卫生方面满意度排38个主要城市第一名，城市环境、公职服务、基础教育、社保就业、文化体育、公共住房六项排名第二，城市环境、公共安全得分超过70分，表现突出，公共安全排名第三，公共交通排名第四，满意度情况整体较为优秀（见表3-2和图3-2）。

表3-2　厦门市基本公共服务满意度各要素得分排名

单位：分

项目	公共交通	公共安全	公共住房	基础教育	社保就业	医疗卫生	城市环境	文化体育	公职服务	总体满意度
得分	64.20	72.51	52.47	64.98	63.72	69.11	77.18	63.03	68.79	66.22
排名	4	3	2	2	2	1	2	2	2	2

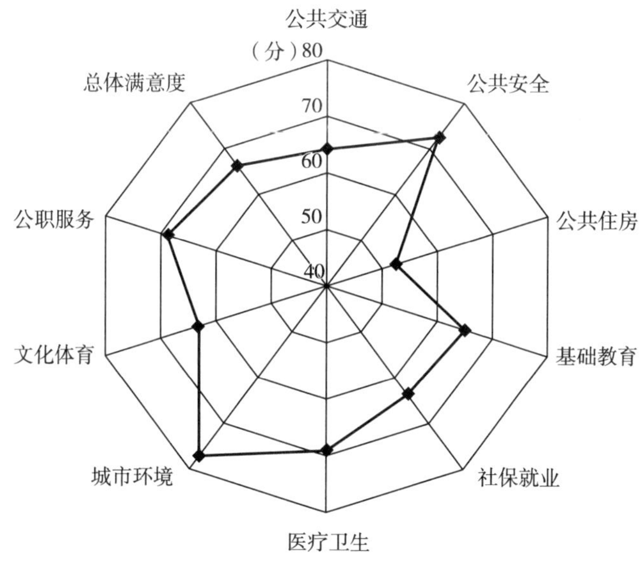

图3-2　厦门市基本公共服务满意度各要素得分

（三）2018年宁波市基本公共服务满意度评估概要

2018年宁波市在城市基本公共服务满意度网络调查中得64.35分，在我国38个主要城市中排名第三。从9个基本公共服务满意度单项指标来看，宁波在公共交通方面满意度排名38个主要城市第一，文化体育、公职服务两项排名第三，公共安全、社保就业、基础教育排名第四，医疗卫生和公共住房排名第七，城市环境排名第九，均进入38个城市前十，其中公共安全、城市环境得分超过70分，说明该城市居民在这两项上的满意度水平较高，整体城市基本公共服务满意度情况较为优秀（见表3－3和图3－3）。

表3－3　宁波市基本公共服务满意度各要素得分排名

单位：分

项目	公共交通	公共安全	公共住房	基础教育	社保就业	医疗卫生	城市环境	文化体育	公职服务	总体满意度
得分	68.23	71.60	46.27	62.14	62.45	67.08	70.30	62.75	68.30	64.35
排名	1	4	7	4	4	7	9	3	3	3

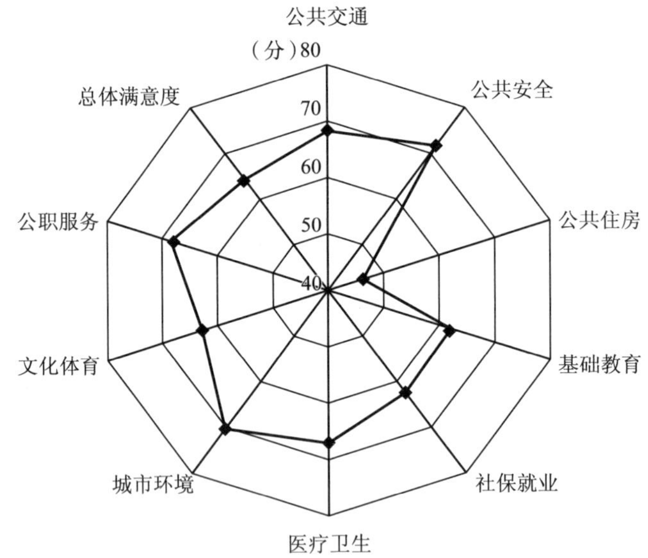

图3－3　宁波市基本公共服务满意度各要素得分

（四）2018年杭州市基本公共服务满意度评估概要

2018年杭州市在城市基本公共服务满意度网络调查中得分63.43

分，在我国38个主要城市中排名第四。从9个基本公共服务满意度单项指标来看，杭州在公职服务方面满意度位居38个城市第一，医疗卫生、社保就业两项分别排名第二、第三，城市环境、公共安全、文化体育排名第五，其中城市环境、公共安全得分超过70分，说明该城市居民在这两项上的满意度水平较高，基础教育和公共交通分别排名第六、第七，均进入38个城市前十，但是公共住房单项排名38个城市的第16名，得分相对较低，影响了杭州市基本公共服务满意度的整体均衡性（见表3－4和图3－4）。

表3－4　杭州市基本公共服务满意度各要素得分排名

单位：分

项目	公共交通	公共安全	公共住房	基础教育	社保就业	医疗卫生	城市环境	文化体育	公职服务	总体满意度
得分	61.74	70.34	43.94	58.62	63.49	69.10	73.03	60.96	69.66	63.43
排名	7	5	16	6	3	2	5	5	1	4

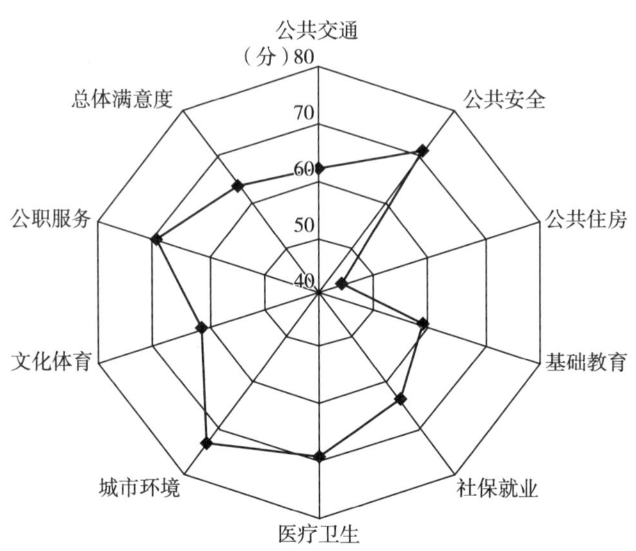

图3－4　杭州市基本公共服务满意度各要素得分

（五）2018年珠海市基本公共服务满意度评估概要

2018 年珠海市在城市基本公共服务满意度网络调查中得分 62.88 分，在我国 38 个主要城市中排名第五。从 9 个基本公共服务满意度单项指标来看，珠海在 38 个城市基础教育方面满意度排名第三，城市环境、文化体育两项排名第四，其中城市环境得分超过 70 分，社保就业、医疗卫生、公职服务、公共安全单项排名均进入 38 个城市前十，而公共交通和公共住房单项排名相对较低，需要重点关注。整体来看，珠海市基本公共服务满意度较为优秀但均衡性有待提高（见表 3－5 和图 3－5）。

表 3－5　珠海市基本公共服务满意度各要素得分排名

单位：分

项目	公共交通	公共安全	公共住房	基础教育	社保就业	医疗卫生	城市环境	文化体育	公职服务	总体满意度
得分	60.41	68.57	44.57	64.28	59.98	66.72	74.44	62.35	64.63	62.88
排名	12	9	13	3	7	8	4	4	8	5

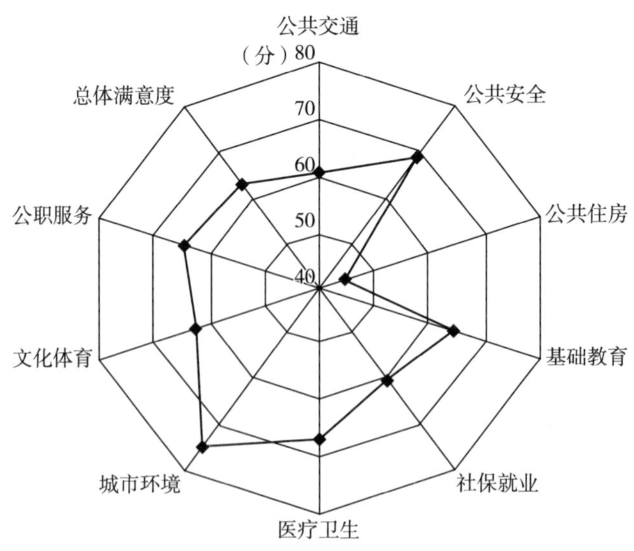

图 3－5　珠海市基本公共服务满意度各要素得分

（六）2018年青岛市基本公共服务满意度评估概要

青岛市在2018年城市基本公共服务满意度网络调查中得分62.69分，在我国38个主要城市中排名第六。从9个基本公共服务满意度单项指标来看，青岛在38个城市的公共交通方面满意度排名第二，基础教育单项排名第五，公共安全、医疗卫生、文化体育、社保就业排名第六，城市环境排名第七且得分超过70分，公职服务排名第九，而公共住房得分相对较低，单项排名也未进前十，需要重点关注。整体来看，青岛市基本公共服务满意度表现较好但均衡性还有待提高（见表3－6和图3－6）。

表3－6　青岛市基本公共服务满意度各要素得分排名

单位：分

项目	公共交通	公共安全	公共住房	基础教育	社保就业	医疗卫生	城市环境	文化体育	公职服务	总体满意度
得分	66.00	69.83	44.93	60.16	60.54	67.35	70.86	60.51	64.04	62.69
排名	2	6	12	5	6	6	7	6	9	6

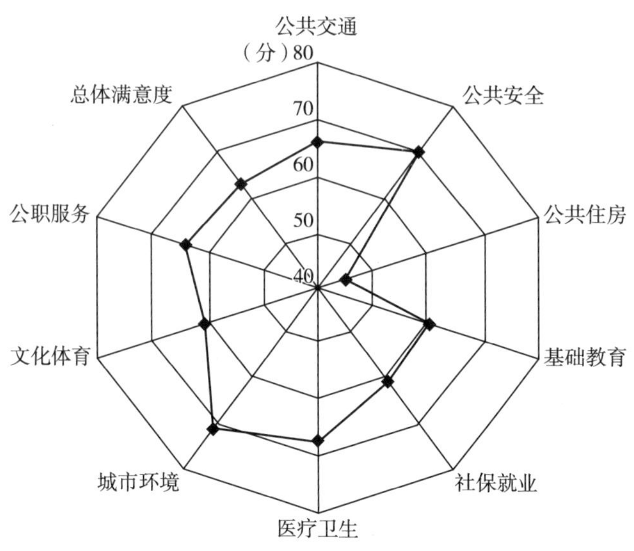

图3－6　青岛市基本公共服务满意度各要素得分

（七）2018年上海市基本公共服务满意度评估概要

上海市在2018年城市基本公共服务满意度网络调查中得分61.83分，在我国38个主要城市中排名第七。从9个基本公共服务满意度单项指标来看，上海在医疗卫生和社保就业方面满意度排名38个城市第五，公共交通单项排名第六，公共安全、文化体育、基础教育、公共住房排名亦均进入前十，但公职服务和城市环境单项排名未进前十，说明有较大提升空间，可重点关注。整体来看，上海市基本公共服务满意度表现较好，是四大直辖市中得分和排名最高的（见表3－7和图3－7）。

表3－7　上海市基本公共服务满意度各要素得分排名

单位：分

项目	公共交通	公共安全	公共住房	基础教育	社保就业	医疗卫生	城市环境	文化体育	公职服务	总体满意度
得分	62.26	69.23	45.59	58.30	61.60	67.64	69.06	60.16	62.60	61.83
排名	6	7	9	8	5	5	13	7	11	7

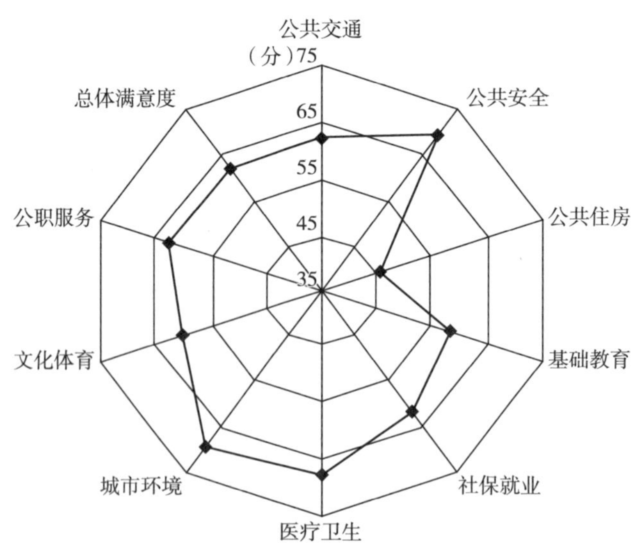

图3－7　上海市基本公共服务满意度各要素得分

（八）2018年深圳市基本公共服务满意度评估概要

深圳市在2018年城市基本公共服务满意度网络调查中得分61.55分，在我国38个主要城市中排名第八。从9个基本公共服务满意度单项指标来看，深圳在医疗卫生方面满意度在38个城市排名第四，表现突出，城市环境单项排名第六且得分超过70分，说明当地居民对于城市环境的满意度较高，而公职服务、公共安全、社保就业、文化体育、公共交通排名亦均进入前十，但基础教育和公共住房单项排名未进前十，说明有较大提升空间，特别是公共住房需要重点关注。整体来看，深圳市基本公共服务满意度表现较好，但均衡性有待提高（见表3－8和图3－8）。

表3－8　深圳市基本公共服务满意度各要素得分排名

单位：分

项目	公共交通	公共安全	公共住房	基础教育	社保就业	医疗卫生	城市环境	文化体育	公职服务	总体满意度
得分	61.49	68.65	43.18	56.86	59.93	67.82	71.62	59.65	64.72	61.55
排名	9	8	20	13	8	4	6	8	7	8

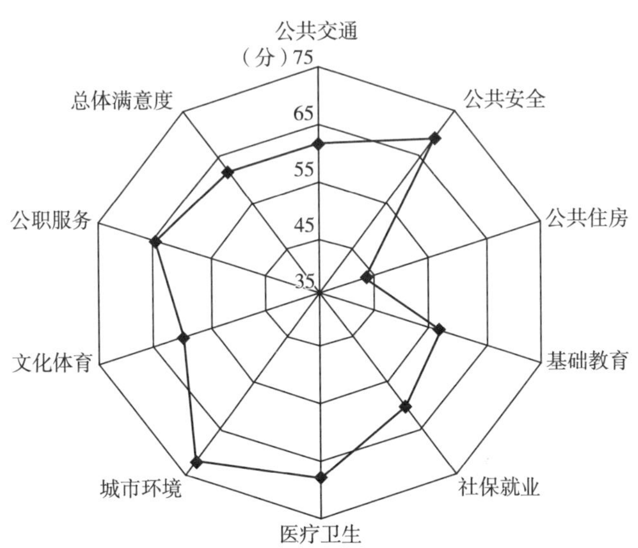

图3－8　深圳市基本公共服务满意度各要素得分

（九）2018年银川市基本公共服务满意度评估概要

银川市在2018年城市基本公共服务满意度网络调查中得分60.40分，在我国38个主要城市中排名第九。从9个基本公共服务满意度单项指标来看，银川在公共住房方面满意度位居38个城市的第三，公职服务排名第四，单项表现优秀，而文化体育和公共安全排名亦进入前十，城市环境排名第十一，满意度相对较好，但是医疗卫生、社保就业、公共交通和基础教育这四项满意度得分和排名相对较低，有较大提升空间，特别是公共交通和基础教育需要重点关注。整体来看，银川市基本公共服务满意度表现较好，但均衡性亟须提高（见表3－9和图3－9）。

表3－9　银川市基本公共服务满意度各要素得分排名

单位：分

项目	公共交通	公共安全	公共住房	基础教育	社保就业	医疗卫生	城市环境	文化体育	公职服务	总体满意度
得分	58.06	67.75	50.85	52.50	55.46	64.30	69.79	58.86	66.06	60.40
排名	24	10	3	29	19	15	11	9	4	9

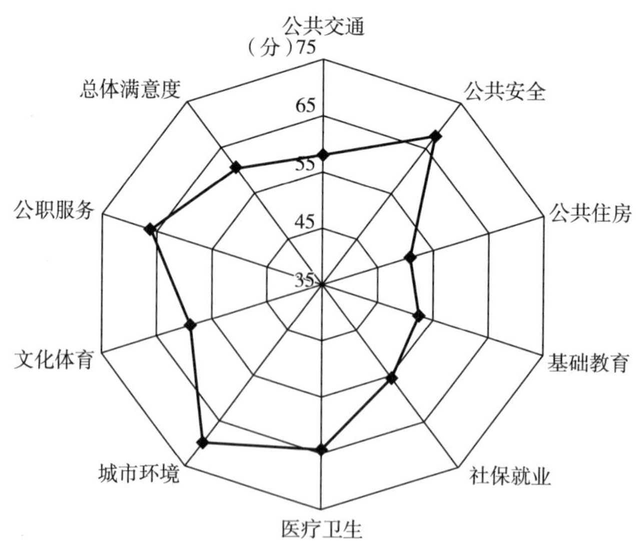

图3－9　银川市基本公共服务满意度各要素得分

（十）2018年福州市基本公共服务满意度评估概要

福州市在2018年城市基本公共服务满意度网络调查中得分60.14分，在我国38个主要城市中排名第十。从9个基本公共服务满意度单项指标来看，38个主要城市中福州在公职服务方面满意度排名第六，公共住房排名第八，城市环境和文化体育排名第十，单项表现较为优秀，而公共安全和基础教育排名第十一，满意度也相对较好，但是医疗卫生、公共交通和社保就业这三项满意度得分和排名相对较低，有较大提升空间。整体来看，银川市基本公共服务满意度表现较好（见表3－10和图3－10）。

表3－10　福州市基本公共服务满意度各要素得分排名

单位：分

项目	公共交通	公共安全	公共住房	基础教育	社保就业	医疗卫生	城市环境	文化体育	公职服务	总体满意度
得分	59.29	65.76	45.77	57.25	56.10	63.51	70.10	58.28	65.19	60.14
排名	18	11	8	11	16	19	10	10	6	10

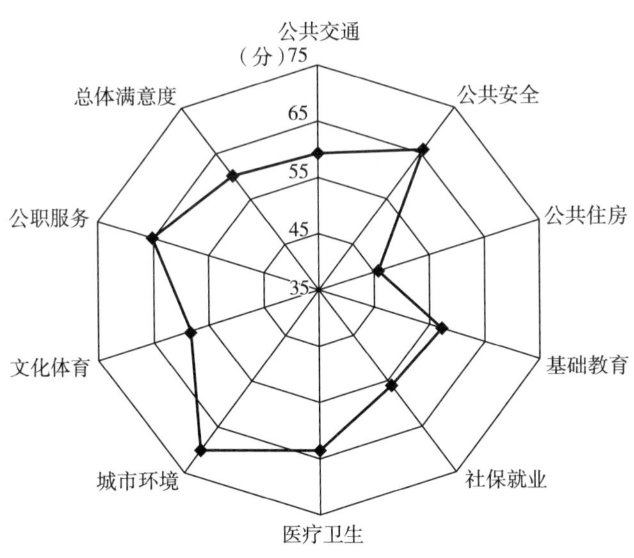

图3－10　福州市基本公共服务满意度各要素得分

（十一）2018年乌鲁木齐市基本公共服务满意度评估概要

乌鲁木齐市在2018年城市基本公共服务满意度网络调查中得分60.01分，在我国38个主要城市中排名第十一。从9个基本公共服务满意度单项指标来看，乌鲁木齐在公共安全方面满意度排名第二，得分为73.78分，公共住房排名第四，基础教育和社保就业分别名列第七、第九，均进入第十，表现较为优秀，医疗卫生满意度排名也相对较好，但是公职服务、公共交通、城市环境和文化体育这四项满意度得分和排名相对较低，有较大提升空间，尤其是公职服务单项排名非常靠后，需要重点关注。整体来看，银川市基本公共服务满意度均衡性需要提高（见表3－11和图3－11）。

表3－11　乌鲁木齐市基本公共服务满意度各要素得分排名

单位：分

项目	公共交通	公共安全	公共住房	基础教育	社保就业	医疗卫生	城市环境	文化体育	公职服务	总体满意度
得分	58.52	73.78	48.52	58.54	59.31	64.65	64.21	55.52	57.01	60.01
排名	21	2	4	7	9	13	19	16	32	11

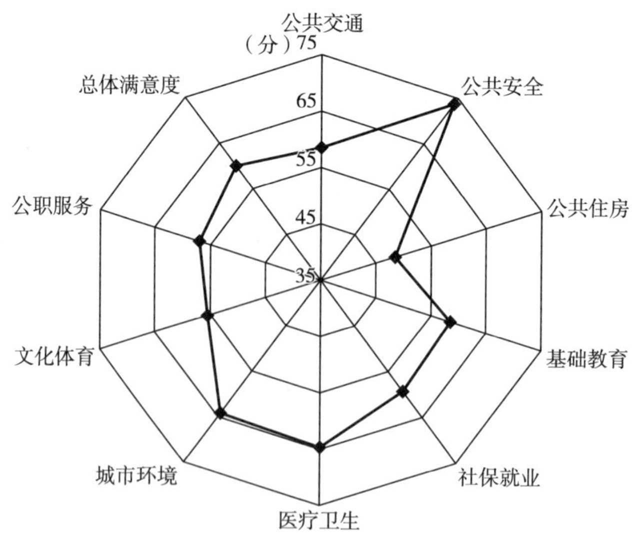

图3－11　乌鲁木齐市基本公共服务满意度各要素得分

（十二）2018年天津市基本公共服务满意度评估概要

天津市在2018年城市基本公共服务满意度网络调查中得分59.81分，在我国38个主要城市中排名第十二。从9个基本公共服务满意度单项指标来看，天津在公共交通和公共住房方面满意度分别排名第五，医疗卫生排名第九，这三项表现相对较好；而基础教育、文化体育、社保就业、公共安全和公职服务排名居中，但是城市环境满意度得分和排名相对较低，有较大提升空间。整体来看，天津市基本公共服务满意度在直辖市中排名第二，表现尚可，但个别方面需要重点关注（见表3－12和图3－12）。

表3－12　天津市基本公共服务满意度各要素得分排名

单位：分

项目	公共交通	公共安全	公共住房	基础教育	社保就业	医疗卫生	城市环境	文化体育	公职服务	总体满意度
得分	62.36	65.50	48.15	57.22	56.47	66.65	63.88	56.64	61.37	59.81
排名	5	16	5	12	14	9	20	12	16	12

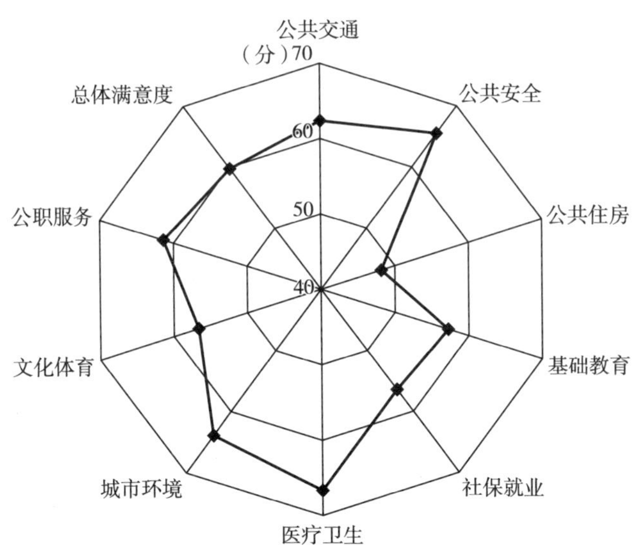

图3－12　天津市基本公共服务满意度各要素得分

（十三）2018年重庆市基本公共服务满意度评估概要

重庆市在2018年城市基本公共服务满意度网络调查中得分59.45分，在我国38个主要城市中排名第十三。从9个基本公共服务满意度单项指标来看，重庆的公共住房和公共交通满意度在38个主要城市中分别排名第六，第八，表现相对较好，而社保就业、公共安全、城市环境、基础教育、文化体育和医疗卫生排名居中，但是公职服务满意度得分和排名相对较低，有较大提升空间。从整体来看，重庆市基本公共服务满意度在38个城市中排名尚属前列，但单项得分超过60分的仅有四项，个别方面需要重点关注（见表3－13和图3－13）。

表3－13　重庆市基本公共服务满意度各要素得分排名

单位：分

项目	公共交通	公共安全	公共住房	基础教育	社保就业	医疗卫生	城市环境	文化体育	公职服务	总体满意度
得分	61.50	65.66	46.92	56.35	56.71	63.82	68.44	55.82	59.79	59.45
排名	8	13	6	14	12	16	14	15	22	13

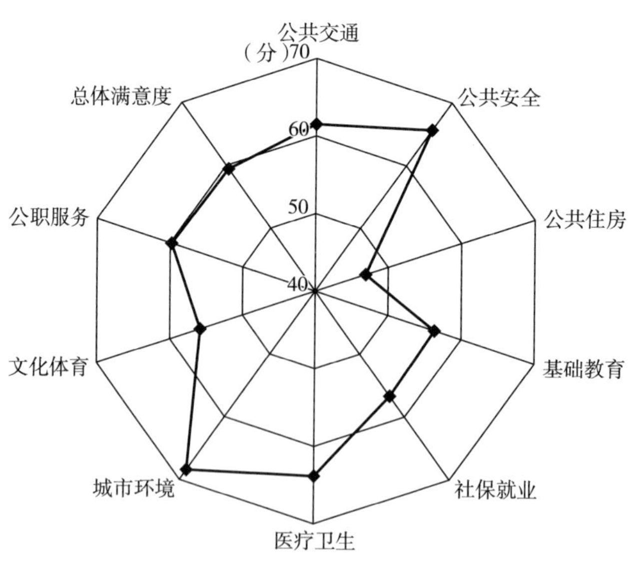

图3－13　重庆市基本公共服务满意度各要素得分

（十四）2018年成都市基本公共服务满意度评估概要

成都市在2018年城市基本公共服务满意度网络调查中得分58.73分，在我国38个主要城市中排名第十四。从9个基本公共服务满意度单项指标来看，成都的社保就业满意度在38个主要城市中排名第十，也是唯一一个单项进入前十的指标，表现相对较好，公共交通、医疗卫生、文化体育、公职服务、公共安全、城市环境、基础教育排名居中，仅有四项得分超过60分，而公共住房满意度得分只有42.72分，排名也相对较低，有较大提升空间。整体来看，成都市基本公共服务满意度在38个城市中排名居中靠前，但均衡性欠缺，公共住房等方面需要重点关注（见表3－14和图3－14）。

表3－14　成都市基本公共服务满意度各要素得分排名

单位：分

项目	公共交通	公共安全	公共住房	基础教育	社保就业	医疗卫生	城市环境	文化体育	公职服务	总体满意度
得分	60.44	64.91	42.72	54.23	58.12	65.26	64.99	56.02	61.92	58.73
排名	11	17	22	18	10	12	18	13	14	14

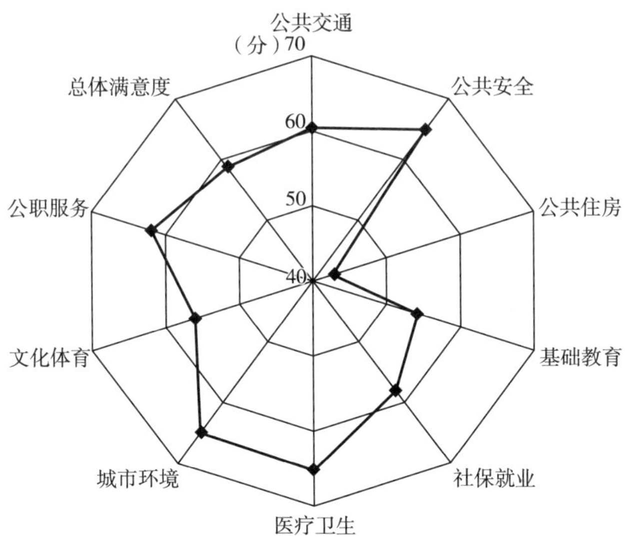

图3－14　成都市基本公共服务满意度各要素得分

（十五）2018年长沙市基本公共服务满意度评估概要

长沙市在 2018 年城市基本公共服务满意度网络调查中得分 58.58 分，在我国 38 个主要城市中排名第十五。从 9 个基本公共服务满意度单项指标来看，38 个城市中长沙在公共交通和基础教育方面满意度分别排名第十，表现相对较好，公职服务、社保就业、城市环境、公共住房、文化体育排名居中，其中城市环境、公职服务满意度得分均超过 60 分，而医疗卫生和公共安全排名相对较低，有较大提升空间。整体来看，长沙市基本公共服务满意度在 38 个城市中排名居中，均衡性欠缺，公共住房、文化体育等方面需要重点关注（见表 3－15 和图 3－15）。

表 3－15　长沙市基本公共服务满意度各要素得分排名

单位：分

项目	公共交通	公共安全	公共住房	基础教育	社保就业	医疗卫生	城市环境	文化体育	公职服务	总体满意度
得分	60.64	63.84	43.68	57.26	56.24	62.95	66.20	54.84	61.57	58.58
排名	10	20	17	10	15	22	16	19	15	15

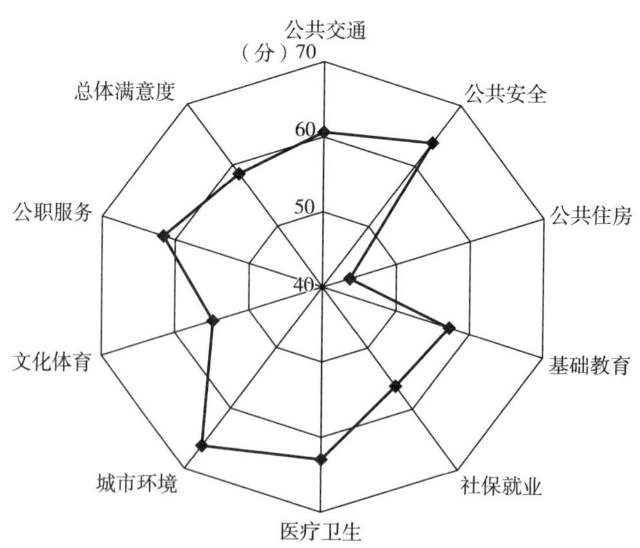

图 3－15　长沙市基本公共服务满意度各要素得分

（十六）2018年济南市基本公共服务满意度评估概要

济南市在2018年城市基本公共服务满意度网络调查中得分58.09分，在我国38个主要城市中排名第十六。从9个基本公共服务满意度单项指标来看，38个城市中济南在基础教育方面满意度排名第九，表现相对较好，公职服务、公共住房、公共安全、医疗卫生、文化体育、社保就业排名居中，其中公共安全、医疗卫生、公职服务满意度得分均超过60分，而城市环境和公共交通排名相对较低，有较大提升空间。整体来看，济南市基本公共服务满意度在38个城市中排名居中，均衡性欠缺，公共住房、公共交通等方面需要重点关注（见表3－16和图3－16）。

表3－16　济南市基本公共服务满意度各要素得分排名

单位：分

项目	公共交通	公共安全	公共住房	基础教育	社保就业	医疗卫生	城市环境	文化体育	公职服务	总体满意度
得分	55.63	65.51	43.98	57.81	55.72	63.78	63.08	54.92	62.36	58.09
排名	29	15	14	9	18	17	23	17	12	16

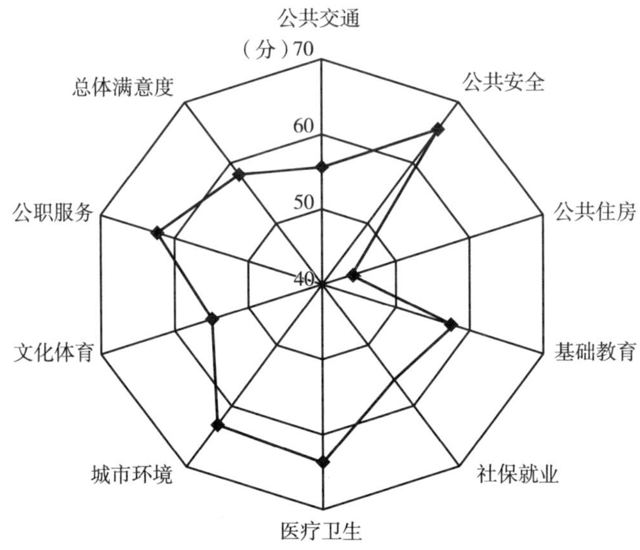

图3－16　济南市基本公共服务满意度各要素得分

（十七）2018年北京市基本公共服务满意度评估概要

北京市在2018年城市基本公共服务满意度网络调查中得分57.95分，在我国38个主要城市中排名第十七。从9个基本公共服务满意度单项指标来看，38个城市中北京在医疗卫生、社保就业、文化体育方面满意度分别排名第十一，表现相对较好，公共安全、公职服务、城市环境、基础教育排名居中，且前三项满意度得分均超过60分，而公共住房和公共交通排名相对靠后，满意度得分也有很大提升空间。整体来看，北京市基本公共服务满意度在38个城市中排名居中，均衡性亟须加强，公共住房、公共交通等方面需要重点关注。（见表3－17和图3－17）

表3－17　北京市基本公共服务满意度各要素得分排名

单位：分

项目	公共交通	公共安全	公共住房	基础教育	社保就业	医疗卫生	城市环境	文化体育	公职服务	总体满意度
得分	55.56	65.51	42.31	52.89	57.88	65.49	63.62	56.98	61.36	57.95
排名	30	14	26	22	11	11	22	11	17	17

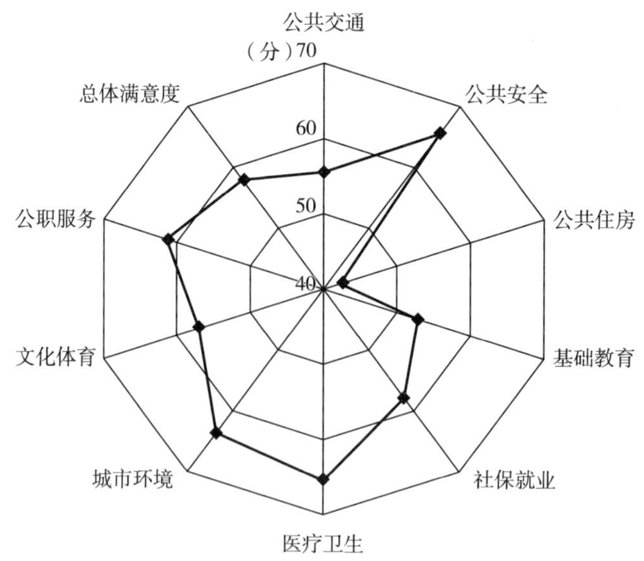

图3－17　北京市基本公共服务满意度各要素得分

（十八）2018年西宁市基本公共服务满意度评估概要

西宁市在2018年城市基本公共服务满意度网络调查中得分57.89分，在我国38个主要城市中排名第十八。从9个基本公共服务满意度单项指标来看，西宁在城市环境、公共住房方面满意度分别排在38个城市的第八、第十位，表现相对较好，尤其是城市环境满意度得分超过70分，公共安全和公共交通排名居中，其中公共安全满意度得分超过60分，而基础教育、社保就业、文化体育、医疗卫生、公职服务的满意度排名和得分都相对较低，有较大提升空间。整体来看，西宁市基本公共服务满意度在38个城市中排名居中，均衡性欠缺，公职服务、医疗卫生等方面需要重点关注（见表3－18和图3－18）。

表3－18　西宁市基本公共服务满意度各要素得分排名

单位：分

项目	公共交通	公共安全	公共住房	基础教育	社保就业	医疗卫生	城市环境	文化体育	公职服务	总体满意度
得分	59.64	65.69	45.55	53.20	54.73	59.85	70.47	54.16	57.71	57.89
排名	15	12	10	21	22	28	8	24	29	18

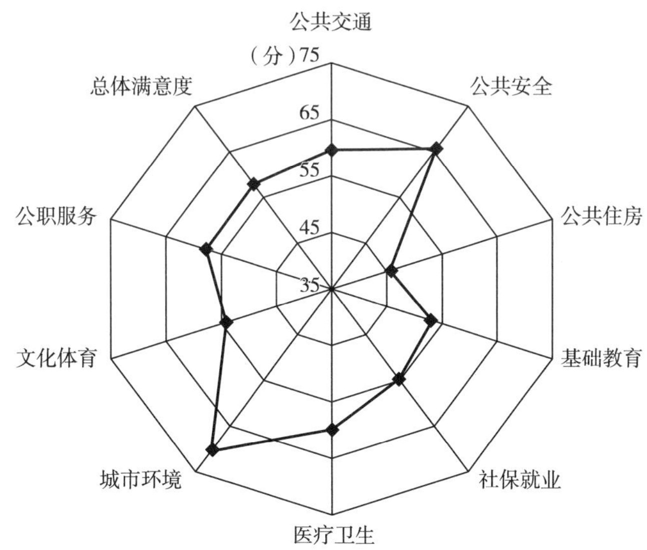

图3－18　西宁市基本公共服务满意度各要素得分

（十九）2018年南宁市基本公共服务满意度评估概要

南宁市在2018年城市基本公共服务满意度网络调查中得分57.86分，在我国38个主要城市中排名第十九。从9个基本公共服务满意度单项指标来看，南宁在城市环境方面满意度表现较好，得分69.68分，基础教育、医疗卫生、文化体育、公共安全、公职服务排名居中，其中医疗卫生、公共安全和公职服务满意度得分超过60分，公共住房、社保就业、公共交通排名相对偏后，有较大提升空间。整体来看，南宁市基本公共服务满意度在38个城市中排名居中，各指标满意度得分较不均衡，公共住房、公共交通等方面需要重点关注（见表3－19和图3－19）。

表3－19　南宁市基本公共服务满意度各要素得分排名

单位：分

项目	公共交通	公共安全	公共住房	基础教育	社保就业	医疗卫生	城市环境	文化体育	公职服务	总体满意度
得分	58.04	63.47	42.53	54.72	53.85	63.34	69.68	54.62	60.50	57.86
排名	25	21	23	16	24	20	12	20	21	19

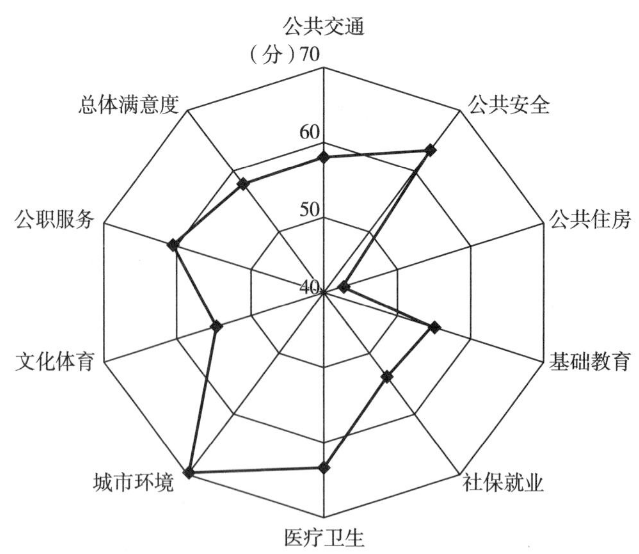

图3－19　南宁市基本公共服务满意度各要素得分

（二十）2018年广州市基本公共服务满意度评估概要

广州市在 2018 年城市基本公共服务满意度网络调查中得分 57.62 分，在我国 38 个主要城市中排名第二十。从 9 个基本公共服务满意度单项指标来看，广州在医疗卫生方面满意度在 38 个城市中排名第十，表现相对较好，社保就业、文化体育、公共安全、基础教育、公职服务、城市环境排名居中，其中医疗卫生、公共安全、城市环境、公职服务满意度得分均超过 60 分，而公共住房和公共交通排名和得分均较低，需着力提升。整体来看，广州市基本公共服务满意度在 38 个城市中排名偏后，公共住房、公共交通等方面需要重点关注（见表 3－20 和图 3－20）。

表 3－20　广州市基本公共服务满意度各要素得分排名

单位：分

项目	公共交通	公共安全	公共住房	基础教育	社保就业	医疗卫生	城市环境	文化体育	公职服务	总体满意度
得分	57.55	64.12	41.13	54.18	56.68	65.76	63.70	54.86	60.58	57.62
排名	27	19	33	19	13	10	21	18	20	20

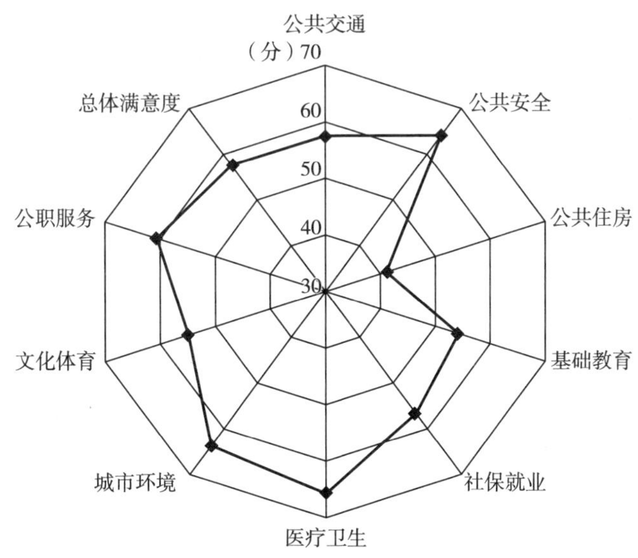

图 3－20　广州市基本公共服务满意度各要素得分

（二十一）2018年合肥市基本公共服务满意度评估概要

合肥市在2018年城市基本公共服务满意度网络调查中得分57.33分，在我国38个主要城市中排名第二十一。从9个基本公共服务满意度单项指标来看，合肥在医疗卫生、公共安全、城市环境、公职服务四项指标的满意度得分超过60分，表现相对较好；文化体育、城市环境、公共安全排名相对靠后，说明较其他城市而言，合肥在这几项需要重点关注。整体来看，合肥市基本公共服务满意度在38个城市中排名居中偏后且各指标表现出不均衡性，需要着力提升公共住房、文化体育等方面（见表3－21和图3－21）。

表3－21　合肥市基本公共服务满意度各要素得分排名

单位：分

项目	公共交通	公共安全	公共住房	基础教育	社保就业	医疗卫生	城市环境	文化体育	公职服务	总体满意度
得分	58.91	63.17	43.26	55.00	55.19	64.34	62.06	52.69	61.34	57.33
排名	20	24	18	15	20	14	25	27	18	21

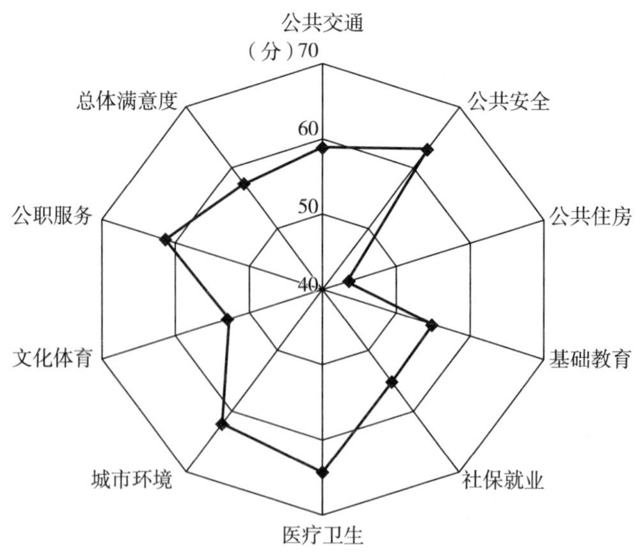

图3－21　合肥市基本公共服务满意度各要素得分

（二十二）2018年武汉市基本公共服务满意度评估概要

武汉市在2018年城市基本公共服务满意度网络调查中得分57.02分，在我国38个主要城市中排名第二十二。从9个基本公共服务满意度单项指标来看，武汉在医疗卫生、公共安全、公职服务、城市环境四项指标的满意度得分超过60分，表现相对较好；公职服务、社保就业、医疗卫生这三项在38个城市中位于前二十，而公共住房、城市环境、公共交通、文化体育、公共安全、基础教育处于相对靠后的位置，说明较其他城市而言，武汉在这几项需要重点关注。整体来看，武汉市基本公共服务满意度在38个城市中排名偏后且各指标表现不均衡，需要着力提升公共住房、城市环境等方面（见表3－22和图3－22）。

表3－22　武汉市基本公共服务满意度各要素得分排名

单位：分

项目	公共交通	公共安全	公共住房	基础教育	社保就业	医疗卫生	城市环境	文化体育	公职服务	总体满意度
得分	57.85	63.41	41.55	53.28	55.74	63.56	61.42	54.21	62.12	57.02
排名	26	22	31	20	17	18	28	23	13	22

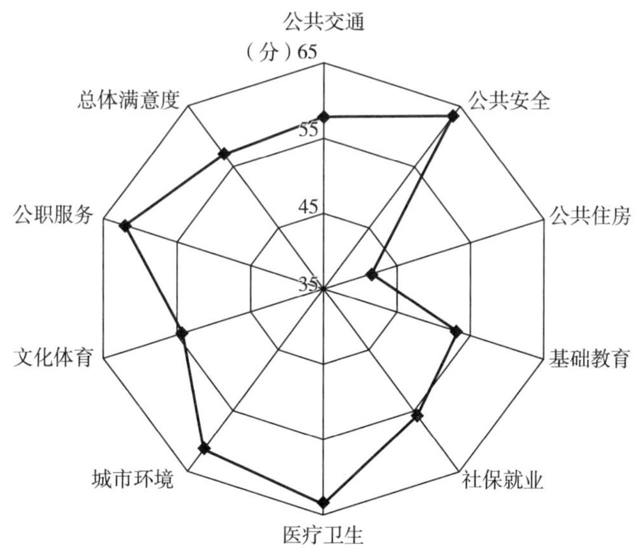

图3－22　武汉市基本公共服务满意度各要素得分

（二十三）2018年海口市基本公共服务满意度评估概要

海口市在2018年城市基本公共服务满意度网络调查中得分56.93分，在我国38个主要城市中排名第二十三。从9个基本公共服务满意度单项指标来看，海口在城市环境指标的满意度得分超过70分，单项位居38个城市的第三，表现优秀，但是公共住房、社保就业、文化体育等指标的满意度得分和排名就低了很多，尤其是公共住房满意度得分仅40.76分，排名第三十五，而医疗卫生、公职服务、公共安全、基础教育、公共交通也都处于相对靠后的位置。整体来看，海口市基本公共服务满意度在38个城市中排名偏后且各指标表现非常不均衡，需要着力提升公共住房、社保就业等方面（见表3-23和图3-23）。

表3-23　海口市基本公共服务满意度各要素得分排名

单位：分

项目	公共交通	公共安全	公共住房	基础教育	社保就业	医疗卫生	城市环境	文化体育	公职服务	总体满意度
得分	58.29	63.08	40.76	52.80	51.57	60.46	74.69	51.93	58.75	56.93
排名	22	25	35	24	33	26	3	29	25	23

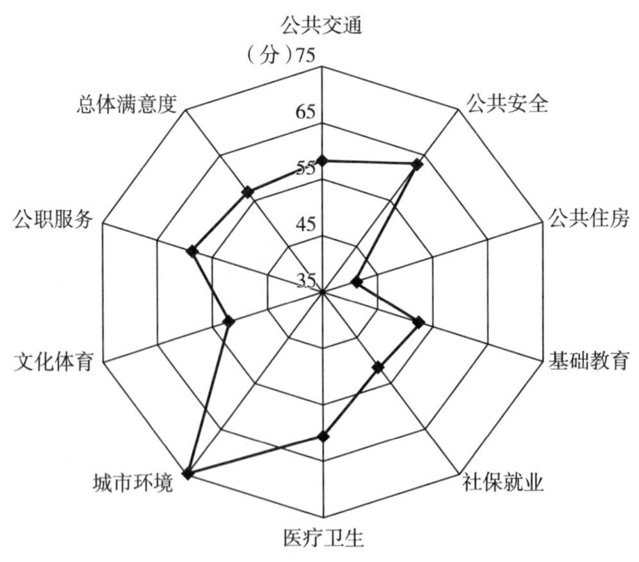

图3-23　海口市基本公共服务满意度各要素得分

（二十四）2018年沈阳市基本公共服务满意度评估概要

沈阳市在2018年城市基本公共服务满意度网络调查中得分56.53分，在我国38个主要城市中排名第二十四。从9个基本公共服务满意度单项指标来看，沈阳在公职服务指标的满意度位居38个城市第十，得分62.71分，表现相对较好，医疗卫生和公共安全指标满意度得分也超过60分，但排名偏后，公共住房、公共交通指标排名居中，但满意度不高，而社保就业、城市环境、基础教育等指标的得分较低，排名均处于比较靠后的位置。整体来看，沈阳市基本公共服务满意度在38个城市中排名偏后且各指标表现非常不均衡，需要着力提升社保就业、城市环境等方面（见表3－24和图3－24）。

表3－24　沈阳市基本公共服务满意度各要素得分排名

单位：分

项目	公共交通	公共安全	公共住房	基础教育	社保就业	医疗卫生	城市环境	文化体育	公职服务	总体满意度
得分	59.10	62.89	43.97	52.55	51.55	62.90	59.44	53.67	62.71	56.53
排名	19	26	15	28	34	23	33	25	10	24

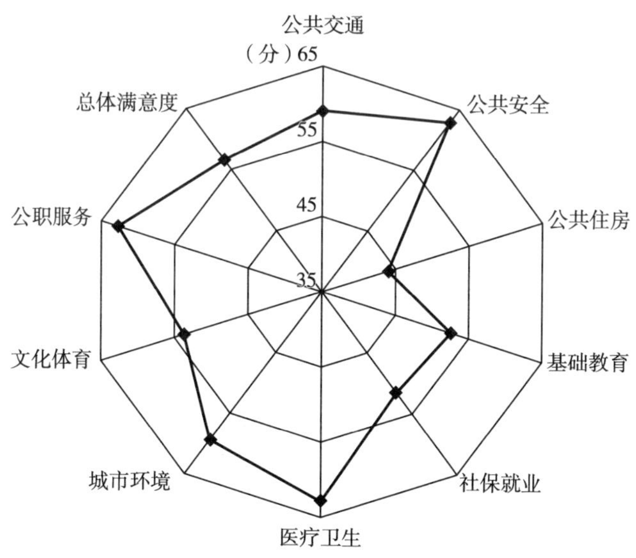

图3－24　沈阳市基本公共服务满意度各要素得分

（二十五）2018年太原市基本公共服务满意度评估概要

太原市在2018年城市基本公共服务满意度网络调查中得分56.41分，在我国38个主要城市中排名第二十五。从9个基本公共服务满意度单项指标来看，太原在公共交通和文化体育两项指标的满意度排名在38个城市中靠前，公共安全满意度得分64.65分，表现相对较好，城市环境和医疗卫生指标满意度得分也超过60分，但排名偏后，而公职服务、基础教育、公共住房、城市环境等指标的得分较低，排名也均处于比较靠后的位置。整体来看，太原市基本公共服务满意度在38个城市中排名偏后且各指标表现非常不均衡，需要着力提升公职服务、基础教育、公共住房等方面（见表3－25和图3－25）。

表3－25　太原市基本公共服务满意度各要素得分排名

单位：分

项目	公共交通	公共安全	公共住房	基础教育	社保就业	医疗卫生	城市环境	文化体育	公职服务	总体满意度
得分	60.30	64.65	41.61	52.46	54.24	61.38	61.68	55.86	55.55	56.41
排名	13	18	29	30	23	24	27	14	36	25

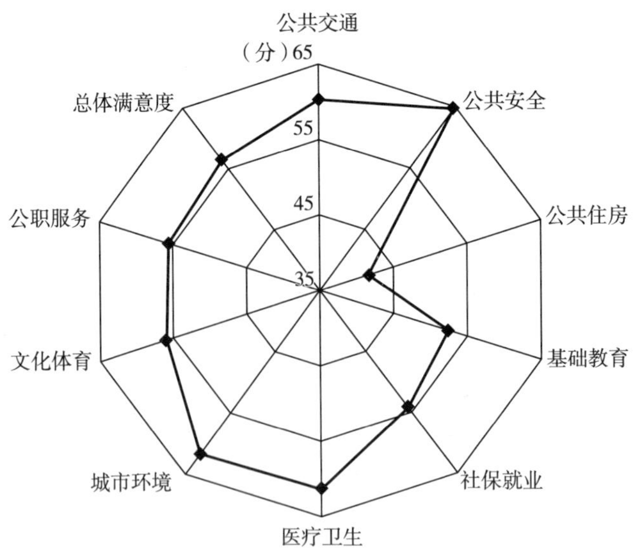

图3－25　太原市基本公共服务满意度各要素得分

（二十六）2018年石家庄市基本公共服务满意度评估概要

石家庄市在2018年城市基本公共服务满意度网络调查中得分56.17分，在我国38个主要城市中排名第二十六。从9个基本公共服务满意度单项指标来看，石家庄在公共住房、公共交通两项指标上满意度在38个城市中排名相对靠前，但得分不高，医疗卫生、公职服务排名居中偏后，而公共安全、城市环境、社保就业、文化体育和基础教育的排名也均处于比较靠后的位置，仅医疗卫生、公共安全、城市环境指标满意度得分超过60分。整体来看，石家庄市基本公共服务满意度在38个城市中排名偏后且各指标表现非常不均衡，需要着力提升基础教育、文化体育、社保就业等方面（见表3－26和图3－26）。

表3－26　石家庄市基本公共服务满意度各要素得分排名

单位：分

项目	公共交通	公共安全	公共住房	基础教育	社保就业	医疗卫生	城市环境	文化体育	公职服务	总体满意度
得分	59.78	61.96	45.54	51.22	52.59	62.99	60.80	51.51	59.17	56.17
排名	14	29	11	31	29	21	29	31	24	26

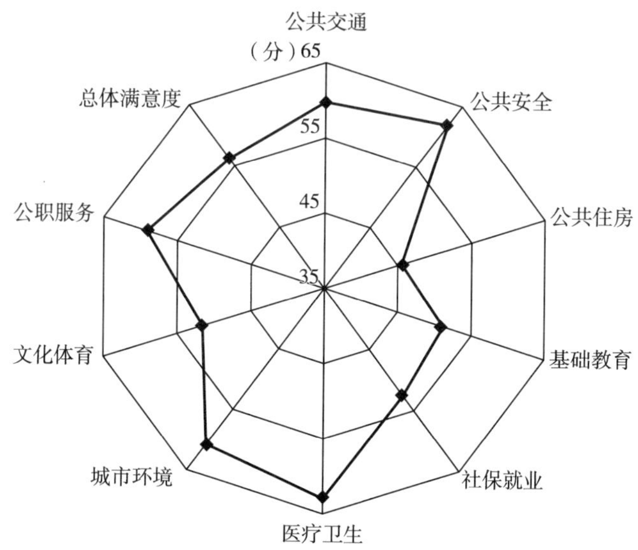

图3－26　石家庄市基本公共服务满意度各要素得分

（二十七）2018年大连市基本公共服务满意度评估概要

大连市在2018年城市基本公共服务满意度网络调查中得分55.66分，在我国38个主要城市中排名第二十七。从9个基本公共服务满意度单项指标来看，大连在城市环境、公共安全两项指标上满意度得分超过60分，但排名靠后，公共交通、文化体育排名在38个城市中相对居中，但得分不高，而公职服务、医疗卫生、公共住房、社保就业、基础教育的排名和得分均较低。整体来看，大连市基本公共服务满意度在38个城市中排名偏后且各指标表现非常不均衡，需要着力提升公职服务、医疗卫生、公共住房等方面（见表3－27和图3－27）。

表3－27　大连市基本公共服务满意度各要素得分排名

单位：分

项目	公共交通	公共安全	公共住房	基础教育	社保就业	医疗卫生	城市环境	文化体育	公职服务	总体满意度
得分	59.40	62.38	41.57	52.69	52.76	58.99	63.04	54.59	55.53	55.66
排名	17	27	30	26	28	32	24	21	37	27

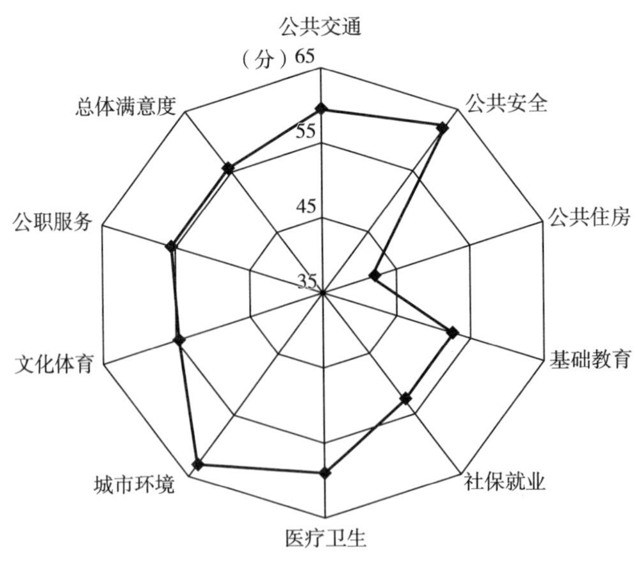

图3－27　大连市基本公共服务满意度各要素得分

（二十八）2018年贵阳市基本公共服务满意度评估概要

贵阳市在2018年城市基本公共服务满意度网络调查中得分55.55分，在我国38个主要城市中排名第二十八。从9个基本公共服务满意度单项指标来看，贵阳在城市环境、基础教育两项指标上满意度排名居中，城市环境和公共安全两项指标满意度得分超过60分，社保就业、公共安全、公职服务和公共住房排名在38个城市中居中偏后，且得分不高，而医疗卫生、公共交通、文化体育的排名和得分均很低。整体来看，贵阳市基本公共服务满意度在38个城市中排名靠后且各指标表现非常不均衡，需要着力提升医疗卫生、公共交通、文化体育、公共住房等方面（见表3－28和图3－28）。

表3－28　贵阳市基本公共服务满意度各要素得分排名

单位：分

项目	公共交通	公共安全	公共住房	基础教育	社保就业	医疗卫生	城市环境	文化体育	公职服务	总体满意度
得分	50.30	63.38	42.49	54.55	55.05	57.26	66.20	51.09	59.62	55.55
排名	35	23	24	17	21	36	15	33	23	28

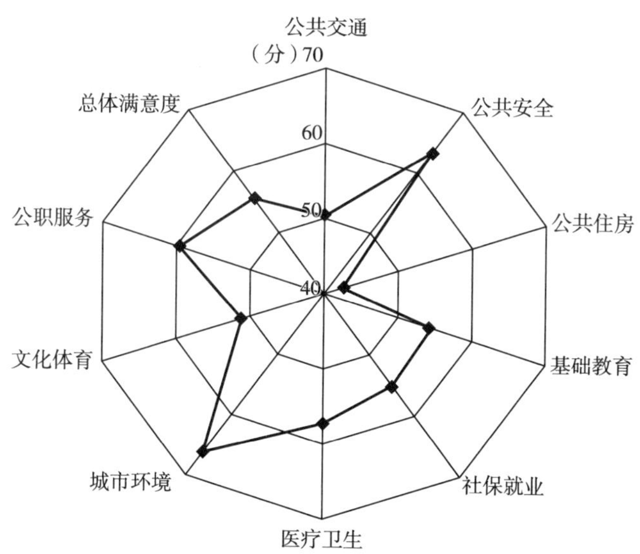

图3－28　贵阳市基本公共服务满意度各要素得分

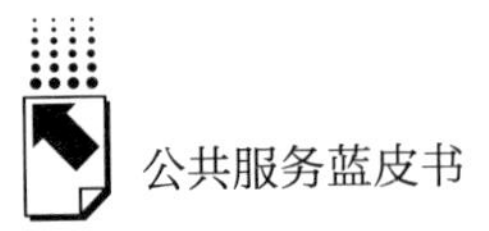

（二十九）2018年南京市基本公共服务满意度评估概要

南京市在2018年城市基本公共服务满意度网络调查中得分55.35分，在我国38个主要城市中排名第二十九。从9个基本公共服务满意度单项指标来看，南京在公共交通指标上满意度排名居中，公共安全和城市环境两项指标满意度得分超过60分，而文化体育、社保就业、公共安全、城市环境、公职服务、基础教育、公共住房的排名和得分均很低。整体来看，南京市基本公共服务满意度在38个城市中排名靠后且各指标表现非常不均衡，需要着力提升公共住房、基础教育、公职服务等方面（见表3－29和图3－29）。

表3－29　南京市基本公共服务满意度各要素得分排名

单位：分

项目	公共交通	公共安全	公共住房	基础教育	社保就业	医疗卫生	城市环境	文化体育	公职服务	总体满意度
得分	59.58	62.33	41.10	50.28	53.48	59.38	60.70	54.29	57.04	55.35
排名	16	28	34	34	25	29	30	22	31	29

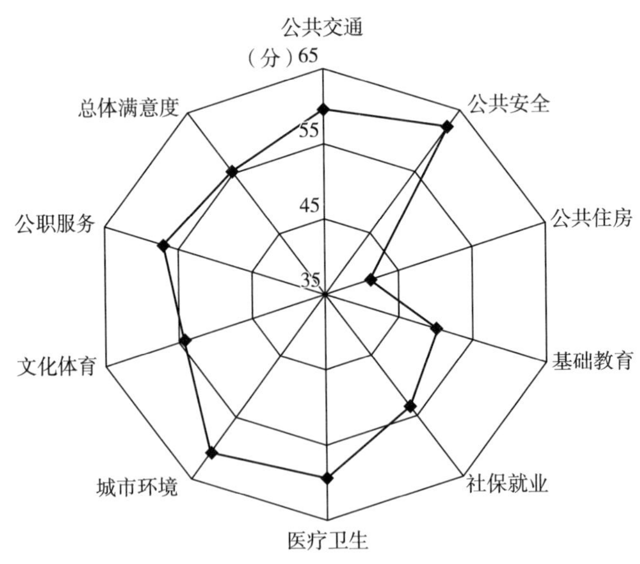

图3－29　南京市基本公共服务满意度各要素得分

（三十）2018年昆明市基本公共服务满意度评估概要

昆明市在2018年城市基本公共服务满意度网络调查中得分55.20分，在我国38个主要城市中排名第三十。从9个基本公共服务满意度单项指标来看，昆明在城市环境、公共住房指标上满意度排名居中，其中城市环境指标满意度得分65.02分，相对较好，而公职服务、基础教育、公共交通、医疗卫生、文化体育、社保就业的排名和得分均很低。整体来看，昆明市基本公共服务满意度在38个城市中排名靠后且各指标表现非常不均衡，需要着力提升公共住房、基础教育、公职服务等方面（见表3－30和图3－30）。

表3－30　昆明市基本公共服务满意度各要素得分排名

单位：分

项目	公共交通	公共安全	公共住房	基础教育	社保就业	医疗卫生	城市环境	文化体育	公职服务	总体满意度
得分	55.29	60.81	43.18	51.21	52.93	59.32	65.02	52.37	56.65	55.20
排名	31	32	19	32	26	30	17	28	33	30

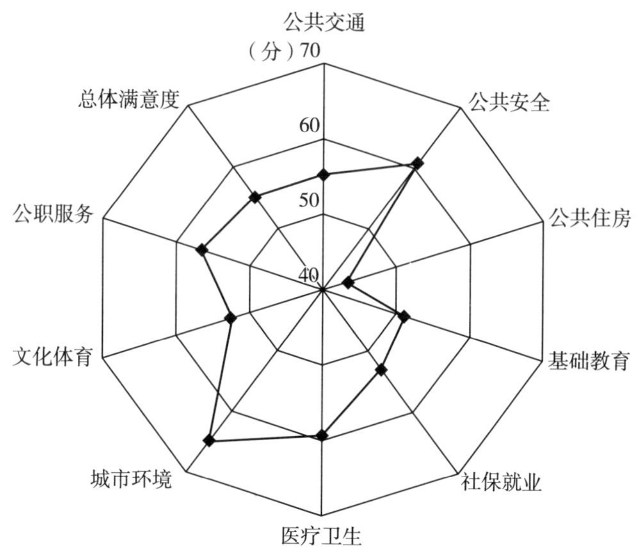

图3－30　昆明市基本公共服务满意度各要素得分

（三十一）2018年郑州市基本公共服务满意度评估概要

郑州市在2018年城市基本公共服务满意度网络调查中得分54.88分，在我国38个主要城市中排名第三十一。从9个基本公共服务满意度单项指标来看，郑州在公共交通、医疗卫生、基础教育指标上满意度排名较其他指标相对较好，公共安全、医疗卫生、城市环境指标满意度得分超过60分，而公共住房、文化体育、公职服务、社保就业的排名和得分均很低。整体来看，郑州市基本公共服务满意度在38个城市中排名靠后且各指标表现非常不均衡，需要着力提升公共住房、文化体育、公职服务等方面（见表3－31和图3－31）。

表3－31　郑州市基本公共服务满意度各要素得分排名

单位：分

项目	公共交通	公共安全	公共住房	基础教育	社保就业	医疗卫生	城市环境	文化体育	公职服务	总体满意度
得分	58.08	61.74	40.61	52.71	52.26	61.31	60.58	50.74	55.91	54.88
排名	23	31	36	25	30	25	31	35	35	31

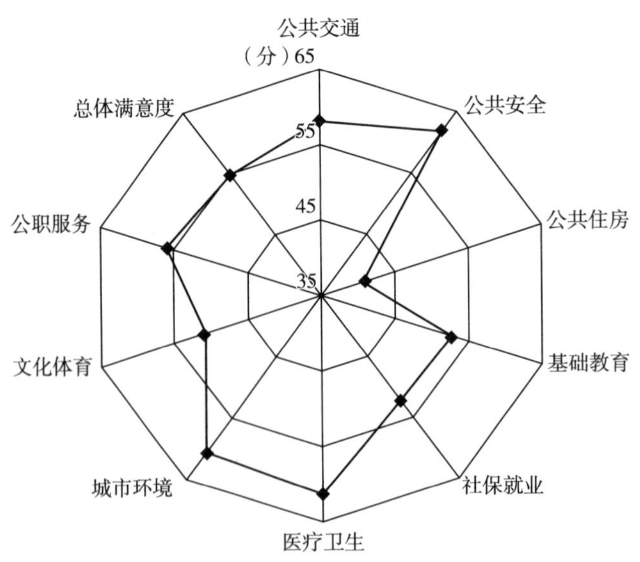

图3－31　郑州市基本公共服务满意度各要素得分

（三十二）2018年南昌市基本公共服务满意度评估概要

南昌市在 2018 年城市基本公共服务满意度网络调查中得分 54.81 分，在我国 38 个主要城市中排名第三十二。从 9 个基本公共服务满意度单项指标来看，南昌在公共住房指标上满意度排名较其他指标相对较好，但得分也很低，公共安全和城市环境指标满意度得分超过 60 分，但排名也较为靠后，而医疗卫生、文化体育、社保就业、公共交通、公职服务的排名和得分均很低。整体来看，南昌市基本公共服务满意度在 38 个城市中排名靠后且各指标表现非常不均衡，需要着力提升医疗卫生、文化体育、城市环境等方面（见表 3－32 和图 3－32）。

表 3－32　南昌市基本公共服务满意度各要素得分排名

单位：分

项目	公共交通	公共安全	公共住房	基础教育	社保就业	医疗卫生	城市环境	文化体育	公职服务	总体满意度
得分	56.77	61.88	42.74	52.62	52.02	57.93	60.34	51.19	57.78	54.81
排名	28	30	21	27	31	35	32	32	28	32

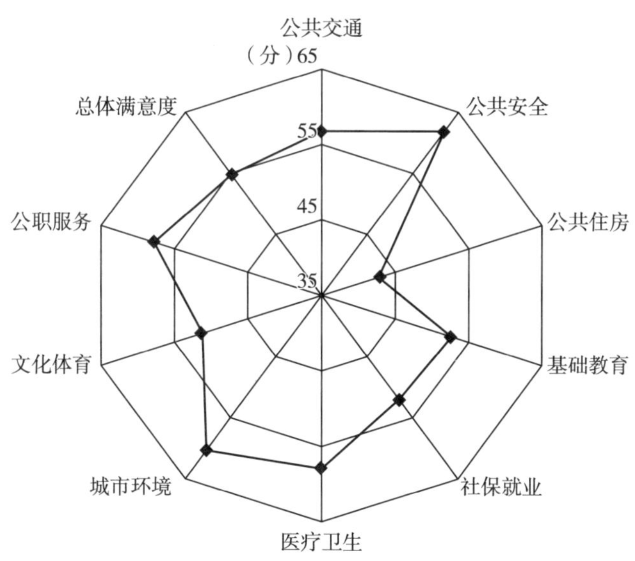

图 3－32　南昌市基本公共服务满意度各要素得分

（三十三）2018年呼和浩特市基本公共服务满意度评估概要

呼和浩特市在2018年城市基本公共服务满意度网络调查中得分53.54分，在我国38个主要城市中排名第三十三。从9个基本公共服务满意度单项指标来看，呼和浩特的满意度排名都较低，城市环境和公职服务较其他指标相对较好，但得分也不高，仅城市环境指标满意度得分超过60分，而公共交通、公共安全、基础教育、医疗卫生、文化体育的排名和得分均很低。整体来看，呼和浩特市基本公共服务满意度在38个城市中排名靠后且各指标表现非常不均衡，在全面加强基本公共服务各方面的基础上，还需要着力提升公共交通、公共安全、基础教育等方面（见表3－33和图3－33）。

表3－33　呼和浩特市基本公共服务满意度各要素得分排名

单位：分

项目	公共交通	公共安全	公共住房	基础教育	社保就业	医疗卫生	城市环境	文化体育	公职服务	总体满意度
得分	48.81	58.69	42.06	49.02	52.78	58.80	61.89	51.82	57.99	53.54
排名	37	37	28	35	27	33	26	30	26	33

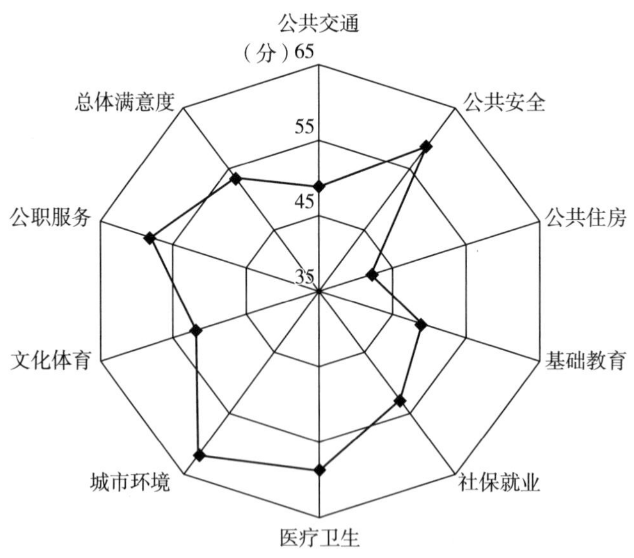

图3－33　呼和浩特市基本公共服务满意度各要素得分

（三十四）2018年长春市基本公共服务满意度评估概要

长春市在2018年城市基本公共服务满意度网络调查中得分53.40分，在我国38个主要城市中排名第三十四。从9个基本公共服务满意度单项指标来看，长春的满意度排名都较低，文化体育较其他指标相对较好，但得分也不高，仅公共安全指标满意度得分超过60分，而公共住房、基础教育、社保就业、城市环境、公职服务、公共交通、医疗卫生的排名和得分均很低。整体来看，长春市基本公共服务满意度在38个城市中排名靠后且各指标表现非常不均衡，在全面加强基本公共服务各方面的基础上，还需要着力提升公共住房、基础教育、社保就业等方面（见表3－34和图3－34）。

表3－34　长春市基本公共服务满意度各要素得分排名

单位：分

项目	公共交通	公共安全	公共住房	基础教育	社保就业	医疗卫生	城市环境	文化体育	公职服务	总体满意度
得分	53.92	60.77	40.25	47.72	50.50	59.17	58.59	53.41	56.25	53.40
排名	32	33	37	37	35	31	35	26	34	34

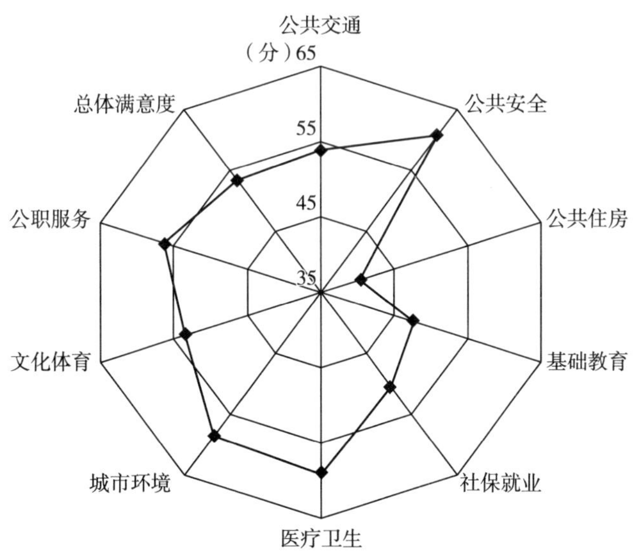

图3－34　长春市基本公共服务满意度各要素得分

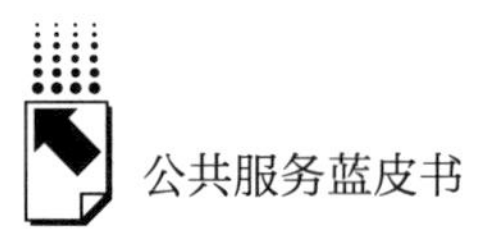

（三十五）2018年汕头市基本公共服务满意度评估概要

汕头市在2018年城市基本公共服务满意度网络调查中得分53.35分，在我国38个主要城市中排名第三十五。从9个基本公共服务满意度单项指标来看，汕头的满意度排名都较低，基础教育、公共住房较其他指标相对较好，但得分也不高，没有一项指标满意度得分超过60分，而公共交通、社保就业、公共安全、医疗卫生、文化体育、城市环境的排名和得分均很低。整体来看，汕头市基本公共服务满意度在38个城市中排名靠后且各指标表现非常不均衡，在全面加强基本公共服务各方面的基础上，还需要着力提升公共交通、社保就业、文化体育等方面（见表3－35和图3－35）。

表3－35　汕头市基本公共服务满意度各要素得分排名

单位：分

项目	公共交通	公共安全	公共住房	基础教育	社保就业	医疗卫生	城市环境	文化体育	公职服务	总体满意度
得分	48.90	59.93	42.48	52.85	50.03	58.41	58.84	50.80	57.89	53.35
排名	36	35	25	23	36	34	34	34	27	35

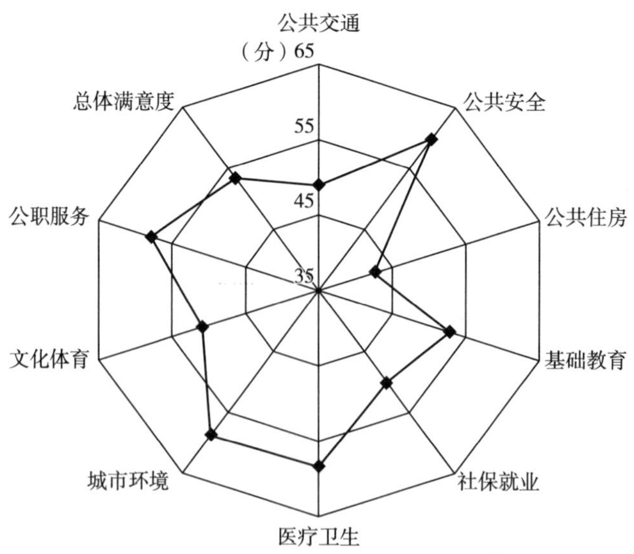

图3－35　汕头市基本公共服务满意度各要素得分

（三十六）2018年兰州市基本公共服务满意度评估概要

兰州市在2018年城市基本公共服务满意度网络调查中得分53.02分，在我国38个主要城市中排名第三十六。从9个基本公共服务满意度单项指标来看，兰州的满意度排名都较低，医疗卫生、公共住房较其他指标相对较好，但得分也不高，仅医疗卫生、公共安全指标满意度得分超过60分，而公共交通、文化体育、城市环境、基础教育、社保就业的排名和得分均很低，尤其是公共交通和文化体育得分低于50分且排名倒数。整体来看，兰州市基本公共服务满意度在38个城市中排名靠后且各指标表现非常不均衡，在全面加强基本公共服务各方面的基础上，还需要着力提升公共交通、文化体育等方面（见表3－36和图3－36）。

表3－36　兰州市基本公共服务满意度各要素得分排名

单位：分

项目	公共交通	公共安全	公共住房	基础教育	社保就业	医疗卫生	城市环境	文化体育	公职服务	总体满意度
得分	47.95	60.11	42.12	51.04	52.01	60.42	58.15	48.21	57.13	53.02
排名	38	34	27	33	32	27	36	37	30	36

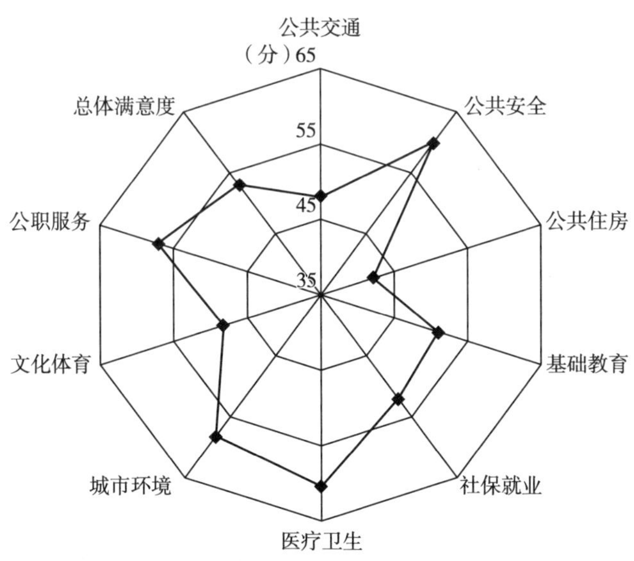

图3－36　兰州市基本公共服务满意度各要素得分

（三十七）2018年哈尔滨市基本公共服务满意度评估概要

哈尔滨市在2018年城市基本公共服务满意度网络调查中得分52.16分，在我国38个主要城市中排名第三十七。从9个基本公共服务满意度单项指标来看，哈尔滨的满意度排名都很低，且得分也不高，没有一项指标满意度超过60分，而基础教育、社保就业和公共住房得分不到50分，医疗卫生、社保就业、城市环境、基础教育、文化体育、公共安全、公职服务的排名都在倒数第三之内。整体来看，哈尔滨市基本公共服务满意度在38个城市中排名靠后且各指标表现非常不均衡，需要全面加强基本公共服务各方面（见表3－37和图3－37）。

表3－37　哈尔滨市基本公共服务满意度各要素得分排名

单位：分

项目	公共交通	公共安全	公共住房	基础教育	社保就业	医疗卫生	城市环境	文化体育	公职服务	总体满意度
得分	52.67	59.80	41.39	48.92	48.72	56.19	55.83	50.68	55.20	52.16
排名	33	36	32	36	37	38	37	36	38	37

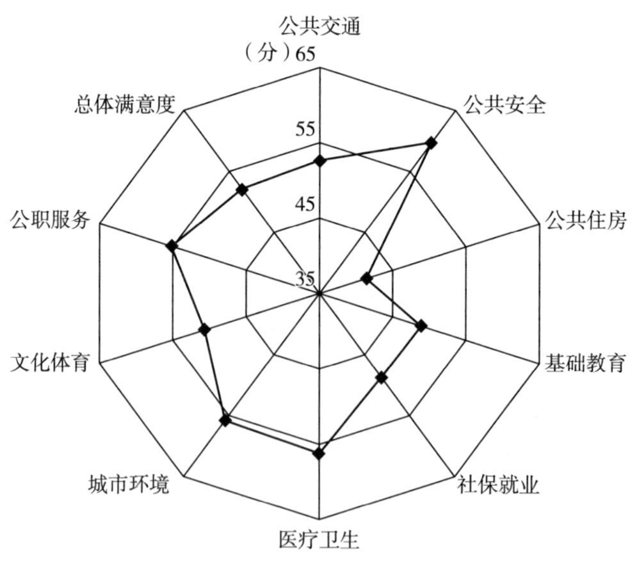

图3－37　哈尔滨市基本公共服务满意度各要素得分

（三十八）2018年西安市基本公共服务满意度评估概要

西安市在2018年城市基本公共服务满意度网络调查中得分50.65分，在我国38个主要城市中排名第三十八。从9个基本公共服务满意度单项指标来看，西安的满意度排名都很低，仅公职服务较其他指标相对较好，且满意度得分超过60分，而公共住房、基础教育、社保就业、文化体育、城市环境、公共安全均在38城市中排名倒数第一，医疗卫生排名倒数第二，尤其是公共住房满意度得分低于40分，基础教育、社保就业和文化体育得分低于50分。整体来看，西安市基本公共服务满意度在38个城市中排名很不理想，亟须全面加强基本公共服务各方面，还要着力提升公共住房、基础教育、社保就业等方面（见表3－38和图3－38）。

表3－38　西安市基本公共服务满意度各要素得分排名

单位：分

项目	公共交通	公共安全	公共住房	基础教育	社保就业	医疗卫生	城市环境	文化体育	公职服务	总体满意度
得分	51.45	56.81	38.14	40.70	47.47	57.08	55.45	48.16	60.58	50.65
排名	34	38	38	38	38	37	38	38	19	38

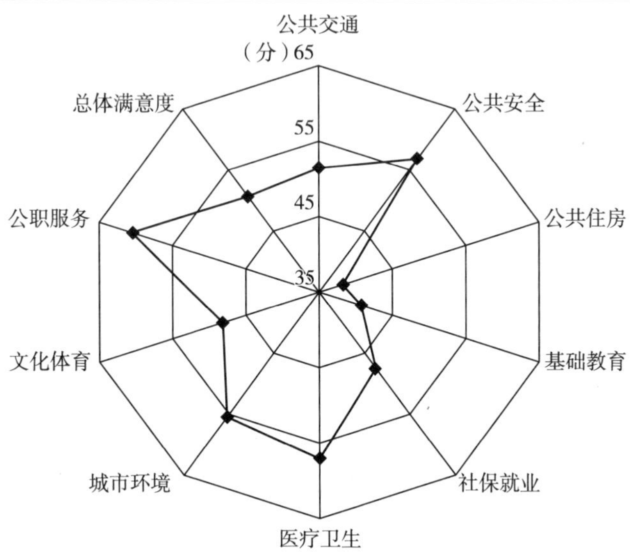

图3－38　西安市基本公共服务满意度各要素得分

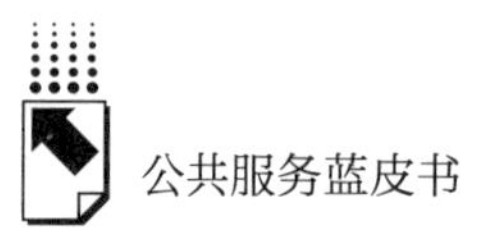

二　城市分类视域中的基本公共服务满意度评估情况对比分析

为了进一步研究城市基本公共服务满意度所反映出来的问题，我们按照不同的城市分类，对不同区域、不同类型的城市进行了横向对比分析。

（一）不同区域城市基本公共服务满意度对比分析

基本公共服务总体满意度得分最高的是东部城市，其次是西部城市，整体得分最低的是中部城市（与2017年情况一致），如表3－39和图3－39所示。

表3－39　东中西部城市基本公共服务满意度比较

单位：分

经济区域	公共交通	公共安全	公共住房	基础教育	社保就业	医疗卫生	城市环境	文化体育	公职服务	总体满意度
东部	59.99	66.09	44.32	56.50	57.03	64.62	67.13	57.10	62.48	59.47
中部	57.39	62.41	41.89	52.50	53.12	60.85	60.84	52.95	58.22	55.57
西部	56.22	64.87	45.27	53.66	55.84	61.83	66.06	54.24	60.06	57.56

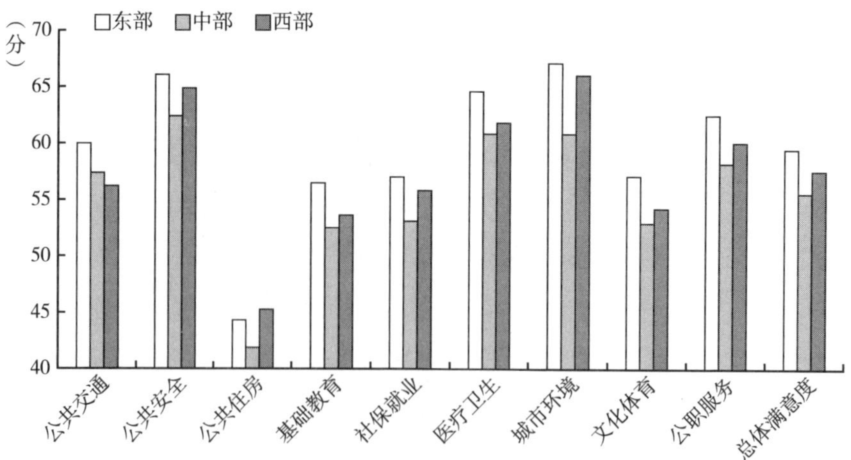

图3－39　不同区域城市基本公共服务满意度各项要素得分情况

根据九项要素逐一进行比较可得出如下结论：

（1）得分从高到低依次为东部、西部、中部的要素有：公共安全、基础教育、社保就业、医疗卫生、城市环境、文化体育、公职服务。

（2）得分从高到低依次是东部、中部、西部的要素有：公共交通。

（3）得分从高到低依次是西部、东部、中部的要素有：公共住房。

（二）不同类型城市基本公共服务满意度对比分析

经统计分析可知，2018 年计划单列市的基本公共服务满意度总体得分最高，其次是经济特区，直辖市和省会城市得分相对较低（见表 3 - 40）。

表 3 - 40　不同类型城市基本公共服务满意度分项得分一览

单位：分

城市类型	公共交通	公共安全	公共住房	基础教育	社保就业	医疗卫生	城市环境	文化体育	公职服务	总体满意度
直辖市	60.42	66.48	45.74	56.19	58.16	65.90	66.25	57.40	61.28	59.76
计划单列市	63.86	68.99	45.68	59.37	59.88	66.07	70.60	60.10	64.28	62.09
经济特区	58.75	67.41	45.67	59.74	58.42	65.52	70.52	58.96	64.01	61.00
省会	57.16	64.00	43.61	53.42	54.79	61.96	64.32	54.04	60.08	57.04
全国总平均值	58.25	64.93	44.11	54.76	55.83	62.95	65.47	55.32	60.82	58.05

根据表 3 - 40 的数据，可以绘制不同类型城市基本公共服务满意度分项得分对比图以及各类型城市基本公共服务满意度分项得分雷达图（见图 3 - 40 至图 3 - 44）。

对比上述图表可以得出如下结论：①从总体来看，2018 年基本公共服务满意度总体得分排名依次为计划单列市、经济特区、直辖市和省会；②计划单列市在公共交通、公共安全、社保就业、医疗卫生、城市环境、文化体育、公职服务方面，相比其他三类城市表现更好；③经济特区在基础教育方面较其他三类城市表现更好；④直辖市在公共住房方面较其他三类城市表现更好。

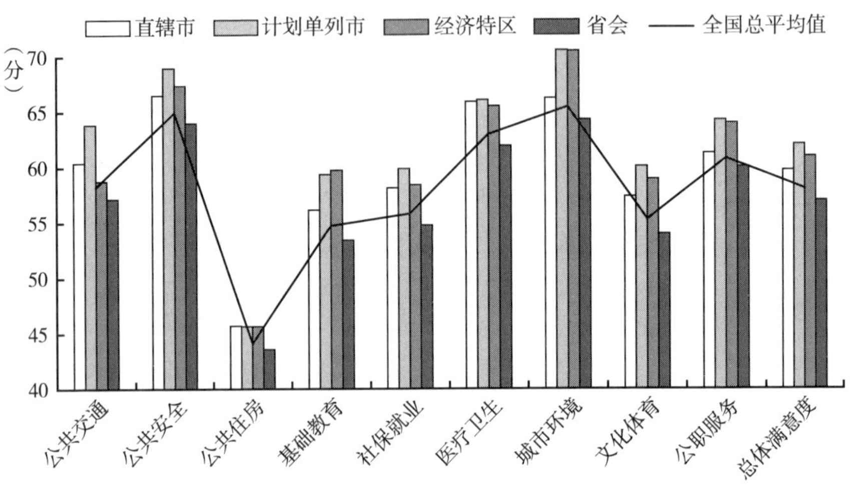

图 3－40　不同类型城市基本公共服务满意度分项得分对比

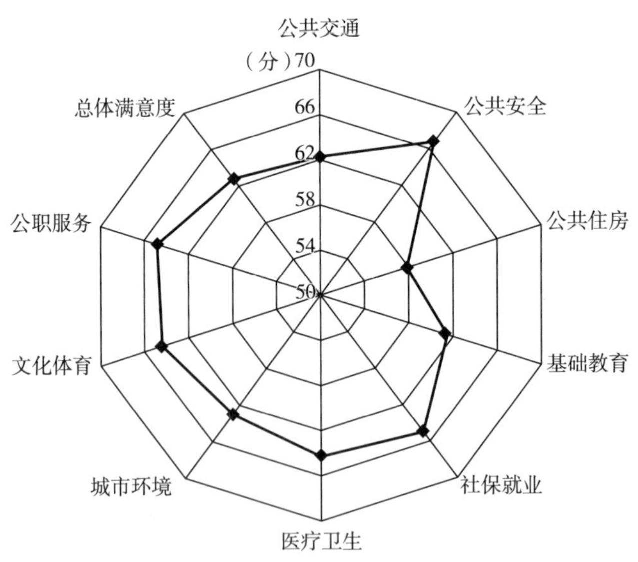

图 3－41　直辖市基本公共服务满意度分项得分

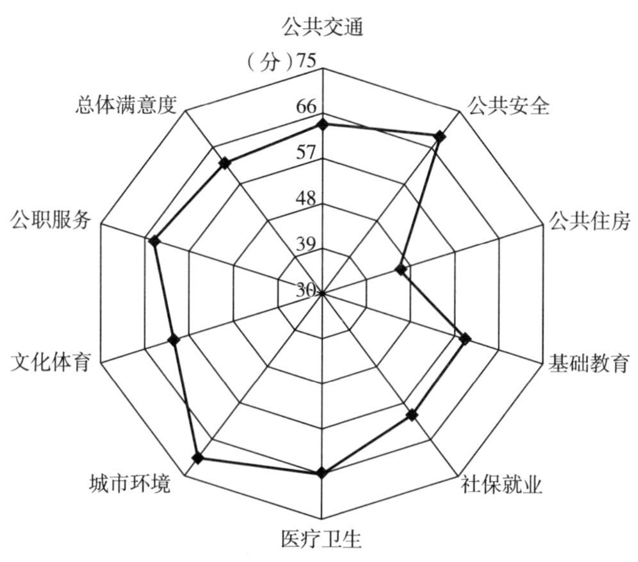

图 3-42　计划单列市基本公共服务满意度分项得分

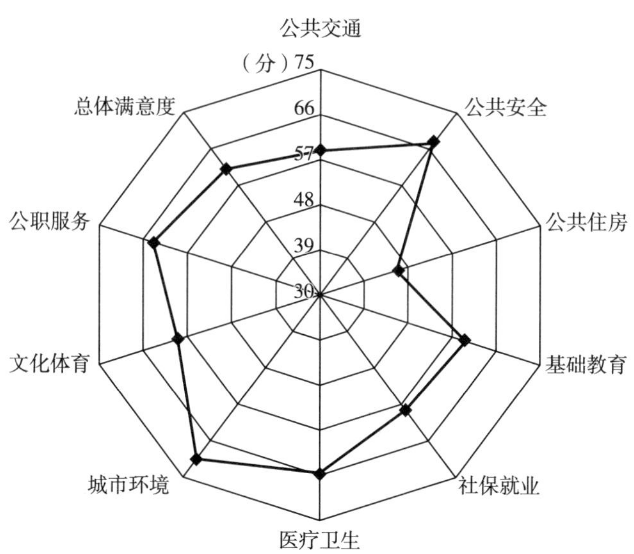

图 3-43　经济特区基本公共服务满意度分项得分

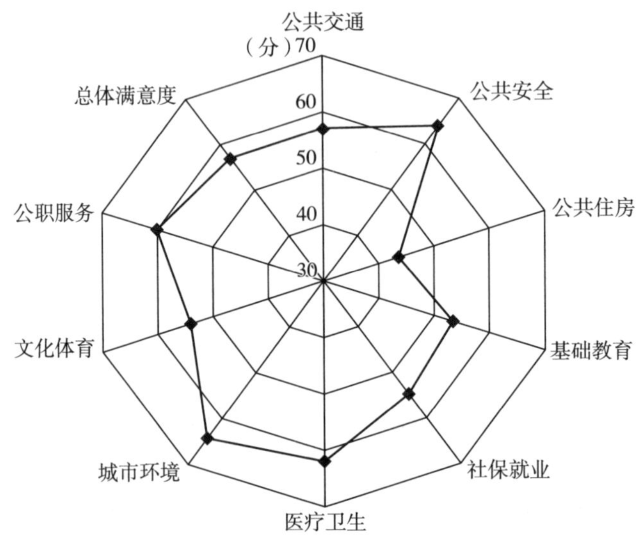

图 3－44　省会基本公共服务满意度分项得分

（三）四大直辖市政府基本公共服务满意度对比分析

表 3－41 列出了四大直辖市的基本公共服务满意度分项得分情况。由表 3－41 可见，四大直辖市在九项要素中的满意度得分平均值除了北京市外其他三个直辖市均高于全国总平均值，比较 2017 年仅有四项要素的满意度高于全国总平均值的成绩，可见直辖市在 2018 年的基本公共服务满意度方面有了明显的改善提升（见图 3－45）。

表 3－41　四大直辖市基本公共服务满意度分项得分比较一览

单位：分

城市	公共交通	公共安全	公共住房	基础教育	社保就业	医疗卫生	城市环境	文化体育	公职服务	总体满意度
北京	55. 56	65. 51	42. 31	52. 89	57. 88	65. 49	63. 62	56. 98	61. 36	57. 95
天津	62. 36	65. 50	48. 15	57. 22	56. 47	66. 65	63. 88	56. 64	61. 37	59. 81
上海	62. 26	69. 23	45. 59	58. 30	61. 60	67. 64	69. 06	60. 16	62. 60	61. 83
重庆	61. 50	65. 66	46. 92	56. 35	56. 71	63. 82	68. 44	55. 82	59. 79	59. 45
直辖市平均值	60. 42	66. 48	45. 74	56. 19	58. 16	65. 90	66. 25	57. 40	61. 28	59. 76
全国总平均值	58. 25	64. 93	44. 11	54. 76	55. 83	62. 95	65. 47	55. 32	60. 82	58. 05

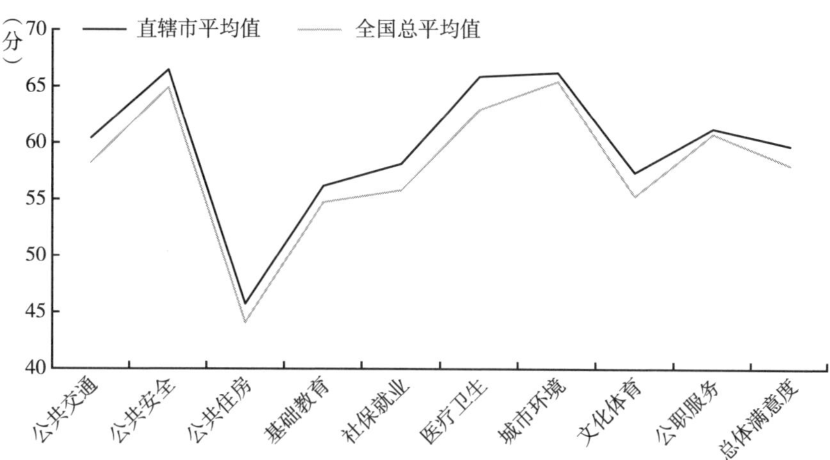

图 3-45　直辖市平均值与全国总平均值比较

以下逐项进行分析：

1. 公共交通

根据四大直辖市公共交通方面的数据，绘制雷达图，如图 3-46 所示。

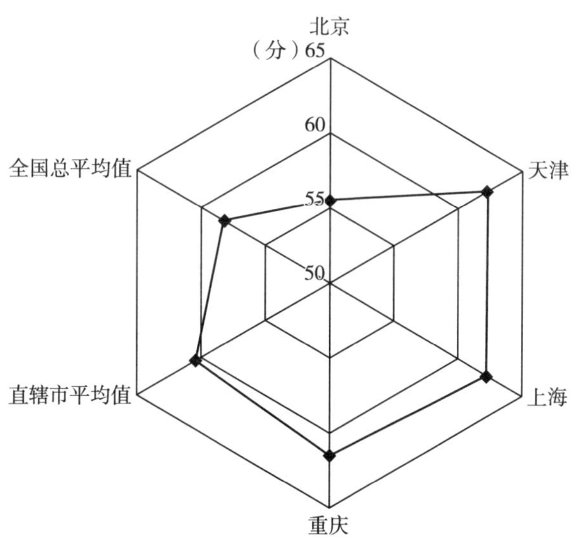

图 3-46　四大直辖市公共交通满意度得分

公共交通方面，四个直辖市满意度得分均值为60.42分，高于全国38个城市的总平均值（58.25分）。比较四大直辖市，天津满意度得分最高，上海和重庆其次，北京则相对较低，可见北京在改善提升公共交通满意度方面仍需加大力度。

2. 公共安全

根据四大直辖市公共安全方面的数据，绘制雷达图，如图3－47所示。

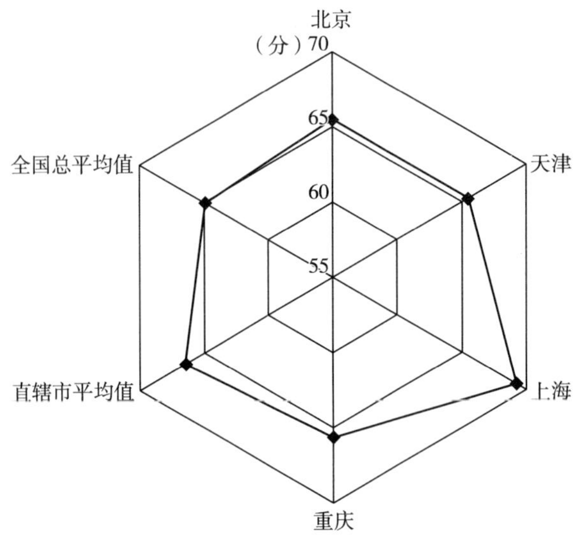

图3－47　四大直辖市公共安全满意度得分

公共安全是四大直辖市在九项基本公共服务要素中平均得分最高的要素，为66.48分，高于全国38个城市的总平均值（64.93分）。从各直辖市比较来看，上海表现最为突出，为69.23分。

3. 公共住房

根据四大直辖市公共住房方面的数据，绘制雷达图，如图3－48所示。

公共住房方面，2018年四个直辖市满意度得分均值为45.74分，高于全国38个城市的总平均值（44.11分）。但较2017年而言，四大直辖市的公众住房满意度平均得分下降了12.12分，说明四大直辖市的公众住房工作仍有很大的发展空间。

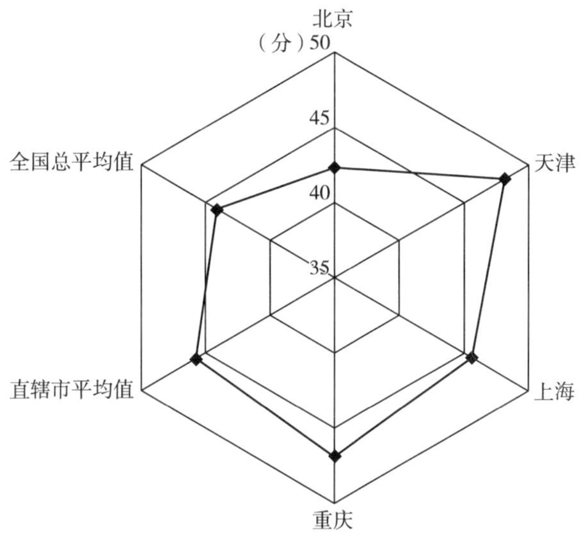

图 3－48　四大直辖市公共住房满意度得分

4. 基础教育

根据四大直辖市基础教育方面的数据，绘制雷达图，如图 3－49 所示。

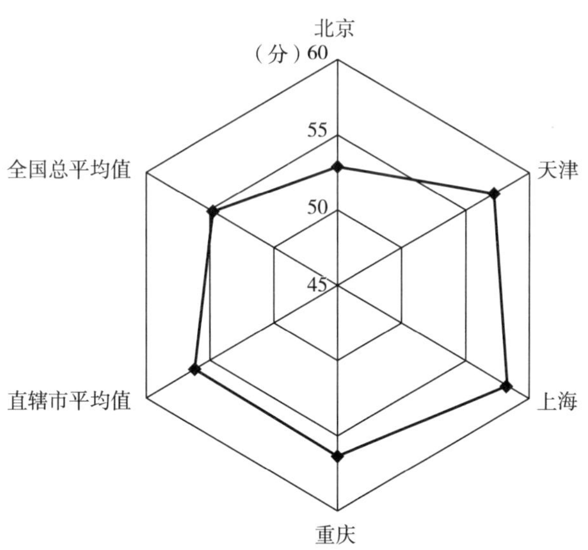

图 3－49　四大直辖市基础教育满意度得分

基础教育方面，2018 年四大直辖市满意度得分均值为 56.19 分，比全国 38 个城市的总平均值（54.76 分）高 1.43 分。其中，上海表现较好，天津次之，北京较其他直辖市而言仍有一定的发展差距。

5. 社保就业

根据四大直辖市社保就业方面的数据，绘制雷达图，如图 3－50 所示。

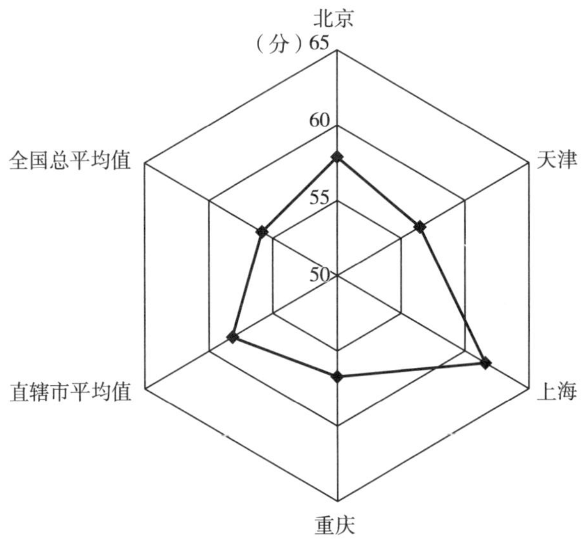

图 3－50　四大直辖市社保就业满意度得分

社保就业方面，2018 年四大直辖市满意度得分均值为 58.16 分，高于全国 38 个城市总平均值（55.83 分）。其中，上海满意度得分最高，为 61.60 分。

6. 医疗卫生

根据四大直辖市医疗卫生方面的数据，绘制雷达图，如图 3－51 所示。

医疗卫生方面，2018 年四大直辖市满意度得分均值为 65.90 分，高于 2017 年四大直辖市平均得分（64.30 分），也高于全国 38 个城市总平均值（62.95 分），是四大直辖市在 2018 年九项基本公共服务要素中平均得分第二的要素。从各直辖市比较来看，上海表现最为突出，为 67.64 分。

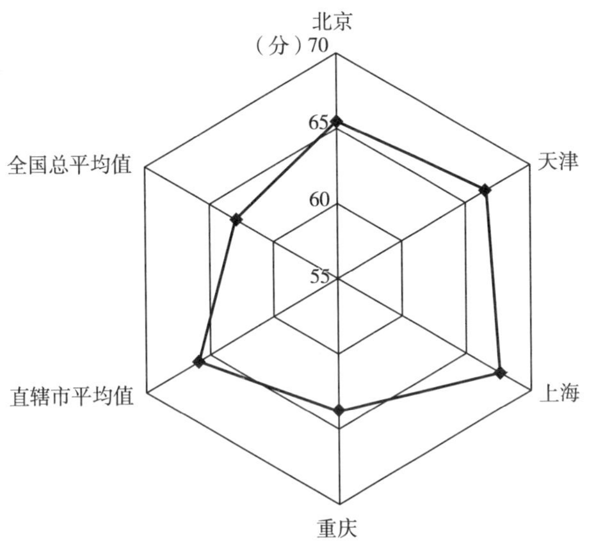

图 3－51　四大直辖市医疗卫生满意度得分

7. 城市环境

根据四大直辖市城市环境方面的数据，绘制雷达图，如图 3－52 所示。

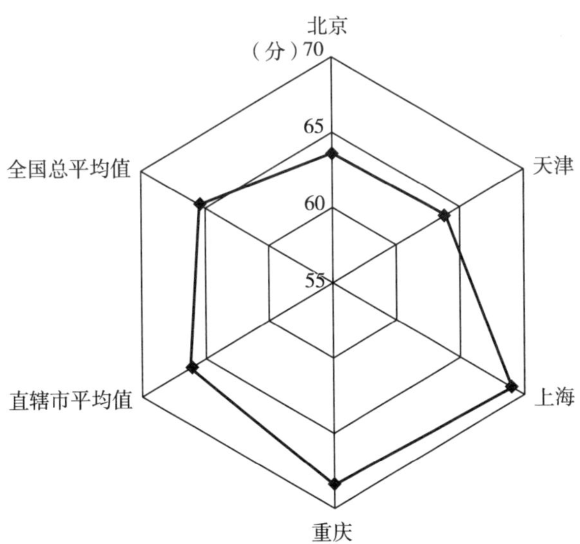

图 3－52　四大直辖市城市环境满意度得分

城市环境方面，2018 年四大直辖市满意度得分均值为 66.25 分，略高于全国 38 个城市总平均值（65.47 分），亦比 2017 年四大直辖市满意度得分均值高 3.26 分。2018 年在城市环境方面，四大直辖市市民的综合满意度有所提升，重庆、北京及天津均有所进步。

8. 文化体育

根据四大直辖市文化体育方面的数据，绘制雷达图，如图 3－53 所示。

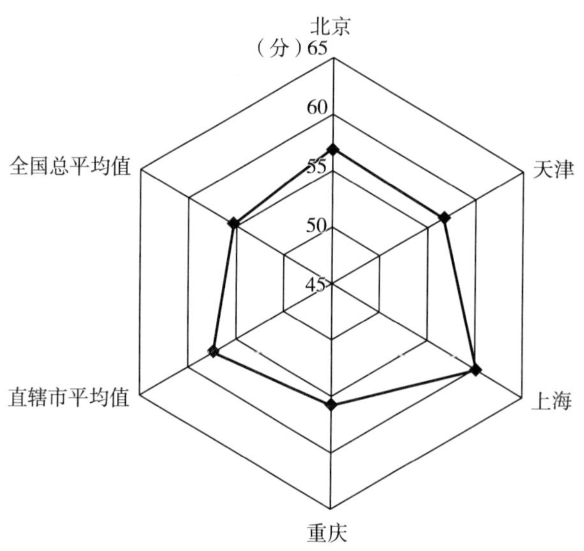

图 3－53　四大直辖市文化体育满意度得分

文化体育方面，2018 年四大直辖市满意度得分均值为 57.40 分，比全国 38 个城市总平均值（55.32 分）高 2.08 分。其中，上海满意度得分最高，为 60.16 分，重庆得分最低，为 55.82 分。

9. 公职服务

根据四大直辖市公职服务方面的数据，绘制雷达图，如图 3－54 所示。

公职服务方面，2018 年四大直辖市满意度得分均值为 61.28 分，高于全国 38 个城市总平均值（60.82 分）。其中，上海、天津、北京满意度得分

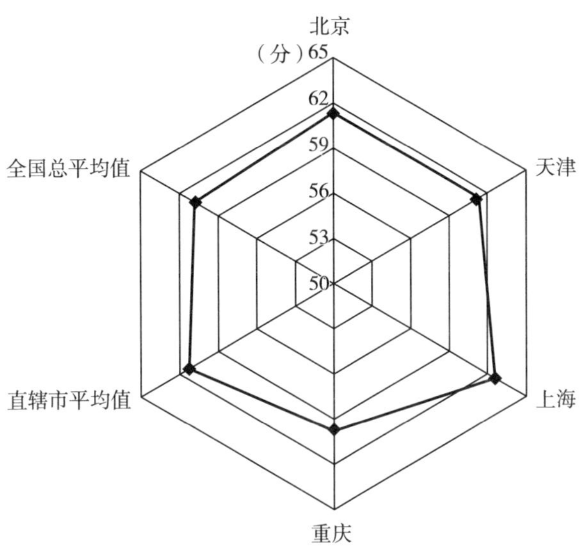

图 3－54　四大直辖市公职服务满意度得分

均高于四大直辖市满意度平均得分，重庆则相对较低，可见重庆在改善提升公职服务满意度方面仍需加大力度。

（四）27个省会城市基本公共服务满意度对比分析

把 27 个省会城市（包括省会和自治区首府）按照地理位置分布进行分组，可以分为 8 个东部省会城市、8 个中部省会城市和 11 个西部省会城市。将这 3 个小组的公共服务满意度得分进行比较可知。

从总体来看，2018 年东部省会城市的基本公共服务满意度平均得分最高，为 58.03 分；其次是西部省会城市平均得分，为 57.39 分；中部省会城市平均得分最低，为 55.57 分。

对九项要素逐一进行比较，东部地区省会城市在公共交通、基础教育、医疗卫生、文化体育、公职服务方面表现较其他地区省会城市突出；西部地区省会城市在公共安全、公共住房、社保就业、城市环境方面表现较为突出；而中部地区省会城市的各项要素满意度得分没有特别突出的单项，如图 3－55 所示。

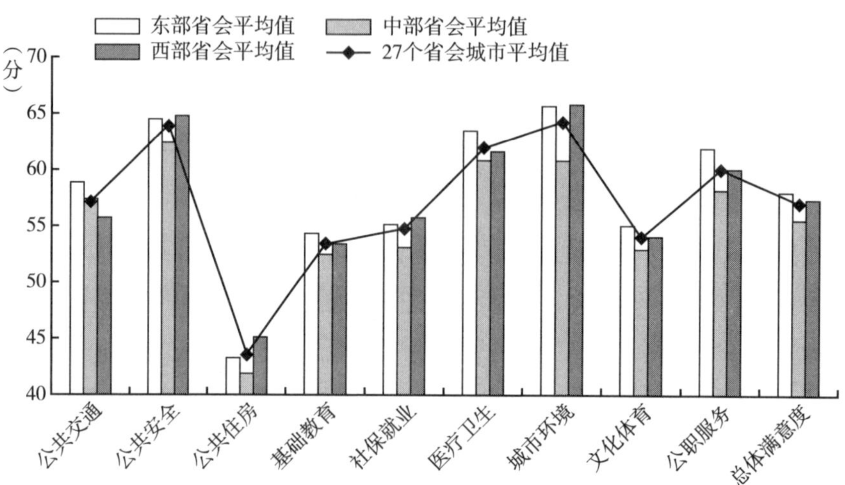

图 3－55　不同地区省会城市基本公共服务满意度分项得分对比

1. 东部省会城市

东部省会城市基本公共服务满意度分项得分如表 3－42 所示。

表 3－42　东部省会城市基本公共服务满意度分项得分一览

单位：分

城市	公共交通	公共安全	公共住房	基础教育	社保就业	医疗卫生	城市环境	文化体育	公职服务	总体满意度
福州	59.29	65.76	45.77	57.25	56.10	63.51	70.10	58.28	65.19	60.14
广州	57.55	64.12	41.13	54.18	56.68	65.76	63.70	54.86	60.58	57.62
海口	58.29	63.08	40.76	52.80	51.57	60.46	74.69	51.93	58.75	56.93
杭州	61.74	70.34	43.94	58.62	63.49	69.10	73.03	60.96	69.66	63.43
济南	55.63	65.51	43.98	57.81	55.72	63.78	63.08	54.92	62.36	58.09
南京	59.58	62.33	41.10	50.28	53.48	59.38	60.70	54.29	57.04	55.35
沈阳	59.10	62.89	43.97	52.55	51.55	62.90	59.44	53.67	62.71	56.53
石家庄	59.78	61.96	45.54	51.22	52.59	62.99	60.80	51.51	59.17	56.17
东部省会平均值	58.87	64.50	43.27	54.34	55.15	63.48	65.69	55.05	61.93	58.03
27 个省会城市平均值	57.16	64.00	43.61	53.42	54.79	61.96	64.32	54.04	60.08	57.04

根据表 3－42 及具体数据进行分析，可以得出以下结论。

（1）2018 年，我国 8 个东部省会城市的基本公共服务满意度平均分为

58.03 分，27 个省会城市平均值为 0.99 分。

（2）2018 年东部省会城市的基本公共服务满意度得分离散度为 8.08 分，较 2017 年相比有所缩小，其中杭州市总体满意度得分最高，为 63.43 分，南京市最低，得分为 55.35 分。

（3）在九项基本公共服务要素中，东部省会城市除开公共住房要素外，其余八项要素满意度得分均高于 27 个省会城市平均值。其中，在公共住房方面的满意度得分最低，为 43.27 分，在城市环境方面的满意度得分最高，为 65.69 分。

2. 中部省会城市

中部省会城市基本公共服务满意度分项得分如表 3－43 所示。

表 3－43　中部省会城市基本公共服务满意度分项得分一览

单位：分

城市	公共交通	公共安全	公共住房	基础教育	社保就业	医疗卫生	城市环境	文化体育	公职服务	总体满意度
长春	53.92	60.77	40.25	47.72	50.50	59.17	58.59	53.41	56.25	53.40
长沙	60.64	63.84	43.68	57.26	56.24	62.95	66.20	54.84	61.57	58.58
哈尔滨	52.67	59.80	41.39	48.92	48.72	56.19	55.83	50.68	55.20	52.16
合肥	58.91	63.17	43.26	55.00	55.19	64.34	62.06	52.69	61.34	57.33
南昌	56.77	61.88	42.74	52.62	52.02	57.93	60.34	51.19	57.78	54.81
太原	60.30	64.65	41.61	52.46	54.24	61.38	61.68	55.86	55.55	56.41
武汉	57.85	63.41	41.55	53.28	55.74	63.56	61.42	54.21	62.12	57.02
郑州	58.08	61.74	40.61	52.71	52.26	61.31	60.58	50.74	55.91	54.88
中部省会平均值	57.39	62.41	41.89	52.50	53.12	60.85	60.84	52.95	58.22	55.57
27 个省会城市平均值	57.16	64.00	43.61	53.42	54.79	61.96	64.32	54.04	60.08	57.04

根据表 3－43 及具体数据进行分析，可以得出以下结论。

（1）2018 年，我国 8 个中部省会城市的基本公共服务满意度平均分为 55.57 分，低于 27 个省会平均值（57.04 分）。在三大区域中得分最低，与东部省会城市相差 2.46 分，与西部省会城市相差 1.82 分，较 2017 年有所提高，这些数据从侧面反映了我国 27 个省会城市的基本公共服务发展并不均衡。

（2）在 8 个城市中，长沙市基本公共服务总体满意度得分最高，为 58.58 分，哈尔滨市最低，为 52.16 分，二者相差 6.42 分，与 2017 年相比，中部省会城市间基本公共服务满意度得分离散度有所缩小。

（3）在九项基本公共服务要素中，中部省会城市的公共安全要素满意度得分最高，为 62.41 分，公共住房要素满意度得分最低，为 41.89 分，二者相差 20.52 分，从一定程度上说明各要素发展并不均衡。

（4）从总体来看，中部城市 2018 年除了公共交通外其他八项要素的满意度得分均低于 27 个省会城市均值，这说明中部省会城市的基本公共服务力的发展依然存在不少问题，其公众满意度不高，亟待持续发力。

3. 西部省会城市

西部省会城市基本公共服务满意度分项得分如表 3－44 所示。

表 3－44　西部省会城市基本公共服务满意度分项得分一览

单位：分

城市	公共交通	公共安全	公共住房	基础教育	社保就业	医疗卫生	城市环境	文化体育	公职服务	总体满意度
成都	60.44	64.91	42.72	54.23	58.12	65.26	64.99	56.02	61.92	58.73
贵阳	50.30	63.38	42.49	54.55	55.05	57.26	66.20	51.09	59.62	55.55
呼和浩特	48.81	58.69	42.06	49.02	52.78	58.80	61.89	51.82	57.99	53.54
昆明	55.29	60.81	43.18	51.21	52.93	59.32	65.02	52.37	56.65	55.20
拉萨	64.71	77.38	58.16	67.87	71.63	67.86	78.42	64.17	65.70	68.43
兰州	47.95	60.11	42.12	51.04	52.01	60.42	58.15	48.21	57.13	53.02
南宁	58.04	63.47	42.53	54.72	53.85	63.34	69.68	54.62	60.50	57.86
乌鲁木齐	58.52	73.78	48.52	58.54	59.31	64.65	64.21	55.52	57.01	60.01
西安	51.45	56.81	38.14	40.70	47.47	57.08	55.45	48.16	60.58	50.65
西宁	59.64	65.69	45.55	53.20	54.73	59.85	70.47	54.16	57.71	57.89
银川	58.06	67.75	50.85	52.50	55.46	64.30	69.79	58.86	66.06	60.40
西部省会平均值	55.75	64.80	45.12	53.41	55.76	61.65	65.84	54.09	60.08	57.39
27 个省会城市平均值	57.16	64.00	43.61	53.42	54.79	61.96	64.32	54.04	60.08	57.04

根据表3－44及具体数据分析，可以得出以下结论。

（1）2018年，我国11个西部省会城市的基本公共服务满意度平均分为57.39分，略高于27个省会城市平均值（57.04分）。

（2）2018年西部省会城市的基本公共服务满意度得分中，得分最高的是拉萨，为68.43分，较上年得分（66.10分）有明显的进步；得分最低的是西安，为50.65分。

（3）在九项基本公共服务要素中，西部省会城市的城市环境方面表现得最好，公共住房要素满意度得分最低；各要素满意度得分平均值与27个省会城市的平均值相差不大。

（4）总体说来，11个西部城市各要素满意度得分与27个省会城市的平均值相比均相差不大，整体发展情况较为均衡。

（五）五个计划单列市基本公共服务满意度对比分析

表3－45列出了五个计划单列市的基本公共服务满意度分项得分情况。由表3－45可见，2018年，五个计划单列市的基本公共服务满意度总体得分平均值为62.09分，比全国38个城市的总体满意度得分平均值高4.04分。如图3－56所示，五个计划单列市的各项满意度得分均高于全国平均水平。九项基本公共服务要素中，五个计划单列市平均满意度最高的是城市环境，得分为70.60分，公共住房的满意度最低，得分为45.68分。

表3－45　五个计划单列市基本公共服务满意度水平评价一览

单位：分

城市	公共交通	公共安全	公共住房	基础教育	社保就业	医疗卫生	城市环境	文化体育	公职服务	总体满意度
大连	59.40	62.38	41.57	52.69	52.76	58.99	63.04	54.59	55.53	55.66
宁波	68.23	71.60	46.27	62.14	62.45	67.08	70.30	62.75	68.30	64.35
青岛	66.00	69.83	44.93	60.16	60.54	67.35	70.86	60.51	64.04	62.69
深圳	61.49	68.65	43.18	56.86	59.93	67.82	71.62	59.65	64.72	61.55
厦门	64.20	72.51	52.47	64.98	63.72	69.11	77.18	63.03	68.79	66.22
计划单列市平均值	63.86	68.99	45.68	59.37	59.88	66.07	70.60	60.10	64.28	62.09
全国总平均值	58.25	64.93	44.11	54.76	55.83	62.95	65.47	55.32	60.82	58.05

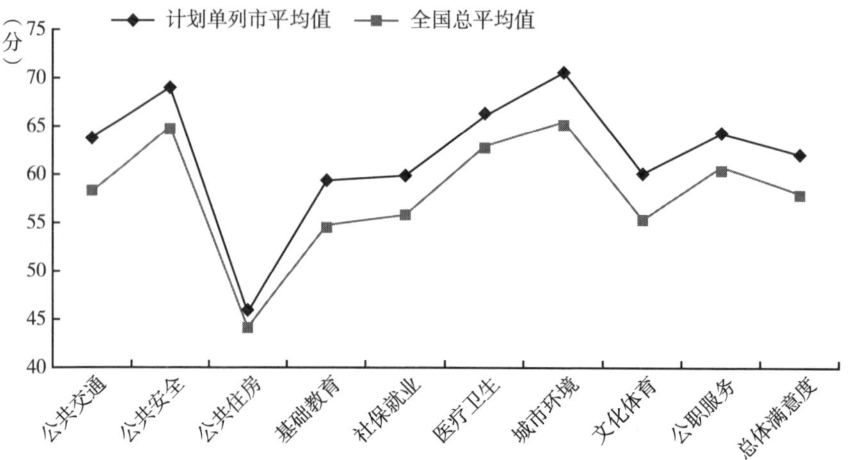

图 3－56　计划单列市平均值与全国总平均值对比

以下逐项进行分析。

1. 公共交通

根据计划单列市公共交通方面的数据，绘制雷达图，如图 3－57 所示。

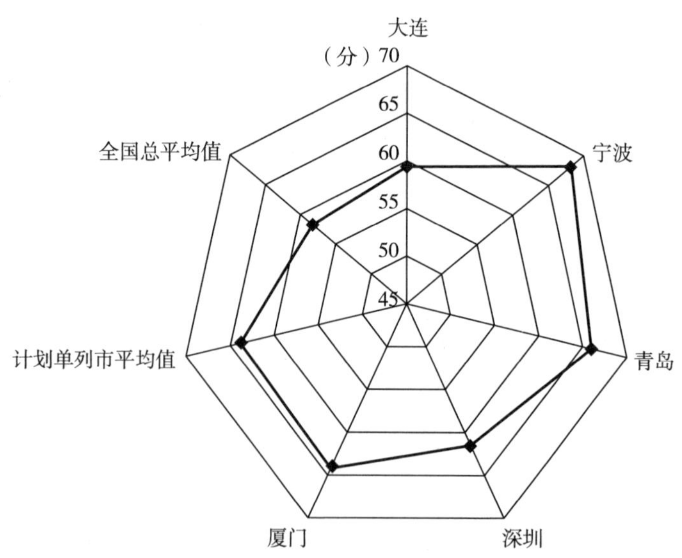

图 3－57　计划单列市公共交通满意度得分

公共交通方面，2018 年五个计划单列市的满意度平均得分为 63.86 分，比全国 38 个城市平均水平高 5.61 分。其中，宁波满意度得分最高，为 68.23 分，在公共交通满意度排名中位于全国 38 个城市第一；其次为青岛、厦门；大连满意度得分最低，为 59.40 分。

2. 公共安全

根据计划单列市公共安全方面的数据，绘制雷达图，如图 3－58 所示。

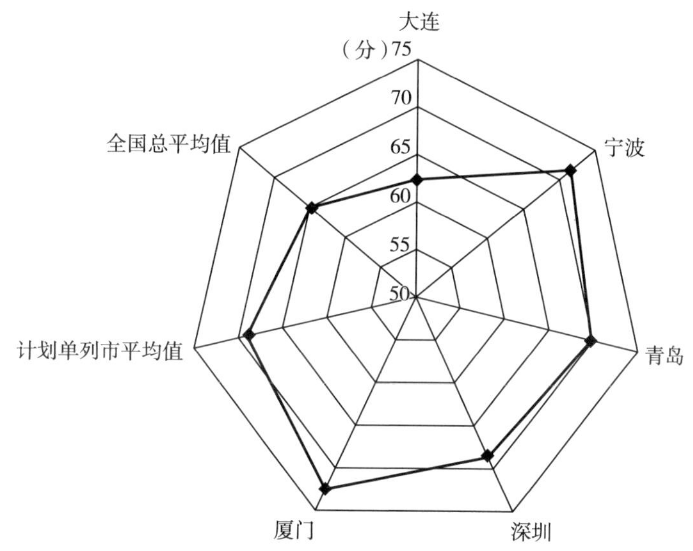

图 3－58　计划单列市公共安全满意度得分

公共安全方面，2018 年五个计划单列市的满意度平均得分为 68.99 分，比全国平均水平高 4.06 分。其中，厦门满意度得分最高，为 72.51 分；其次是宁波，满意度得分为 71.60 分；大连得分则相对较低，为 62.38 分。

3. 公共住房

根据计划单列市公共住房方面的数据，绘制雷达图，如图 3－59 所示。

公共住房方面，2018 年五个计划单列市的满意度平均得分为 45.68 分，比全国 38 个城市平均水平高 1.57 分。其中，厦门满意度得分最高，为 52.47 分；大连满意度得分最低，为 41.57 分。

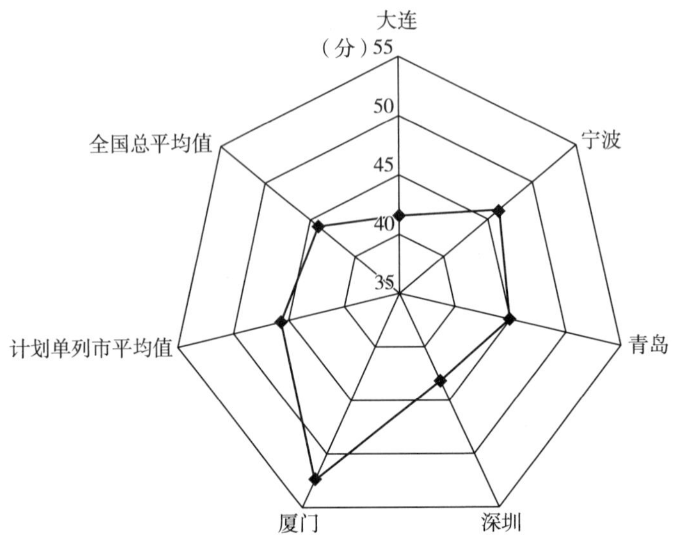

图 3－59　计划单列市公共住房满意度得分

4. 基础教育

根据计划单列市基础教育方面的数据，绘制雷达图，如图 3－60 所示。

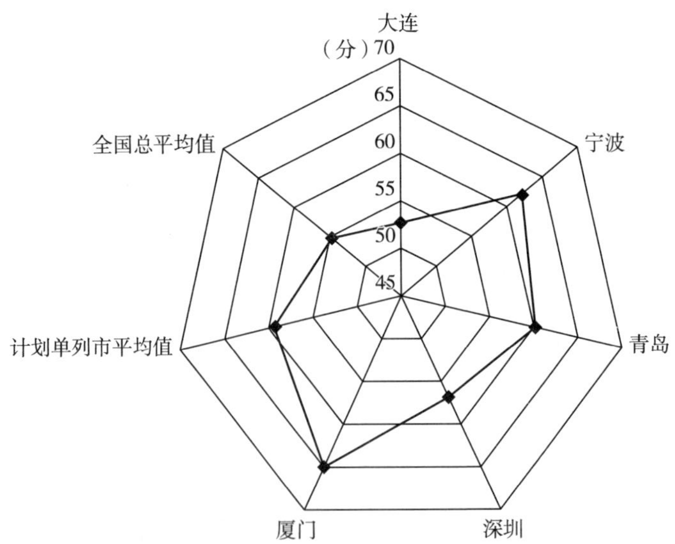

图 3－60　计划单列市基础教育满意度得分

基础教育方面，2018 年五个计划单列市的满意度平均得分为 59. 37 分，比全国 38 个城市平均水平高 4. 61 分。其中，厦门表现最佳，满意度得分为 64. 98 分，在 38 个城市中位列第二；其次是宁波，为 62. 14 分；大连在基础教育的公众满意度则相对较低，亟待发展提升。

5. 社保就业

根据计划单列市社保就业方面的数据，绘制雷达图，如图 3 －61 所示。

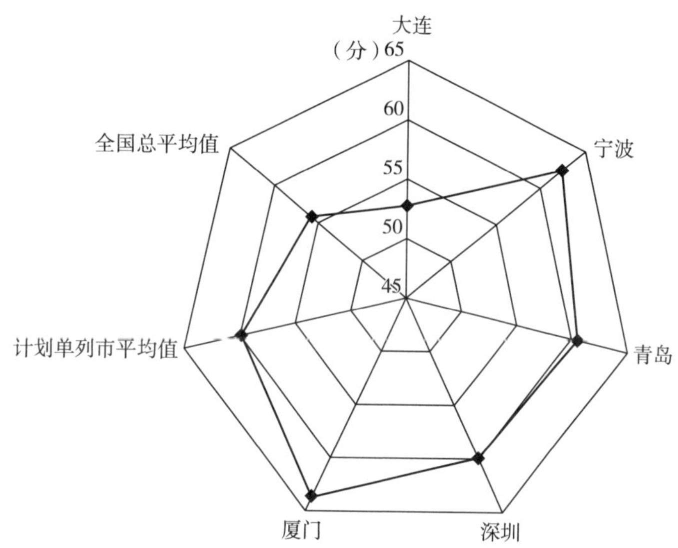

图 3 －61　计划单列市社保就业满意度得分

社保就业方面，2018 年五个计划单列市的满意度平均得分为 59. 88 分，比全国平均水平高 4. 05 分。其中，厦门满意度得分最高，为 63. 72 分，在 38 个城市中位列第二；宁波次之，为 62. 45 分，在 38 个城市中位列第四。

6. 医疗卫生

根据计划单列市基本医疗和公共卫生方面的数据，绘制雷达图，如图 3 －62 所示。

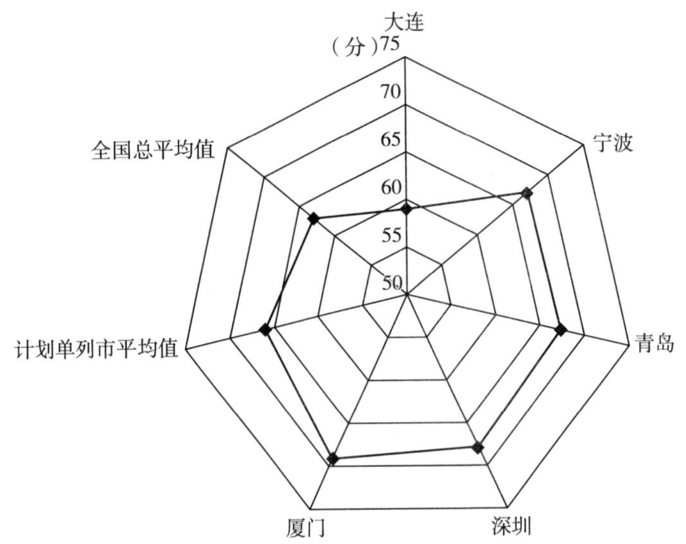

图 3-62　计划单列市医疗卫生满意度得分

医疗卫生方面，2018 年五个计划单列市的满意度平均得分为 66.07 分，比全国 38 个城市平均水平高 3.12 分。其中，除大连满意度得分较低外，其余四个单列市在医疗卫生的满意度得分均高于 67 分，且相差不大。

7. 城市环境

根据计划单列市城市环境方面的数据，绘制雷达图，如图 3-63 所示。

城市环境方面，2018 年五个计划单列市的满意度平均得分为 70.60 分，比全国 38 个城市平均水平高 5.13 分，较 2017 年亦有提升。其中，厦门市的满意度得分最高，为 77.18 分，深圳、青岛、宁波次之，得分均超过 70。

8. 文化体育

根据计划单列市文化体育方面的数据，绘制雷达图，如图 3-64 所示。

文化体育方面，2018 年五个 38 个城市单列市的满意度平均得分为 60.10 分，比全国 38 个城市平均水平高 4.78 分。其中，满意度得分最高的城市是厦门，为 63.03 分；宁波次之，得分为 62.75 分。

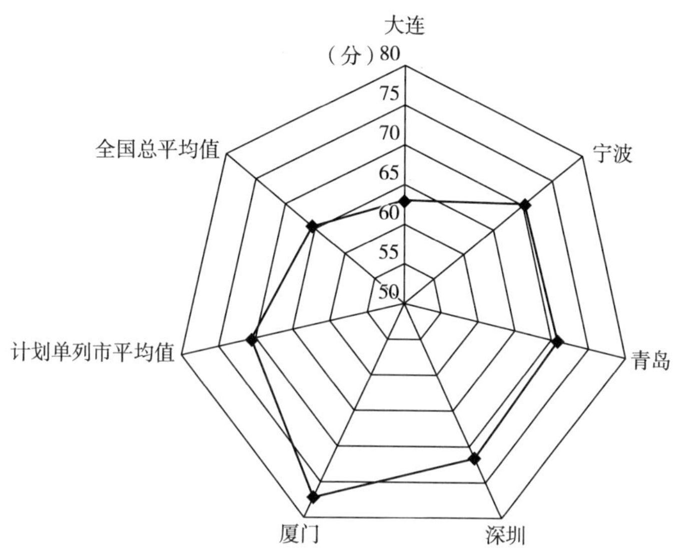

图 3－63　计划单列市城市环境满意度得分

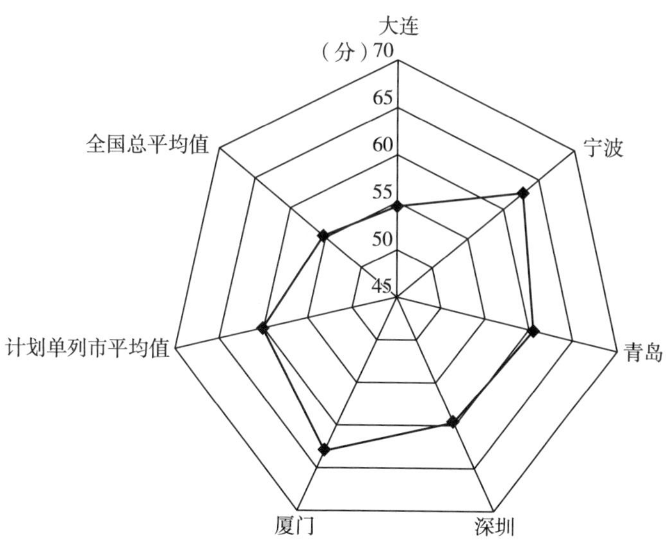

图 3－64　计划单列市文化体育满意度得分

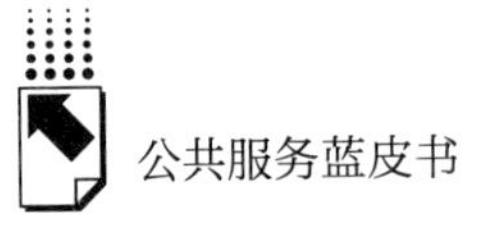

9. 公职服务

根据计划单列市公职服务方面的数据，绘制雷达图，如图 3 - 65 所示。

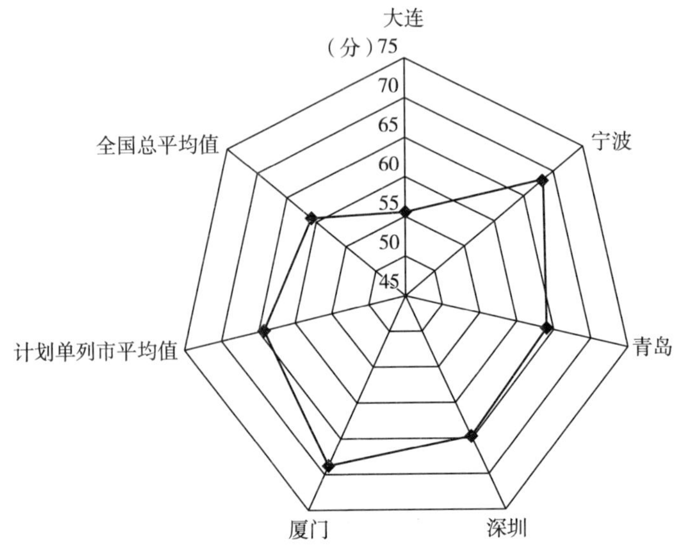

图 3 - 65　计划单列市公职服务满意度得分

公职服务方面，2018 年五个计划单列市的满意度平均得分为 64.28 分，比全国 38 个城市平均水平高 3.46 分。其中，厦门市的满意度得分最高，为 68.79 分；宁波次之，与厦门得分相近，为 68.30 分。

（六）四大经济特区城市基本公共服务满意度对比分析

表 3 - 46 列出了四大经济特区的基本公共服务满意度分项得分情况。由表 3 - 46 可见，2018 年四大经济特区的基本公共服务满意度总体得分平均值为 61.00 分，高于全国 38 个城市的总体满意度得分平均值（58.05 分）。如图 3 - 66 所示，四大经济特区的各项满意度得分均高于全国 38 个城市的平均水平。总体来看，四大经济特区内部的满意度情况较不均衡，经济特区之间差距较大，厦门发展较好，总体满意度得分位于 38 个城市第二名，而汕头总体满意度得分位列 38 个城市第三十五名，说明在基础公共服务发展方面，汕头仍存在一些问题，亟须有针对性地改善提升。

表 3－46　四大经济特区基本公共服务满意度分项得分一览

单位：分

城市	公共交通	公共安全	公共住房	基础教育	社保就业	医疗卫生	城市环境	文化体育	公职服务	总体满意度
汕头	48.90	59.93	42.48	52.85	50.03	58.41	58.84	50.80	57.89	53.35
深圳	61.49	68.65	43.18	56.86	59.93	67.82	71.62	59.65	64.72	61.55
厦门	64.20	72.51	52.47	64.98	63.72	69.11	77.18	63.03	68.79	66.22
珠海	60.41	68.57	44.57	64.28	59.98	66.72	74.44	62.35	64.63	62.88
经济特区平均值	58.75	67.41	45.67	59.74	58.42	65.52	70.52	58.96	64.01	61.00
全国总平均值	58.25	64.93	44.11	54.76	55.83	62.95	65.47	55.32	60.82	58.05

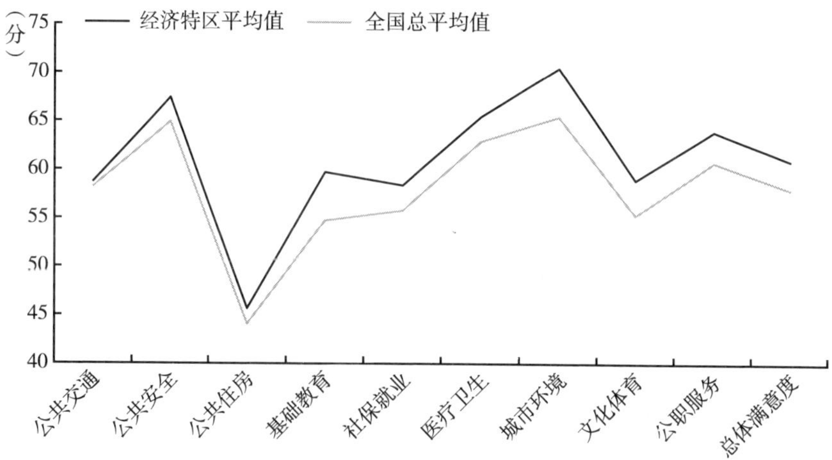

图 3－66　四大经济特区平均值与全国总平均值对比

以下逐项进行分析。

1. 公共交通

根据四大经济特区公共交通满意度评价得分，制作雷达图，如图 3－67 所示。

在公共交通方面，2018 年四个经济特区城市的满意度平均得分为 58.75 分，略高于全国 38 个城市平均值（58.25 分）。其中，厦门满意度得分最高，为 64.20 分；汕头满意度得分最低，为 48.90 分。

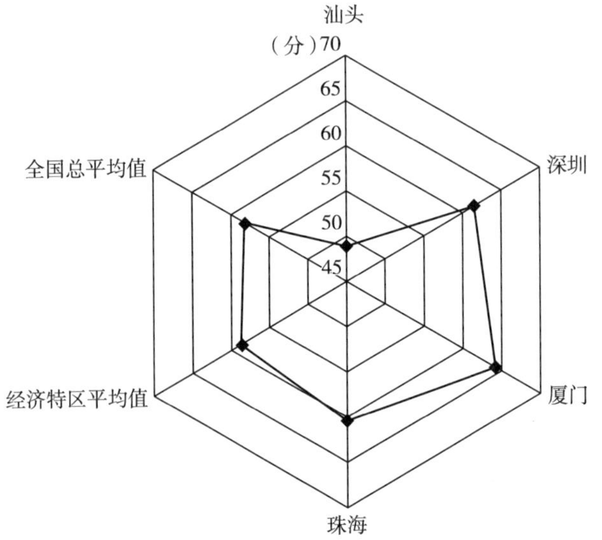

图 3－67　经济特区公共交通满意度得分

2. 公共安全

根据四大经济特区公共安全满意度评价得分，制作雷达图，如图 3－68 所示。

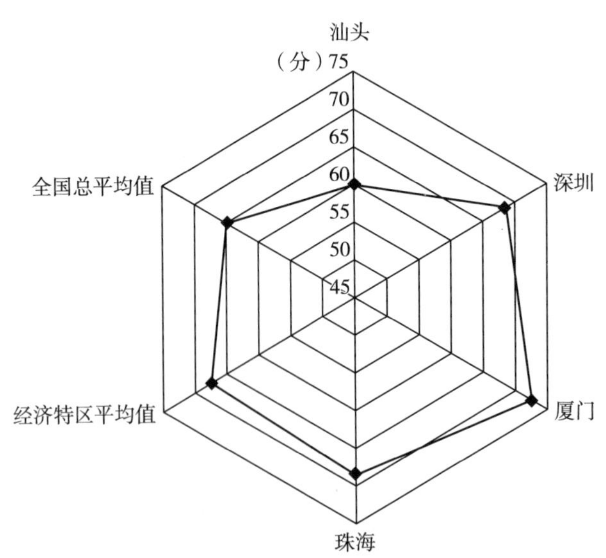

图 3－68　经济特区公共安全满意度得分

在公共安全方面，2018 年四个经济特区城市的满意度平均得分为 67.41 分，比全国 38 个城市平均值高 2.48 分。其中，厦门表现最佳，满意度得分为 72.51 分；深圳、珠海次之，其满意度得分均超过四大经济特区满意度平均得分。

3. 公共住房

根据四大经济特区公共住房满意度评价得分，制作雷达图，如图 3－69 所示。

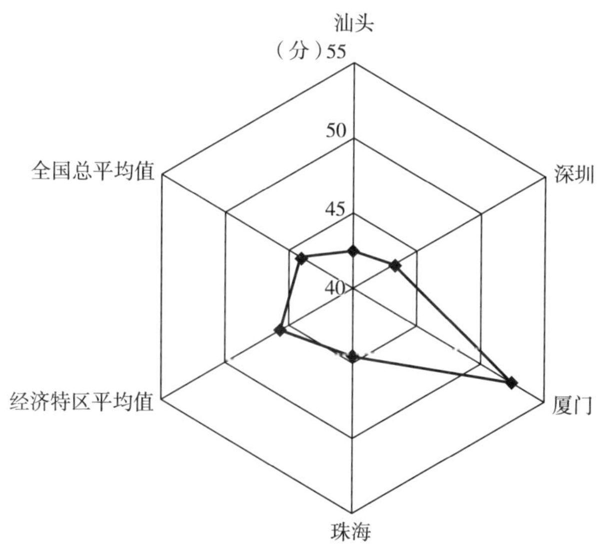

图 3－69　经济特区公共住房满意度得分

在公共住房方面，2018 年四个经济特区城市的满意度平均得分为 45.67 分，虽略高于全国 38 个城市平均得分，但仍无法忽视其得分偏低的问题。其中仅厦门市的公共住房满意度得分表现较为良好，为 52.47 分；珠海、深圳、汕头满意度得分均低于 45 分，说明在公共住房方面，亟待进行改革提升。

4. 基础教育

根据四大经济特区基础教育满意度评价得分，制作雷达图，如图 3－70 所示。

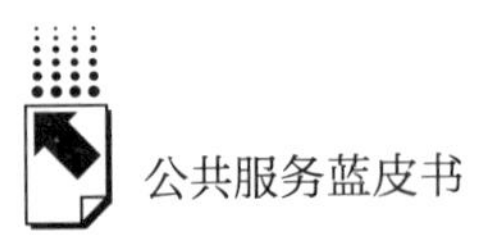

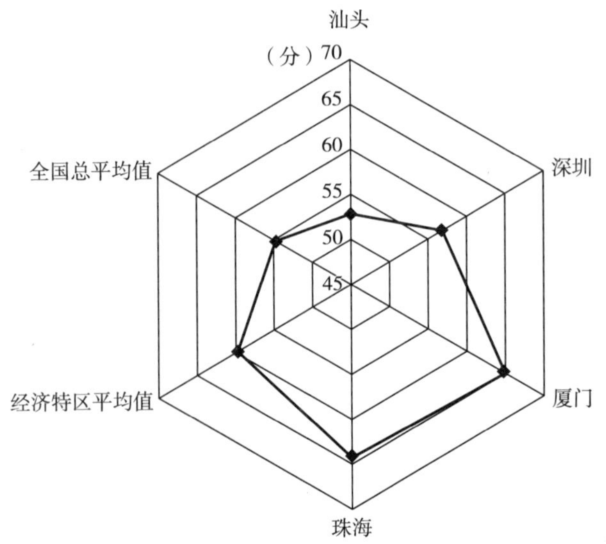

图3－70　经济特区基础教育满意度得分

在基础教育方面，2018 年四个经济特区城市的满意度平均得分为 59.74 分，比全国 38 个城市平均值高 4.98 分。其中，厦门和珠海表现较佳，其满意度得分分别为 64.98 分、64.28 分；深圳与汕头得分则相对较低，分别为 56.86 分、52.85 分。

5. 社保就业

根据四大经济特区社保就业满意度评价得分，制作雷达图，如图 3－71 所示。

在社保就业方面，2018 年四个经济特区城市的满意度平均得分为 58.42 分，高于全国 38 个城市平均得分（55.83 分）。其中，满意度得分最高的是厦门，为 63.72 分；珠海和深圳次之，得分分别为 59.98 分、59.93 分。

6. 医疗卫生

根据四大经济特区医疗卫生满意度评价得分，制作雷达图，如图 3－72 所示。

在医疗卫生方面，2018 年四个经济特区城市的满意度平均得分为 65.52

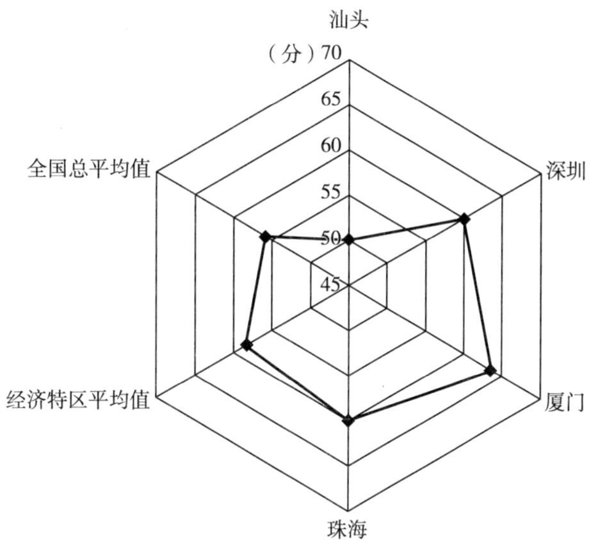

图 3－71　经济特区社保就业满意度得分

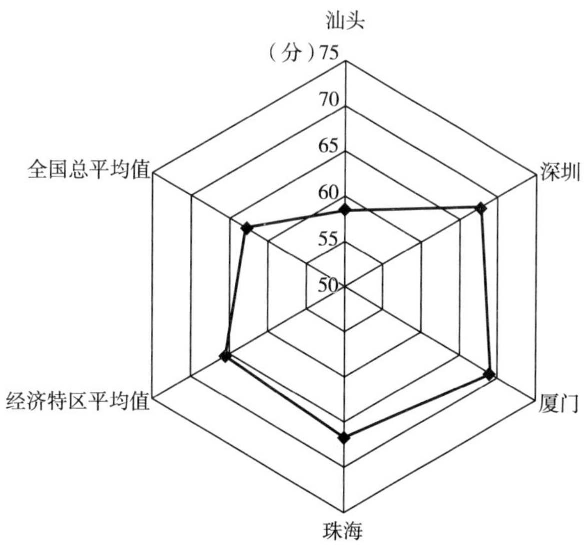

图 3－72　经济特区医疗卫生满意度得分

分，比全国 38 个城市平均值高 2.57 分。其中，厦门、深圳、珠海满意度得分均超过四个经济特区城市的满意度平均得分。

7. 城市环境

根据四大经济特区城市环境满意度评价得分，制作雷达图，如图 3－73 所示。

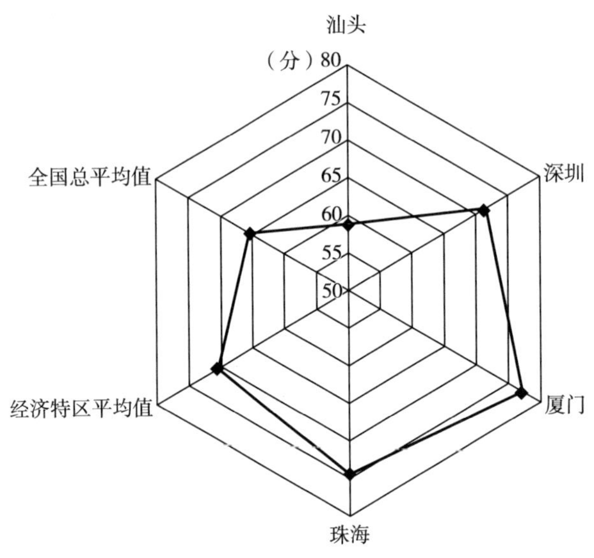

图 3－73　经济特区城市环境满意度得分

在城市环境方面，2018 年四个经济特区城市的满意度平均得分为 70.52 分，比全国 38 个城市平均值高 5.05 分。其中，四大经济特区内部的在城市环境方面满意度情况较不均衡，得分最高的厦门比得分最低的汕头高 18.34 分。

8. 文化体育

根据四大经济特区文化体育满意度评价得分，制作雷达图，如图 3－74 所示。

在文化体育方面，2018 年四个经济特区城市的满意度平均得分为 58.96 分，高于全国 38 个城市的平均值（55.32 分）。其中，厦门满意度得分最高，为 63.03 分；其次是珠海，为 62.35 分。

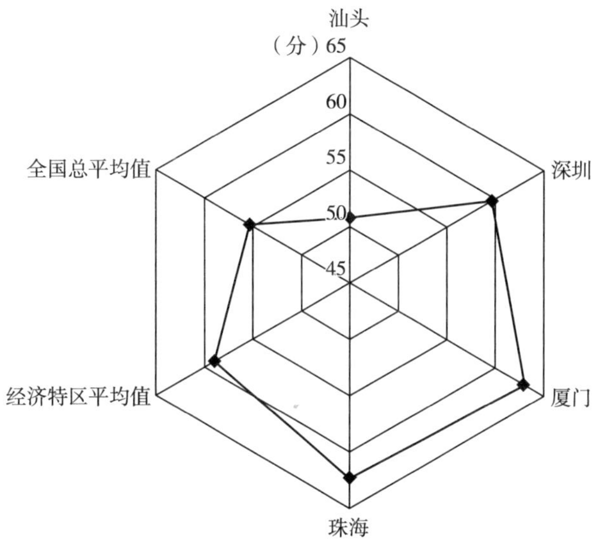

图3－74　经济特区文化体育满意度得分

9. 公职服务

根据四大经济特区公职服务满意度评价得分，制作雷达图，如图3－75所示。

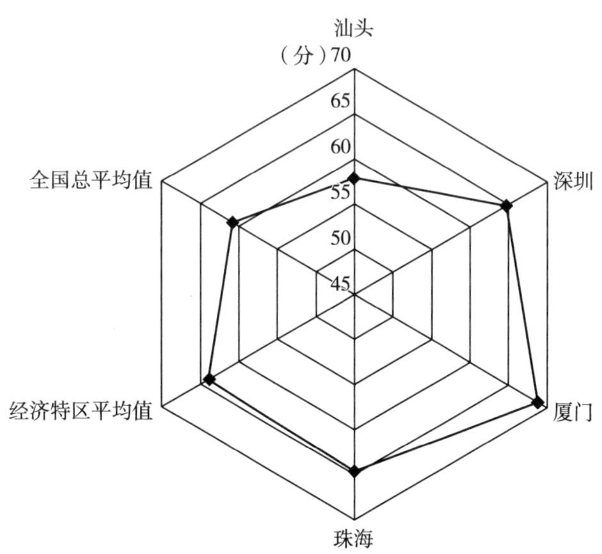

图3－75　经济特区公职服务满意度得分

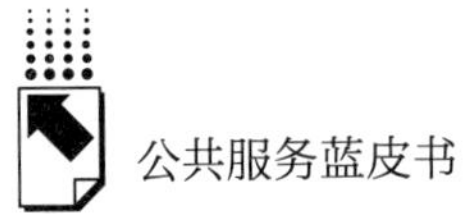

在公职服务方面，2018 年四个经济特区城市的满意度平均得分为 64.01 分，比全国 38 个城市平均值高 3.19 分。其中，厦门表现最佳，满意度得分为 68.79 分；珠海和深圳次之，其得分相差不大；汕头得分则较低，为 57.89 分。

B.4

2018年公共服务基本要素调查问卷满意度单项评价报告*

摘　要： 本报告对公共交通、公共安全、公共住房、基础教育、社保就业、医疗卫生、城市环境、文化体育、公职服务九项公共服务要素进行满意度单项分析，对满意度总体排名进行研究，对要素年度评价情况进行分析，关注要素发展指数情况，并进行区域比较和优秀城市点评。

关键词： 公共服务力　要素发展指数　基本要素满意度

一　公共交通篇

2018 年公共交通要素满意度得分为 58.25 分，但在基本公共服务九项要素中排名第五，相比前几年的排名都有显著提升，说明我国公共交通发展趋势良好。2018 年公共交通要素满意度排名前三的是宁波、青岛、拉萨，相比 2017 年前三名全部发生了变化，2017 年前三名是厦门、西宁、大连，说明公共交通领域的发展呈现出你追我赶、快速进步的态势。在 38 个主要城市中，2018 年满意度得分超过平均水平的有 22 个城市，相较于 2017 年的 18 个城市，数量增加 4 个，也进一步说明我国公共交通整体发展趋势呈现出良好状态（见图 4－1、表 4－1）。

* 执笔：刘志昌、刘须宽、万相昱、郑晓君、奥博、丁燕鹏；统稿：钟君、刘志昌。

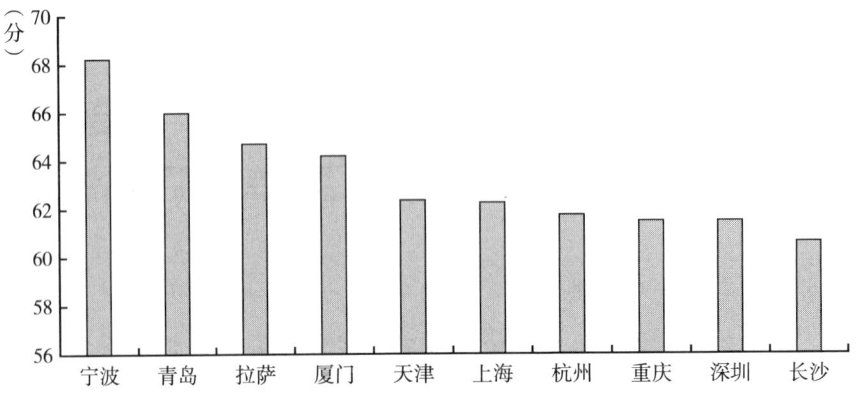

图 4－1　2018 年公共交通要素满意度排名前 10 城市得分

表 4－1　2018 年 38 城市公共交通要素满意度总体排名

单位：分

城市	得分	排名	城市	得分	排名
宁波	68.23	1	合肥	58.91	20
青岛	66.00	2	乌鲁木齐	58.52	21
拉萨	64.71	3	海口	58.29	22
厦门	64.20	4	郑州	58.08	23
天津	62.36	5	银川	58.06	24
上海	62.26	6	南宁	58.04	25
杭州	61.74	7	武汉	57.85	26
重庆	61.50	8	广州	57.55	27
深圳	61.49	9	南昌	56.77	28
长沙	60.64	10	济南	55.63	29
成都	60.44	11	北京	55.56	30
珠海	60.41	12	昆明	55.29	31
太原	60.30	13	长春	53.92	32
石家庄	59.78	14	哈尔滨	52.67	33
西宁	59.64	15	西安	51.45	34
南京	59.58	16	贵阳	50.30	35
大连	59.40	17	汕头	48.90	36
福州	59.29	18	呼和浩特	48.81	37
沈阳	59.10	19	兰州	47.95	38
全国要素满意度	58.25				

（一）横向对比

2018 年公共交通要素满意度得分为 58. 25 分，在基本公共服务九项要素中排名第五。2018 年排名前三的城市分别是宁波 68. 23 分、青岛 66. 00 分、拉萨 64. 71 分，跻身进入前十的城市还有厦门、天津、上海、杭州、重庆、深圳、长沙，高于全国满意度平均水平的有 22 个城市，超过半数。然而从满意度数值上分析，38 个主要城市中满意度得分高于 60 分的城市只有 13 个，仅仅达到总数的三分之一，说明我国公共交通仍有很大的发展空间。

（二）纵向对比

1. 2018年38个城市公共交通满意度要素发展指数

整体上看，宁波等 9 个城市的公共交通发展指数为正值，说明这 9 个城市的公共交通相较于其他城市取得较好发展。从发展指数来看，宁波、拉萨、天津 3 个城市的公共交通要素发展指数排名前三位，分别为 0. 05222、0. 03843、0. 03613（见表 4 – 2）。

表 4 – 2　2018 年 38 城市公共交通满意度要素发展指数排行

城市	发展指数	排名	城市	发展指数	排名
宁波	0. 05222	1	上海	–0. 01911	14
拉萨	0. 03843	2	乌鲁木齐	–0. 01967	15
天津	0. 03613	3	南昌	–0. 01997	16
石家庄	0. 02889	4	福州	–0. 02333	17
武汉	0. 02866	5	珠海	–0. 03084	18
郑州	0. 02539	6	沈阳	–0. 03091	19
太原	0. 00654	7	成都	–0. 03845	20
青岛	0. 00338	8	合肥	–0. 04873	21
南宁	0. 00220	9	杭州	–0. 04894	22
深圳	–0. 01645	10	重庆	–0. 05282	23
海口	–0. 01817	11	昆明	–0. 06658	24
呼和浩特	–0. 01856	12	贵阳	–0. 07053	25
南京	–0. 01878	13	北京	–0. 08148	26

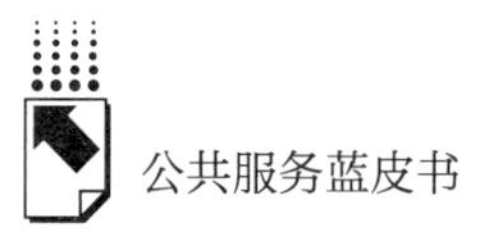

续表

城市	发展指数	排名	城市	发展指数	排名
长沙	-0.08208	27	汕头	-0.11296	33
银川	-0.08383	28	西宁	-0.12859	34
广州	-0.09644	29	大连	-0.13063	35
济南	-0.10554	30	厦门	-0.15084	36
长春	-0.10906	31	西安	-0.16191	37
哈尔滨	-0.10976	32	兰州	-0.18527	38
全国要素发展指数	-0.05019				

2. 2018年与2017年公共交通满意度前10城市对比

从图4－2和表4－3可以看出，2018年公众对公共交通要素的满意度与2017年相比，整体出现小幅回落。通过对比满意度前十城市，可以发现宁波、青岛、厦门、上海、杭州、重庆、长沙连续两年进入该要素前十，说明这些城市的公共交通服务取得良好发展。宁波的公共交通服务发展效果最为显著，从2017年的排名第八跃居至2018年的第一。

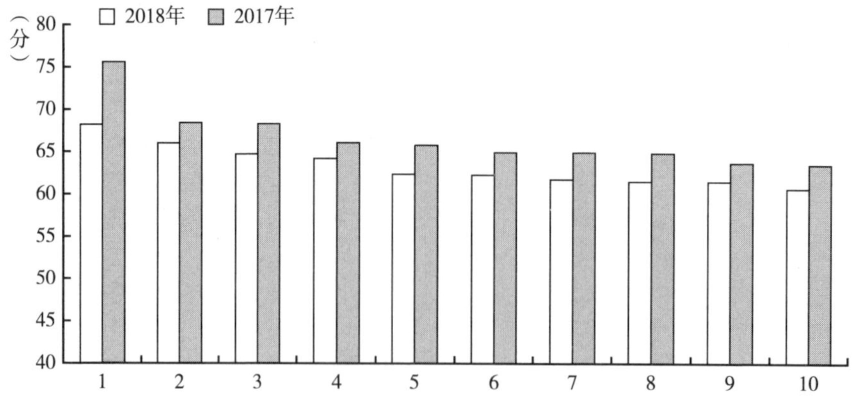

图4－2　2018年与2017年公共交通要素满意度排名前10城市得分对比

表 4-3　2018 年与 2017 年公共交通要素满意度排名前 10 城市得分情况

单位：分

2018 年			2017 年		
城市	得分	排名	城市	得分	排名
宁波	68.23	1	厦门	75.61	1
青岛	66.00	2	西宁	68.44	2
拉萨	64.71	3	大连	68.32	3
厦门	64.20	4	长沙	66.06	4
天津	62.36	5	青岛	65.78	5
上海	62.26	6	重庆	64.92	6
杭州	61.74	7	杭州	64.92	7
重庆	61.50	8	宁波	64.84	8
深圳	61.49	9	广州	63.69	9
长沙	60.64	10	上海	63.47	10
全国要素满意度	58.25		全国要素满意度	61.33	

3. 2011～2018年公共交通要素满意度及排名对比

图 4-3 反映的是过去八年内公众对公共交通要素满意度得分变化。可以看出，2011 年公共交通要素满意度达到历史最高值，为 65.34 分，在 2012 出现较大回落，随后的 2013～2018 年间，公众对于公共交通要素满意度总体呈现平稳趋势，中间年份存在或高或低的年度交替，并未出现较大波动。

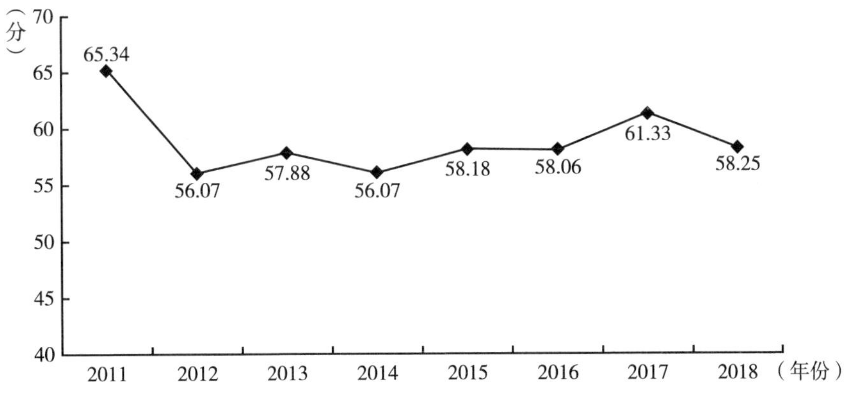

图 4-3　2011～2018 年公共交通要素满意度分值变化

图4－4反映的是过去八年内公众对公共交通要素满意度排名变化。2012～2017年，公共交通满意度在九项要素中排名多居第七、第八位，处于偏低水平，但在2018年，公共交通满意度在九项要素中跃居第五位，说明与其他公共服务要素相比，公众对于公共交通服务的相对满意度出现较大改观。

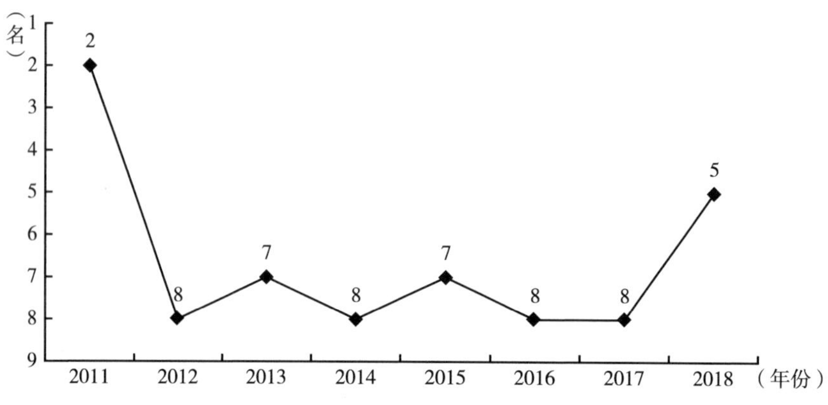

图4－4　2011～2018年公共交通要素满意度排名变化

（三）结果分析

第一，38个主要城市的满意度均值为58.25分，虽然低于2017年的61.33分，但仍然高于2016年的58.06分、2015年的58.18分、2014年的56.07分，从长期发展趋势上看，满意度水平在逐渐提高。2017年，高于满意度均值的城市有18个，而在2018年的满意度调查中，高于满意度均值的城市有22个，说明公共交通服务在整体水平上不断改善。虽然公共交通要素满意度在整体上不断改善，我们还要认识到满意度均值低于60分的客观事实，公共交通服务在未来仍然有很大的提升空间。改善公共交通状况是一个系统性工程，需要持之以恒的决心，但是只要始终坚持深化改革、科学规划，相信我国的公共交通一定能够逐渐满足人民群众日益增长的出行需求。

第二，破解公共交通难题的有效途径包括完善公共交通基础设施建设、优化公共交通管理技术、持续深化改革等。宁波、青岛、厦门、上海、杭州、重庆、长沙连续两年进入前十，与这些城市注重加大公共交通固定资产投资力度是存在内在联系的，城市的发展离不开发达的道路网络。宁波从2017年的排名第八一跃成为2018年的榜首，既离不开对公共交通基础设施建设的持续投资，也离不开对于先进管理技术的不断学习，如果说公共交通基础设施是一个城市的躯干，那么管理技术便是这个躯干的灵魂，只有躯干与灵魂的高度匹配才能成就一个活力四射的生命。城市是有生命的，而公共交通也正是一个城市的名片，宁波正是依靠持续深化改革、提升内在竞争力，才能够在诸多翘楚中崭露头角。

（四）优秀城市经验推介——宁波市

2018年，宁波公共交通满意度得分在38个主要城市中位居第一，与2017年的排名第八相比，取得显著进步；而且宁波在2018年公共交通满意度调查中得分68.23分，明显高于2017年的64.84分，增加3.39分。以上的进步都表明宁波在公共交通方面取得可喜成就，具体经验包括以下几方面。

1. 加大固定资产投资力度，优化公路交通网络

2018年宁波公共交通固定资产投资预算为3079513万元，比上年实际固定资产投资增加2.5%，固定资产投资的增长对公共交通要素满意度的提升具有显著的推动作用。相较于水运、铁路、民航等公共交通，市民对于公路基础设施状况的改善具有更为直观的感受，分析宁波市交通运输委员会的公开数据，可以发现，在公共交通固定资产投资中，公路固定资产投资的占比从2017年的61.82%上升到2018年的64.37%，增加2.55个百分点，公路固定资产投资占比的上涨，无疑也是提升市民满意度的有利因素之一。

2. 打造“县县通城际”格局，推出“轨道+公交”联程月票

“十三五”期间，宁波要打造具有世界先进水平的现代公共交通服务体系，重点强化宁波都市区与周边城区之间的高效衔接，宁波对外交通将越来越顺畅。利用既有的城际动车组线路开通城际线，诸如规划开通“宁波—余慈”“宁波—慈溪”“宁波—奉化”等城际线，致力于形成“县县通城际”的格局，比如宁波至余姚城际铁路的顺利开通，极大地满足了两地市

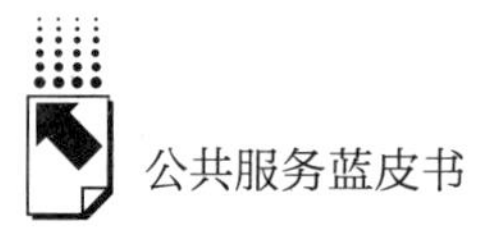

民的通勤需要，受到了市民的欢迎。同时，宁波学习其他城市的发展经验，试点推出“轨道+公交”联程月票等多种形式的优惠换乘措施，比如，经常需要换乘的市民可以购买联程月票，一张月票既能坐公交，又能坐地铁，这样比刷卡打折的方式更省钱，“轨道+公交”联程月票措施的推出，有效减轻广大市民的出行成本，得到市民的广泛好评。

3. 逐步“去行政化”，推进出租车行业的市场化改革

针对宁波出租车人均拥有量偏低于同类城市的实际情况，宁波在出租车行业持续深化改革，逐步“去行政化”，进而提高出租车行业的市场化程度。首先，坚持以市场为导向，出租车企业的增减与否、出租车数量的投放多少均由市场需求决定，而不再由政府部门强制规定；其次，对出租车运营权进行分阶段改革，第一阶段采取政府定价，第二阶段由政府指导价格，第三阶段完全由市场决定，第四阶段规范网络约租车的发展，使两种不同的服务模式相互融合，最终促使宁波实现真正的“互联网+”交通。

（五）结论与建议

随着我国城镇化进程的快速推进，市民的出行需求也在逐步增长，城市交通拥堵的难题日益突出，不仅阻碍了经济社会的发展，更严重拉低了市民的幸福指数。因此，大力优先发展公共交通是当下解决各种社会矛盾的一项有效措施。

1. 打造交通强市，完善公共交通基础设施建设

公共交通是一项涉及国计民生的大事，经过改革开放四十年的快速发展，我国公共交通基础设施建设已经取得可喜成绩。当前，一方面，持续完善城市公共交通基础设施建设，为城市发展提供强劲推动力；另一方面，加快农村交通基础设施建设，将农村公路建设作为乡村振兴战略的重要支点。各个城市应当围绕经济结构调整，抓住国家扩大内需的历史性机遇，按照“对外快捷，对内畅达”的要求，积极调整和完善公共交通发展规划，进一步加大公共交通基础设施建设的投入力度，力争早日实现方便快捷的综合公共交通网络体系。

2. 坚持便民初心，不断优化公共交通管理技术

完善公共交通基础设施建设的同时，更要注重管理技术水平的提升。一方面，在现有发展基础上拓展思路，积极创新管理模式，比如，在现有动车组线路的基础上开通城际高铁，为两地市民的通勤提供便利。另一方面，结合本地的实际情况逐步引入先进公共交通管理技术，比如，宁波试点引入杭州的“轨道+公交”联程月票管理模式，在减轻市民出行成本的同时，也得到市民的极大认可。

二　公共安全篇

2018年公共安全要素满意度得分为64.93分，在公共服务九项要素得分中排名第二。2018年该要素满意度排名前三的城市是拉萨、乌鲁木齐、厦门，得分分别为77.38分、73.78分、72.51分，与2017年相比，前三名的情况略有变化，2017年公共安全满意度得分排名前三的城市是青岛、厦门和拉萨。其中乌鲁木齐在2017年公共安全满意度得分中排名第二十一，在2018年跃升为第二，说明其在公共安全服务方面的发展取得显著进步。虽然2018年的公共安全满意度得分较2017年有所下降，但就长期趋势而言，我国公共安全领域的发展呈现较为平稳的发展状态（见图4－5、表4－4）。

（一）横向对比

2018年公共安全要素满意度得分为64.93分，在基本公共服务九项要素中排名第二，其中2018年公共安全满意度排名前三的城市分别为拉萨、乌鲁木齐、厦门，其得分均在72分以上。跻身前十的城市还有宁波、杭州、青岛、上海、深圳、珠海、银川，在38个主要城市中，最高分为77.38分，最低分为56.81，最高分与最低分相差20.57分，表明城市之间的发展存在一定差异，有些城市的公共安全状况仍待改善。另一方面，38个主要城市中只有16个城市在该项的得分超过全国平均水平，占比刚过4成，也进一步表明城市间发展的不均衡，如图4－5和表4－4所示。

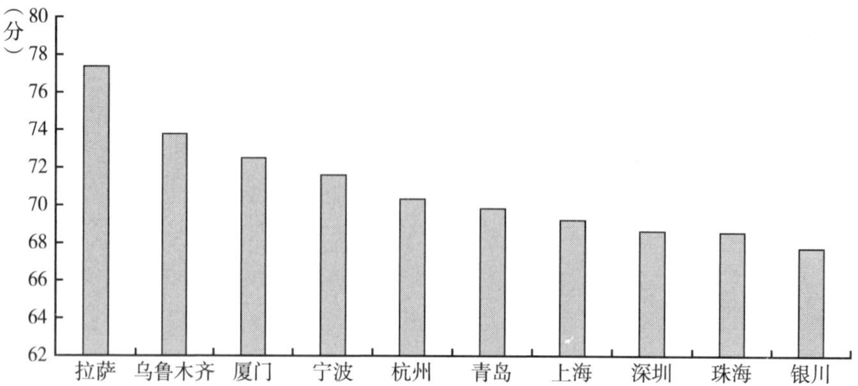

图 4－5 2018 年公共安全要素满意度排名前 10 城市得分

表 4－4 2018 年 38 城市公共安全要素满意度总体排名

单位：分

城市	得分	排名	城市	得分	排名
拉萨	77.38	1	长沙	63.84	20
乌鲁木齐	73.78	2	南宁	63.47	21
厦门	72.51	3	武汉	63.41	22
宁波	71.60	4	贵阳	63.38	23
杭州	70.34	5	合肥	63.17	24
青岛	69.83	6	海口	63.08	25
上海	69.23	7	沈阳	62.89	26
深圳	68.65	8	大连	62.38	27
珠海	68.57	9	南京	62.33	28
银川	67.75	10	石家庄	61.96	29
福州	65.76	11	南昌	61.88	30
西宁	65.69	12	郑州	61.74	31
重庆	65.66	13	昆明	60.81	32
北京	65.51	14	长春	60.77	33
济南	65.51	15	兰州	60.11	34
天津	65.50	16	汕头	59.93	35
成都	64.91	17	哈尔滨	59.80	36
太原	64.65	18	呼和浩特	58.69	37
广州	64.12	19	西安	56.81	38
全国要素满意度	64.93				

（二）纵向对比

1. 2018年38个城市公共安全满意度要素发展指数

从表4－5中可以看出，乌鲁木齐等7个城市的公共安全要素发展指数为正值，其中乌鲁木齐公共安全要素发展指数远高于全国平均水平，其发展经验对于其他城市而言有可借鉴的意义。从发展指数来看，乌鲁木齐、杭州、拉萨3个城市的公共安全要素发展指数排前三位，分别为0.09335、0.06997、0.05860。

表4－5　2018年38城市公共安全满意度要素发展指数排行

城市	发展指数	排名	城市	发展指数	排名
乌鲁木齐	0.09335	1	海口	－0.04769	20
杭州	0.06997	2	合肥	－0.05540	21
拉萨	0.05860	3	南昌	－0.05929	22
银川	0.01789	4	西宁	－0.05933	23
重庆	0.01189	5	成都	－0.06098	24
上海	0.00883	6	青岛	－0.06232	25
宁波	0.00318	7	郑州	－0.06536	26
哈尔滨	－0.00839	8	贵阳	－0.06845	27
北京	－0.01041	9	武汉	－0.08760	28
南宁	－0.01082	10	昆明	－0.08917	29
厦门	－0.01428	11	广州	－0.09613	30
太原	－0.02023	12	沈阳	－0.09866	31
天津	－0.02611	13	济南	－0.09927	32
深圳	－0.03060	14	南京	－0.10183	33
石家庄	－0.03309	15	长沙	－0.10829	34
珠海	－0.03337	16	大连	－0.11367	35
汕头	－0.03537	17	西安	－0.12572	36
呼和浩特	－0.04677	18	兰州	－0.12971	37
福州	－0.04725	19	长春	－0.14606	38
全国要素发展指数	－0.04604				

2. 2018年与2017年公共安全要素满意度前10城市对比

从图4-6和表4-6可以看出，2018年度38个主要城市的公共安全要素满意度得分均值为64.93分，其中得分最高的为拉萨，得分为77.38分，较上年的最高分提高了2.9分，成为本年度公共安全满意度得分最高的城市。从历年情况看，前十名高频出现的城市不少，厦门、深圳连续两年进入该要素前十，青岛、珠海、拉萨、宁波连续三年排名前十位，说明这些城市的公共安全服务总体态势良好。其中，乌鲁木齐和拉萨的公共安全发展效果最为显著，乌鲁木齐从2017年排名第21跃居至2018年的第2，拉萨从2013年开始，其公共安全满意度排名始终位列前三，对其他城市的公共安全建设有可借鉴的经验。

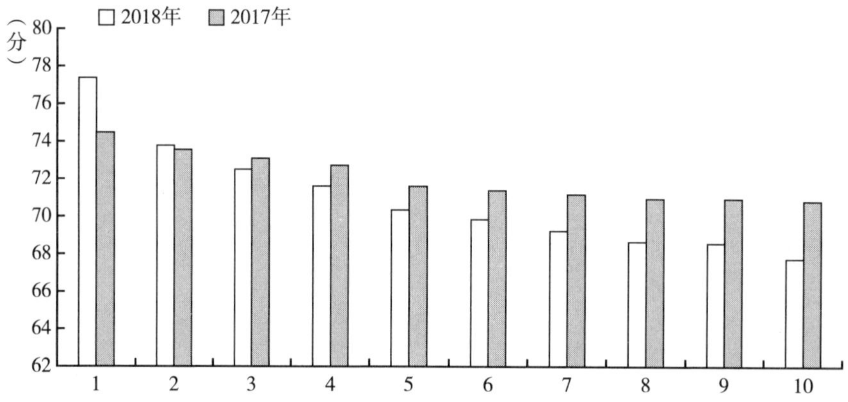

图4-6 2018年与2017年公共安全要素满意度排名前10城市对比

表4-6 2018年与2017年公共安全要素满意度排名前10城市得分情况

单位：分

2018年			2017年		
城市	得分	排名	城市	得分	排名
拉萨	77.38	1	青岛	74.48	1
乌鲁木齐	73.78	2	厦门	73.56	2
厦门	72.51	3	拉萨	73.09	3
宁波	71.60	4	济南	72.73	4
杭州	70.34	5	长沙	71.6	5
青岛	69.83	6	宁波	71.38	6

续表

2018 年			2017 年		
城市	得分	排名	城市	得分	排名
上海	69.23	7	长春	71.17	7
深圳	68.65	8	广州	70.95	8
珠海	68.57	9	珠海	70.94	9
银川	67.75	10	深圳	70.82	10
全国要素满意度	64.93		全国要素满意度	68.07	

3. 2011～2018年公共安全要素满意度及排名对比

图4－7反映的是过去八年间全国公共安全要素满意度得分变化。其中，2011～2015年的满意度得分持续增加，2015～2018年间存在或高或低的年度交替，其中2017年的公共安全要素满意度得分达到历史最高值，为68.07分。从长期趋势上看，我国公共安全服务满意度得分前期呈现出持续增长态势，而后呈现出较为平稳的发展状态。

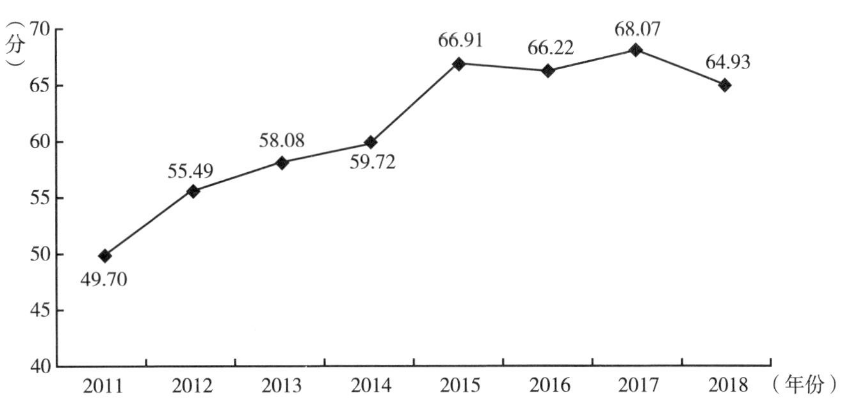

图4－7　2011～2018年公共安全要素满意度分值变化

图4－8反映的是过去八年间全国公共安全满意度得分在九项公共服务中排名的变化。2012年的排名相较于2011年出现小幅下降，2012～2015年的排名呈现快速上升状态，在2015年排名达到第一，而后的2016年、2017年均保持排名第一的良好水平，2018年排名虽有小幅下降，但仍然高居第

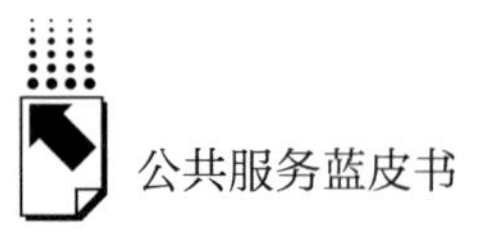

二位，说明近年来我国在公共安全方面的努力取得良好成果，安全的常态化趋势已经相当稳固。

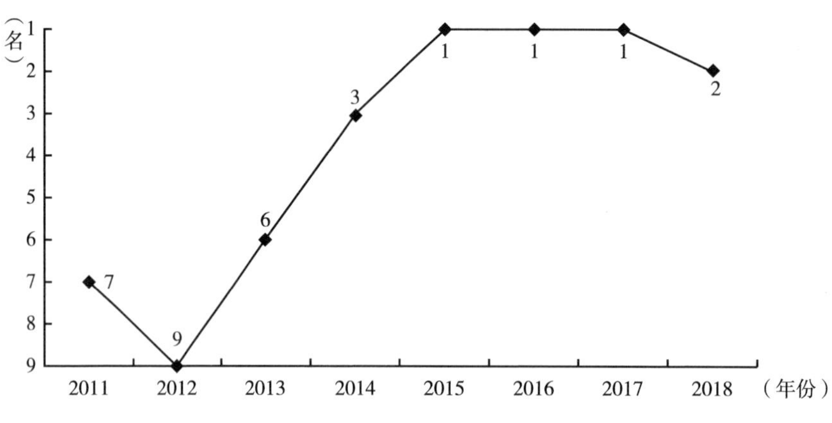

图 4-8　2011～2018 年公共安全要素满意度排名变化

（三）结果分析

第一，从公共安全满意度排名前十的城市来看，前十名高频出现的城市不少，青岛、珠海、拉萨、宁波连续三年进入该要素前十，其中拉萨作为公共安全良好发展的典范，连续 6 年排名位居前三。

第二，虽然从整体上看我国公共安全服务保持稳步发展势态，但仍然不能忽略 2018 年公共安全满意度得分较 2017 年略有下滑，以及 38 个主要城市中满意度最高分与最低分的差距进一步拉大的客观事实。这在一定程度上表明，随着经济社会转型力度的进一步加大，社会发展仍然存在诸多不稳定、不可预见的因素，我国仍需对公共安全问题加以重视。

（四）优秀城市经验推介——拉萨市

2018 年，拉萨市公共安全服务满意度得分在 38 个主要城市中高居第 1，而且连续 6 年进入前三，表明拉萨市在该公共指标单项上的发展成效显著，其在公共安全方面的经验和措施均值得学习和借鉴。

1. 不断探索适合自身的工作模式，健全完善群防群治工作格局

针对拉萨市自身的实际情况，当地政府不断探索适合自身的工作模式。建立起快速反应、及时处置的街面防控警务网格化服务管理模式，在这种模式下，拉萨市投入使用众多便民警务站，全面履行“治安巡控、接警处警、交通管理、受理求助、动态掌控、法治宣传、备警处突”等职能，形成了“核心区域1分钟、其他区域3分钟”警务圈，各站点之间联网、联勤、联动，全天候24小时执勤巡逻和便民服务，实现对违法犯罪的近距离快速精准打击。同时结合“联户平安、联户增收”社会治理模式，把网格和联户单位构筑成基层治理的第一道屏障，处理好社会管理中“条”与“块”的关系，维持社会环境的稳定。

2. 加强社区治理体系建设，全面落实安全主体责任

拉萨市人民政府在《关于加快推进拉萨市建设国家创新型城市的实施意见》中提出要加强社区治理体系建设，健全“复合型”网格化管理机制，在该意见中指出要明确落实行业监管责任人和网格监管责任人的网格事务双重管理责任。如在质量安全主体上，拉萨建立农产品质量安全监管信息系统、放心肉质量安全信息追溯监控系统、食品生产企业电子追溯系统等众多监管平台，同时构建了食品、药品、农产品、工程、旅游质量安全执法联动、重大质量违法突发案件快速反应和重点质量案件督办等监管机制。

3. 完善公共安全顶层设计，不断创新社会治理手段

完善公共安全治理的顶层设计，破解公共安全治理碎片化的难题。公共安全治理是一个系统工程，需要各级政府职能部门相互协调，才能够实现系统治理。公共安全治理问题不单纯是“公共安全”所带来的问题，而是与更广泛、更深层的社会问题交织、关联在一起，相互影响，所以需要完善顶层设计，各政府职能部门通过一系列公共安全治理措施解决公共安全治理难题。同时，拉萨逐步加快推动公共区域视频监控图像全域覆盖、联网共享和社会化利用，不断加强公共安全视频监控网络和社会综合治理等社会化资源的联网整合，建立政府、社会视频资源双向共享机制，从而建成“高速网络+万物互联+计算机资源+智能应用+数据资源”综合平台。

4. 因地制宜，立足实际，着力解决影响人民群众安全感的突出问题

在积极响应国家相关部门工作部署的同时，拉萨市政府紧密结合上一季度的社会治安形势变化，立足实际，着力解决影响人民群众安全感的突出问题。如在2018年初，其管理重心为加强对交通、消防、枪支弹药、烟花爆竹、危险化学品、管制刀具等的安全监督管理，特别是针对老城区、重点文物保护单位、大型商场、医院、学校周边等人员聚集区。在第二季度的公共安全服务工作中，则把矛头和重点对准出租大院、娱乐场所、“九小场所”、典当业、刀具售卖店等重点行业场所。不断结合社会治安形势的变化，解决相关突出问题，从而维持其社会稳定以及努力提升人民群众获得感、幸福感、安全感。

（五）结论与建议

就目前我国城市社会安全形势而言，尽管我国的公共安全呈现良好的发展态势，但城市公共安全也将面临诸多问题和挑战。各级政府需牢牢把握国家总体安全观的战略思想，灵活运用统筹兼顾的公共安全管理方法，对城市公共安全进行整体布局，着力维护社会和谐稳定。

1. 完善组织机构设置，拓展监管覆盖面

当前体制下，众多公共安全监管部门通常只设置到县级一层且编制工作人员较少，专业技术问题处理能力较弱，地区基层公共安全工作存在死角。要不断拓展公共安全监管覆盖面，解决监管工作死角的问题，确切落实相关责任，将公共安全监管建设延伸至城市的每个社区、乡镇。

2. 创新“智慧城市”管理模式，加强城市应急制度建设

当前，城市公共安全预警需面对海量数据的整理与分析，传统的管理模式将不再适宜，要充分借助城市应急信息平台等科学安全技术，树立“数据驱动，智慧引领”的创新理念，建立完善的公共安全预警机制。第一，需要充分协调与发挥城市中众多主体的安全维护功能，由个体功能汇集成群体功能，强调物联网、互联网和云计算等技术与人的智慧的结合，最终形成全民参与的智慧安全预警防控网络结构，实现人防与技防的统一。第二，加

强公共安全的信息整合与完善信息传递机制。对城市公共安全领域中人力、物资、信息等多元异构的资源进行整合，为公共安全预警防控提供数据、信息以及各种事物间互联互通的结构关系，有效地提高危机预测预警和响应处置效能。例如，在城市反恐斗争中，可以跨部门、跨平台将音频、视频、文本、数据、图片等信息进行整合，形成涉恐“情报池”。通过一系列改革措施，将智慧化基础设施应用到城市建设中，有效加强城市应急制度，实现准确预警。

3. 强化公众危机意识，提升公共安全应急能力

公众是公共安全突发事件的第一应对者和第一受害者，居民自身公共安全危机意识的增强及应急能力的提高是提升城市应急管理能力的根本。开展预防危机的宣传教育活动与自救能力培训，广泛宣传相关法律法规和应急预案，做好相关宣传工作，从而提高基层应对突发公共事件的处置能力，提高群众应急能力和自救能力，强化居民风险意识。在实际工作中，可借助现有的互联网优势，充分发挥传统媒体和新媒体的宣传教育作用，在相关信息平台上普及宣传安全知识以及发布国内外社区公共安全事件的典型案例，针对公众生活的新方式进行有效宣传，进而助推我国经济社会的稳定发展。

三　公共住房篇

2018 年公共住房要素满意度得分为 44.11 分，得分在公共服务九项要素中排名最后。2018 年公共住房满意度排名前三城市为拉萨、厦门和银川，得分分别为 58.16 分、52.47 分和 50.85 分（见图 4－9、表 4－7）。

（一）横向对比

2018 年，38 个主要城市的公共住房要素满意度平均分为 44.11 分，最高分为 58.16 分，最低分为 38.14 分，排名进入前十的城市包括拉萨、厦门、银川、乌鲁木齐、天津、重庆、宁波、福州、上海、西宁，其中东部城市 5 个，西部城市 5 个，说明在公共住房方面东部和西部城市满意度情

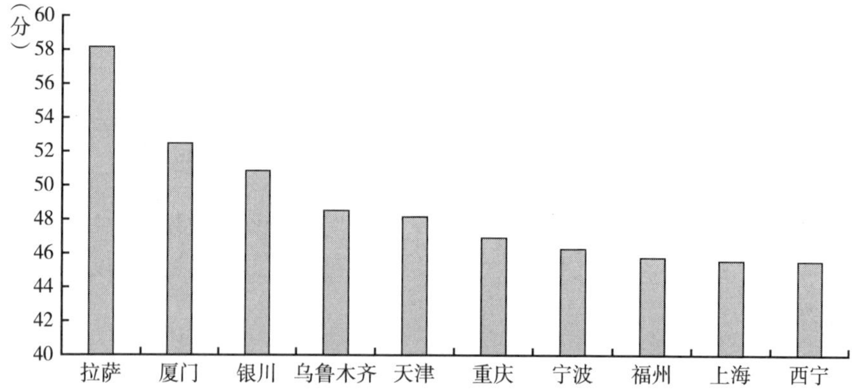

图4-9　2018年公共住房要素满意度排名前10城市得分

表4-7　2018年38城市公共住房要素满意度总体排名

单位：分

城市	得分	排名	城市	得分	排名
拉萨	58.16	1	深圳	43.18	20
厦门	52.47	2	南昌	42.74	21
银川	50.85	3	成都	42.72	22
乌鲁木齐	48.52	4	南宁	42.53	23
天津	48.15	5	贵阳	42.49	24
重庆	46.92	6	汕头	42.48	25
宁波	46.27	7	北京	42.31	26
福州	45.77	8	兰州	42.12	27
上海	45.59	9	呼和浩特	42.06	28
西宁	45.55	10	太原	41.61	29
石家庄	45.54	11	大连	41.57	30
青岛	44.93	12	武汉	41.55	31
珠海	44.57	13	哈尔滨	41.39	32
济南	43.98	14	广州	41.13	33
沈阳	43.97	15	南京	41.10	34
杭州	43.94	16	海口	40.76	35
长沙	43.68	17	郑州	40.61	36
合肥	43.26	18	长春	40.25	37
昆明	43.18	19	西安	38.14	38
全国要素满意度	44.11				

况较好，中部地区城市公共住房状况有待改善和加强。38 个城市中共有 13 个城市在该项的得分超过平均分，如图 4 -9 和表 4 -7 所示。

（二）纵向对比

1. 2018年与2017年公共住房要素满意度前10城市对比

从图 4 -10 和表 4 -8 可以看出，2018 年度 38 个城市的公共住房要素满意度得分为 44. 11 分，其中得分最高的为拉萨市，得分为 58. 16 分，成为本年度公共住房满意度最高的城市。从 2018 年与 2017 年排名前十的城市得分情况来看，厦门、银川、重庆、福州、西宁连续两年排名位居前十，其中厦门连续两年排名前三，其他城市排名变动较大。

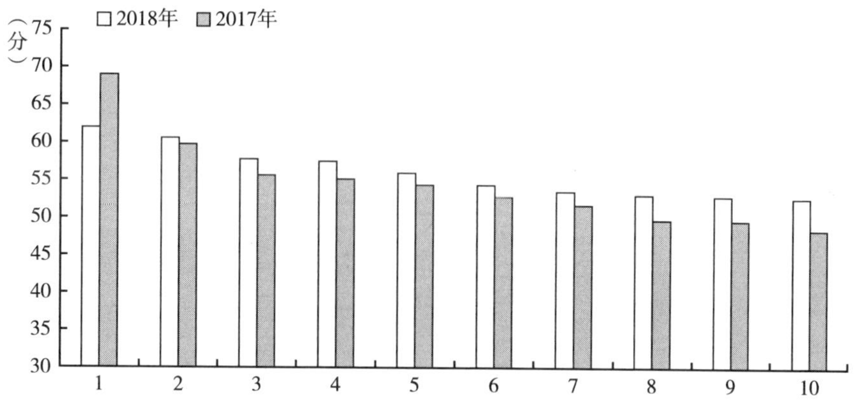

图 4 -10　2018 年与 2017 年公共住房要素满意度排名前 10 城市对比

表 4 -8　2018 年与 2017 年公共住房要素满意度排名前 10 城市得分情况

单位：分

2018 年			2017 年		
城市	得分	排名	城市	得分	排名
拉萨	58. 16	1	厦门	70. 51	1
厦门	52. 47	2	西宁	66. 35	2
银川	50. 85	3	重庆	66. 21	3
乌鲁木齐	48. 52	4	济南	65. 16	4
天津	48. 15	5	大连	63. 04	5

续表

2018 年			2017 年		
城市	得分	排名	城市	得分	排名
重庆	46. 92	6	杭州	62. 25	6
宁波	46. 27	7	西安	61. 91	7
福州	45. 77	8	银川	61. 12	8
上海	45. 59	9	福州	60. 76	9
西宁	45. 55	10	哈尔滨	60. 41	10
全国要素满意度	44. 11		全国要素满意度	58. 18	

2. 2011 ~2018年公共住房要素满意度及排名对比

图 4 –11 反映的是过去八年内公众对公共住房要素满意度得分变化。可以看出，从 2011 年至 2018 年公共住房要素得分呈现波动趋势，2012 年得分最高为 59. 16 分，2013 ~2014 年得分出现下滑，从 2015 年开始至 2017 年得分呈现上升趋势，2018 年由于满意度评价体系及评价方法发生变化，评价结果仅供参考。

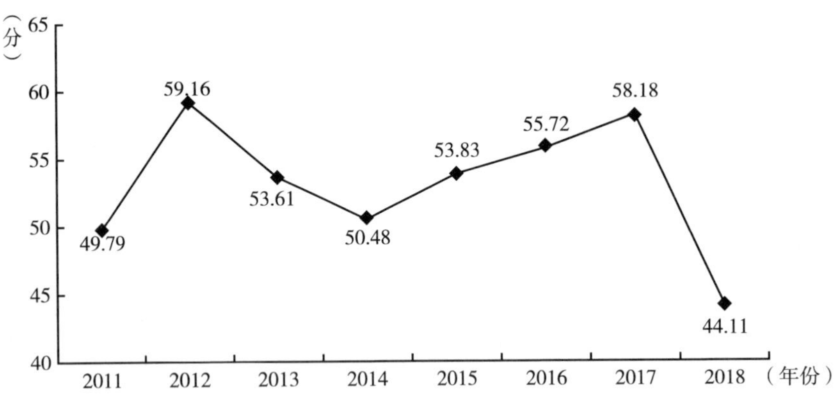

图 4 –11　2011 ~2018 年公共住房要素满意度分值变化

图 4 –12 反映的是过去八年内公众对公共住房要素满意度排名变化。可以看出，从 2011 年至 2018 年公共住房要素满意度排名并不理想，2011 ~2012 年公共住房要素在九要素中排名第六位，2013 年排名降至第九位，且

一直到2018年排名情况未有提升。说明公众对公共住房的期待值较大，而当前的服务水平并没有很好地满足公众的期待。

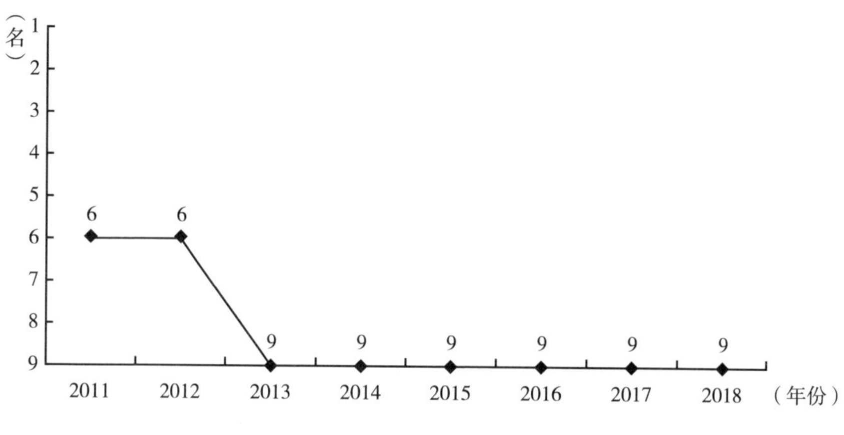

图4－12　2011～2018年公共住房要素满意度排名变化

（三）结果分析

2018年，公共住房方面的满意度在公共服务九项要素中排在最后一位。表明我国在公共住房方面仍存在较大问题，现有的服务还没有很好地满足民众对于“住有所居”的期待和要求。在公共住房领域现有的问题主要是部分大中城市商品房价格较高，而保障性住房供给数量不足，租赁市场不规范且房屋承租人难以享受与房屋购买人相同的公共资源和公共服务。需要政府继续坚持“房住不炒”原则，继续完善相关政策，解决上述问题，以更好地满足民众对于住房的期望和要求。

（四）优秀城市经验推介——厦门市

厦门市2018年在公共住房方面满意度在38个主要城市中排名第二位，2017～2018年连续两年排名前三位，一直保持在领先位置，这说明厦门在公共住房相关政策出台和实施方面取得了良好的效果。我们研究了其在住房保障方面的政策，发现了一些先进经验。

1. 加快保障性住房建设，扩大公租房保障范围

“房子是用来住的，不是用来炒的。”秉承这一精神，厦门市近年来大力推进保障性住房项目的建设，加快推进满足市民多层次多维度的“以住房实际需求为导向”的住房体系供给侧结构性改革，进一步扩大住房保障覆盖面，让更多有着实际住房需求的居民得以实现住有所居。厦门市保障性商品房2018年配售工作新闻发布会宣布，将陆续启动两个批次保障性商品房的轮候配售工作，一个批次面向厦门市高层次及骨干人才申请家庭，另一批次面向社会申请家庭；两个批次将提供翔安区新店、同安区祥平、海沧区马銮湾等地铁社区保障性住房期房和洋唐居住区少量现房共约9500套，供申请家庭选择。销售均价按各项目房源的市场评估价的45%确定，项目将在2020年交付使用。

早在2017年推出市级公共租赁房伊始，就考虑到在厦门就业、创业的台湾青年住房困难，厦门市为台湾青年量身定制出台了《台湾青年申请厦门市市级公共租赁住房管理实施细则》。2018年3月29日，第一批15名台湾青年已经正式入住位于翔安区洋塘居住区和同安区滨海公寓的厦门市公共租赁房。为台湾青年量身定制公租房政策，这在大陆是首创，也是厦门市贯彻落实党的十九大精神、推动“31条惠及台胞措施”落地实施的有力举措。经过多年努力，厦门市基本形成了一套符合厦门实际的租购并举、分层次、全覆盖的住房保障政策体系。现有三种类型保障房，一是保障性租赁房，以租赁的方式，提供给中低收入住房困难家庭；二是公共租赁住房，以租赁的方式，提供给新市民以及城市“夹心层”（游离在保障与市场之外的无能力购房群体）；三是保障性商品房，以销售的方式，提供给厦门非低收入群体以及各类人才，帮助他们实现“安居梦”。

2. 完善保障住房的管理工作

厦门市委、市政府针对城市化快速推进背景下如何解决“居者有其屋”的问题，坚定“房住不炒”信念，不断加以完善，努力建立健康、有效、可持续的住房保障体系，在管理上主要突出以下两方面。

一是坚持雪中送炭。保障房建设的目的就是解决中低收入居民的居住需求，为没有经济能力购买或短期内没有能力购买商品房的居民提供比较稳定

的居所，而经济条件较好的居民应通过市场方式解决并不在保障范围之内，因此，保障房是“雪中送炭”，而非“锦上添花”。

二是确保住房居住属性。保障房将实行严格的准入退出机制，申请家庭将实行全员实名制，其中，符合申请标准的一户家庭只能申请一套保障性住房。保障性住房可长期居住，但不鼓励在市场上进行交易。

三是健全合理的机制建设。厦门市为进一步完善保障房管理工作构建了健全合理的机制，制度上已明确了交房满5年方可进行上市交易，以及要向政府缴交增值收益等限制措施，有效防止投机群体对社会保障性住房的投机炒作。例如，保障房实行严格准入退出机制，申请家庭实行全员实名制，一户只能申请一套；自合同约定交房之日起满5年且已办理不动产登记的，2018年7月1日起可申请上市交易；企事业单位人才房属于保障房，销售价格、回购、退出等均按保障房规定执行；保障房可继承，但性质不变；保障房权属人离婚的可依法处置，处置后性质不变等一系列政策保障社会公共资源的良性运营等等。

3. 办公类建设项目严禁“住宅化”

由厦门市国土房产局、市规划委、市建设局等五部门联合制定的《关于进一步加强办公类建设项目管理若干意见》（简称《意见》）于2018年印发并施行。《意见》中明确，销售办公类建设项目不得使用商品住宅项目的专属用语，凡是将办公类建设项目的设计、建设或装修中增加带有居住功能的一律严惩不贷。《意见》中也规定了诸多明确的细则条例，例如，开发企业及买受人不得擅自改变规划完成的建筑功能，不得擅自加层、插层等改变建筑内部结构、严禁将办公用途项目设计、建设或装修为带有居住功能的用房、不得以诸如“公寓”、“×房×厅”等推介商品住宅的专属用语或设置住宅样板房进行宣传，相关主体若是存在违反规定行为，将由相关部门依法开展查处，罚没或追缴违法所得，并追究相关责任主体违约责任。

（五）结论与建议

十九大报告指出要“让全体人民住有所居”。2018年7月31日中共中央政治局会议明确指出，下决心解决好房地产市场问题，坚持因城施策，促进供求平衡，合理引导预期，整治市场秩序，坚决遏制房价上涨。加快建立促进房地产市场平稳健康发展长效机制。当前，全国房屋价格整体平稳，部分城市房价出现拐点，保障性住房建设进一步加快。但也存在着保障性住房总体供给不足，位置偏、配套设施不完善，资质审核和管理不到位的问题。同时还有一些收入“夹心层”群体既难以承受商品房市场的高房价，又不符合现有保障性住房申请标准，他们住有所居的梦也难以实现。为了解决这些问题，提高城市公共住房服务水平，我们可以从以下方面进行努力。

1. 继续加强调控不动摇，持续稳定楼市价格

房屋价格过快增长是实现“住有所居”的最大障碍，转变发展思路，寻找新的经济增长点，逐步转变对土地财政的过度依赖，更加坚定地实施一系列房地产调控政策。严格执行新的二套房认定标准，提高第二套购房者首付比例及贷款利率，缩短贷款年限，降低炒房收益，遏制利用贷款进行炒房和投资性购房群体的投资行为。规范房地产中介行为，引导房地产中介规范经营。推行“个税抵房贷”制度，在一定程度上减轻民众偿还房贷的压力。利用税收、货币政策引导各地房价回归到合理价位，并保持平稳，防止房价大起大落。

2. 增加保障性住房供给，加强保障性住房资格审核和后续管理

拓宽保障性住房建设资金渠道，一方面增加中央和地方政府资金投入，另一方面通过税收优惠、税收返还等措施鼓励社会资本参与保障性住房开发；利用利息补贴和增信担保等手段，刺激金融机构的贷款积极性。为保障性住房建设奠定经济基础。

保障性住房建设过程中应保证定位准确，以居住弱势群体为保障对象，既要保证保障性住房在城市新建住房中的比例，也要合理确定新建经济型适用房、自主性商品房和廉租房、公租房比例，形成多层次，覆盖不同群体的保障性住房体系。在保障性住房建设过程中，不应一味追求速度，还应合理选址，保证周边配套设施，以提供给住户便利的交通环境和

相对优良的居住环境，避免保障性住房由于过于偏远或周边配套设施不足造成的“浪费”。

对于保障性住房的管理，前期要根据城市发展状况，合理确定申请标准，适当扩大保障范围，在住房困难的低收入人群之外，使外来务工人群、支付能力不足的中等收入群体也能够住有所居。同时，完善保障性住房退出机制，对于不再符合保障条件的人群，应使其及时退出，以实现资源的充分合理利用。

3. 继续推进和完善“共有产权房”制度，解决城市“夹心层”的住房梦

在一些房价较高的城市，存在着一部分群体，按照通常的观念，他们很难被界定为是低收入人群，因而他们并不在保障性住房的覆盖范围。然而面对高企的房价，他们确实也难以承受商品房的价格。这样一部分城市“夹心层”同样面临着难圆“住有所居”之梦的尴尬。

2018 年上海市颁布《关于进一步完善本市共有产权保障住房工作的实施意见》，以习近平新时代中国特色社会主义思想为指导，坚持“房子是用来住的、不是用来炒的”定位，坚持以居住为主、以市民消费为主、以普通商品住房为主，不断完善房地产市场体系和住房保障体系。

当然我们也看到，推广共有产权房制度，还有很长的路要走。对于共有产权房的后续管理问题，也需进一步细化和探讨。

4. 规范房屋租赁市场，探索租购同权，推进“租购并举”的住房体系

面对一些大中型城市高企的房价，一些人群选择以租赁的方式解决住房问题。然而房屋租赁过程中，一些承租人却不得不面对租赁房屋安全设施不完善、管理混乱、卫生较差等问题，“群租房”也屡禁不止。房屋租赁者权益保障不到位。更为重要的是大部分城市中，租房人群不能享受与买房人群同等公共配套服务，例如在受教育权利方面。使得对于这部分公共服务有刚性需求的人群不得不选择购买房屋，加剧了供需矛盾，推动房价上涨。为了更好地解决不同人群的居住难题，政府应当进一步完善房屋租赁方面的法律法规，探索“租购同权”，赋予符合条件的租房者享受同等公共配套服务的权利。同时进一步规范房屋租赁市

场，以形成“低端有保障，中端有支持，高端有市场”的多层次房屋供应体系。

四 基础教育篇

2018 年基础教育满意度平均得分 54.76 分，在公共服务九项要素中排名第八。2018 年该要素满意度排名前三的城市为拉萨、厦门、珠海，其得分分别为 67.87 分、64.98 分、64.28 分。

（一）横向对比

2018 年，38 个主要城市的基础教育要素满意度平均分为 54.76 分，拉萨市得分最高，为 67.87 分，西安市得分最低，为 40.70 分，拉萨、厦门、珠海、宁波、青岛、杭州、乌鲁木齐、上海、济南、长沙分别位列前 10，其中东部城市 7 个，西部城市 2 个，中部城市 1 个，说明在基础教育方面，我国区域之间发展并不平衡，东部地区满意度情况较好，中西部地区基础教育情况还不够理想（见图 4 - 13、表 4 - 9）。

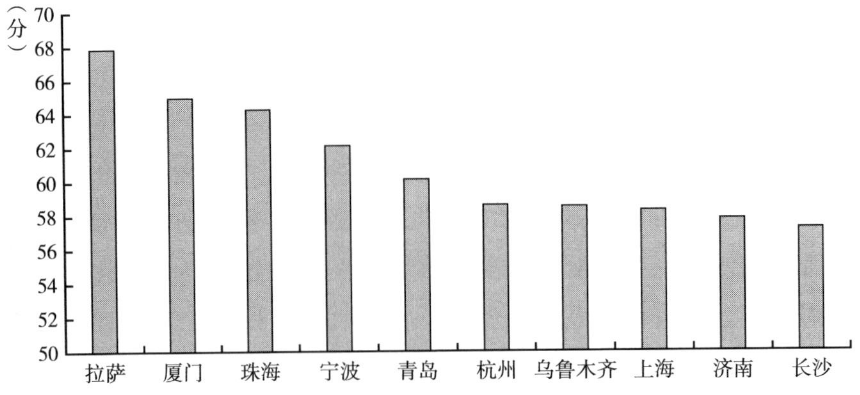

图 4 - 13 2018 年基础教育要素满意度排名前 10 城市得分

表 4-9　2018 年 38 个城市基础教育要素满意度总体排名

单位：分

城市	得分	排名	城市	得分	排名
拉萨	67.87	1	武汉	53.28	20
厦门	64.98	2	西宁	53.20	21
珠海	64.28	3	北京	52.89	22
宁波	62.14	4	汕头	52.85	23
青岛	60.16	5	海口	52.80	24
杭州	58.62	6	郑州	52.71	25
乌鲁木齐	58.54	7	大连	52.69	26
上海	58.30	8	南昌	52.62	27
济南	57.81	9	沈阳	52.55	28
长沙	57.26	10	银川	52.50	29
福州	57.25	11	太原	52.46	30
天津	57.22	12	石家庄	51.22	31
深圳	56.86	13	昆明	51.21	32
重庆	56.35	14	兰州	51.04	33
合肥	55.00	15	南京	50.28	34
南宁	54.72	16	呼和浩特	49.02	35
贵阳	54.55	17	哈尔滨	48.92	36
成都	54.23	18	长春	47.72	37
广州	54.18	19	西安	40.70	38
全国要素满意度	54.76				

（二）纵向对比

1. 2018年与2017年基础教育要素满意度前10城市对比

2018 年基础教育要素满意度得分为 54.76 分，而且排名前十的城市得分均比 2017 年大幅下降。其中厦门连续三年进入前十名，珠海、杭州和济南连续两年排在前十位。2018 年该项要素排名前十的城市中，东部城市有 7 个，西部城市 2 个，中部城市 1 个，表明我国中西部城市的教育水平需要进一步提升（见图 4-14、表 4-10）。

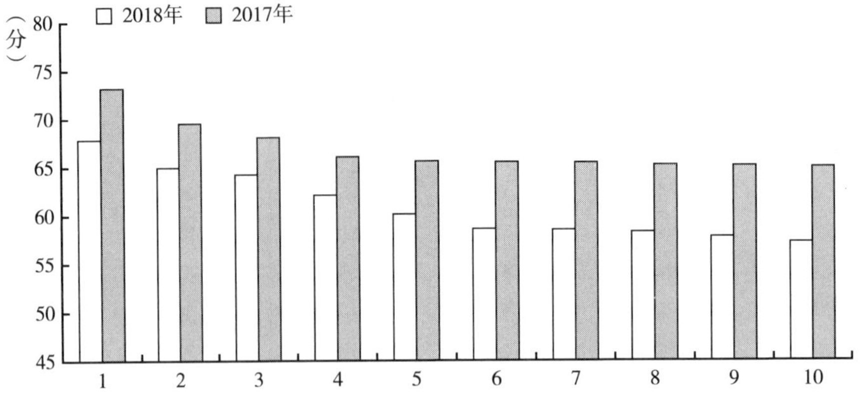

图 4－14　2018 年与 2017 年基础教育要素满意度排名前 10 城市对比

表 4－10　2018 年与 2017 年基础教育要素满意度排名前 10 城市得分情况

单位：分

2018 年			2017 年		
城市	得分	排名	城市	得分	排名
拉萨	67.87	1	厦门	73.22	1
厦门	64.98	2	大连	69.54	2
珠海	64.28	3	珠海	68.10	3
宁波	62.14	4	济南	66.08	4
青岛	60.16	5	重庆	65.62	5
杭州	58.62	6	西宁	65.53	6
乌鲁木齐	58.54	7	杭州	65.46	7
上海	58.30	8	广州	65.22	8
济南	57.81	9	福州	65.14	9
长沙	57.26	10	宁波	65.00	10
全国要素满意度	54.76		全国要素满意度	62.32	

2. 2011～2018年基础教育要素满意度及排名对比

图 4－15 反映的是过去八年内基础教育满意度得分变化。从 2011 年至 2017 年公共住房要素得分呈现波动上升趋势，2011～2013 年得分持续上升，2014～2015 年经历了得分的下滑，2017 年得分较 2016 年得分

略有下滑。2018 年由于满意度评价体系及评价方法发生重大变化，评价结果仅供参考。

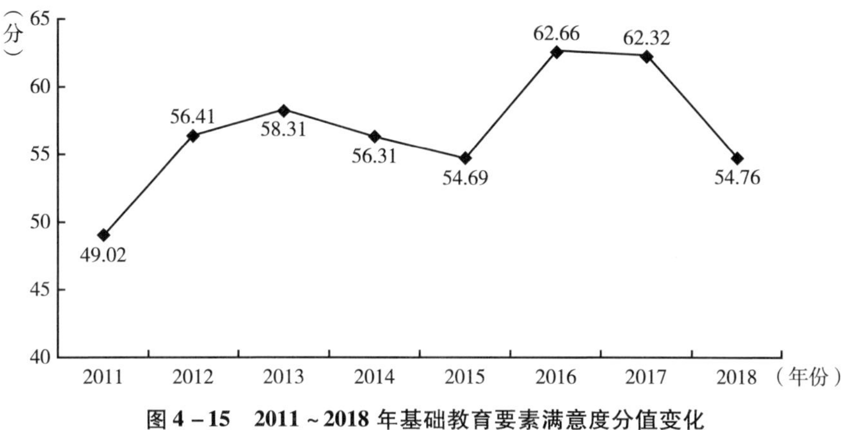

图 4－15　2011～2018 年基础教育要素满意度分值变化

图 4－16 反映的是过去八年内基础教育满意度排名变化。可以看出，从 2011 年至 2017 年基础教育要素满意度排名呈波动的趋势，但排名以第七名和第八名居多，其中 2013 年和 2016 年排名有所提升，分别为第五名和第四名。

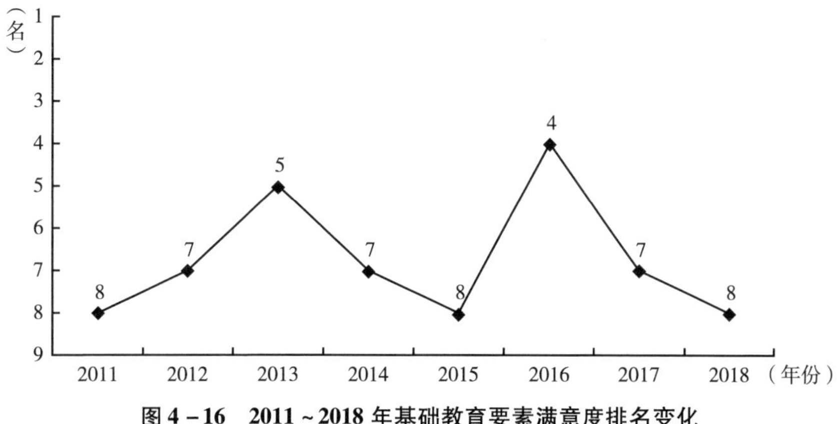

图 4－16　2011～2018 年基础教育要素满意度排名变化

（三）结果分析

2018 年，基础教育方面满意度超过 60 分以上的城市有 5 个。38 个主要城市的均值得分为 54.76 分，较上年降低了 7.56 分，在公共服务九项要素中排第八位，表明我国在基础教育方面提供的服务与民众的期待值相比仍存在较大差距，需要进一步改进。同时，各城市间得分透视出我国教育发展不平衡的问题依旧比较严重，中西部地区教育发展滞后于东部地区。与此同时，同一地区各学校之间教学质量与教学资源的差距也会影响民众对基础教育的满意度。因此，我们应当着力推进教育的均衡化发展，保证教育公平，让所有民众都能够享有平等受教育的权利。继续进行教育改革，在教育内容上实现知识、能力、素质、品德的全面培养。

（四）优秀城市经验推介——宁波市

在 2018 年的城市基本公共服务满意度调查中，宁波市以 62.14 分位居基础教育分项排行榜第四位，要素发展指数为 -0.04395，排第四位，表明宁波市在基础教育领域取得了一些进步，其经验值得我们探讨与借鉴。

1. 六争攻坚，实现每所学校义务教育的优质均衡发展

2018 年，宁波市认真贯彻“六争攻坚三年攀高”行动要求，强化全域统筹，推进城乡教育一体化发展，全面提升义务教育学校办学条件。通过优化中小学校布局，加快义务教育标准化学校建设，实施《薄弱学校改造工程五年计划（2016~2020 年）》等措施，2018 年改造义务教育阶段薄弱学校 20 所，并启动义务教育优质均衡区（县、市）创建工作，促进了城乡学校义务教育的优质均衡发展。

在注重改善硬件条件的同时，宁波市也注重薄弱学校的软件建设。通过建立中小学教师“以县为主”的人事管理体制，实行编制、岗位、人员等的动态管理，推动优质教育资源共享，引导教师向农村学校、薄弱学校流动，促进县域内师资均衡配置，确保每一个孩子在家门口就能上好学校。

通过硬件改善、软件提升两手抓，宁波市进一步提升了弱势学校的办学质量，推动了义务教育的优质均衡发展，努力让每一个孩子都能享受公平而有质量的教育。

2. 实施基础教育品牌德育工程，全面提升德育实效

在传授知识的同时，为了促进学生的全面健康发展，宁波市特别重视德育工作。尤其是注重加强学生的体育、美育和心理健康教育。通过加快场地建设来提高教学质量，注重学生体育锻炼的同时，也十分重视学生心理健康方面的教育工作。此外，宁波市大力加强学校的创新教育，通过开展竞赛、实施人才培养计划等方式，增加学生对科技创新的兴趣。

另外，宁波市深入贯彻全市中小学德育工作会议精神，着力培育和打造一批有特色、有影响、可推广的中小学德育品牌。首先，通过评选首届新秀班主任、骨干班主任等，成立首批名班主任工作室，搭建班主任专业成长平台；其次，建成7个左右市级中小学生社会实践示范性资源基地，配套开发20门课程，宁波市（杭州湾）学生综合实践基地投入运行；再次，加大文明校园创建力度，争取60%以上的学校建成区（县、市）级及以上文明校园；最后，实施心理健康教育特色示范校创建、学生心理危机预防与干预体系建设、教师心理健康支持等9大项目，促进学生的全面发展。

3. 实施教育提质工程，不断优化基础教育发展模式

宁波市深入推进教育现代化创建工作，实施教育现代化发展水平检测，做好教育基本现代化“回头看”工作。推进基础教育高位优质均衡发展，启动义务教育优质均衡区（县、市）创建工作，争创全国首批义务教育优质均衡区（县、市）。深入推进“基础教育课程改革实验示范区”建设，优化初中部分基础性课程分层走班试点工作。深化中考中招制度改革，建立和完善中学生综合素质评价体系。开展普通高中教育质量监测，支持初高中衔接教学实验。加强学考选考指导，做好新高考迎考工作。强化教科研工作的引领支撑作用，不断提升基础教育发展品质。

4. 完善城乡义务教育经费保障机制，实现教育公平

为了贯彻落实《国务院关于进一步完善城乡义务教育经费保障机制的通知》（国发〔2015〕67号）和《浙江省人民政府关于进一步完善城乡义务教育经费保障机制的通知》（浙政发〔2016〕16号）的精神，统筹城乡

义务教育均衡发展，2018 年，宁波市研究决定进一步调整完善本市的义务教育经费保障制度，建立与国家、省相衔接的、统一的城乡义务教育经费保障机制。

进一步完善“两免一补”政策。对城乡义务教育学生、民办学校学生免除学杂费，免费提供教科书，并对家庭经济困难寄宿生补助生活费；统一城乡义务教育学校生均公用经费基准定额。对城乡义务教育学校按照不低于市定基准定额的标准补助公用经费，并适当提高寄宿制学校、规模较小学校的补助水平。为城乡义务教育工作的推进，特别是困难家庭学生受教育提供了保障。

（五）结论与建议

党的十八大以来，在以习近平同志为核心的党中央正确领导下，在习近平新时代中国特色社会主义思想指引下，我国教育事业取得了全方位、开创性、历史性成就，发生了深层次、根本性、历史性变革，教育的中国特色更加鲜明，教育现代化步伐加速，人民群众教育获得感明显增强，中国教育世界影响力加快提升，教育改革向纵深推进，总体发展水平已进入世界中上行列。

但是不可否认的是，我国教育事业还存在一些问题有待解决。教育部部长陈宝生在 2018 年全国教育工作会议上详细列举党的十八大以来中国教育事业发展成就之后强调：“我国教育整体大踏步前进，但局部差距依然存在；人民群众总体受教育机会大幅提升，但个性化、多样化需求仍未有效满足……解决教育发展不平衡不充分的问题，将是我们长期要面对的工作主题。”为了进一步解决基础教育发展过程中存在的问题，从公共服务和管理的角度来说需要从以下方面着手，推动教育事业的发展。

1. 推进教育公平，实现城乡、区域均衡化发展

教育投入是教育改革和发展的前提，也是实现教育公平的基础。减少教育不公平现象，关键在于扩大教育供给、增加教育投入，以满足人们对教育的需求。在基础教育阶段要坚决实行免费教育，提高中小学教师待遇，提升义务教育普及水平，继续高标准、高质量地普及九年义务教育；在高中阶

段，严格控制学校高收费的趋势，建立在高中阶段面向贫困学生的助学金和奖学金制度，探索农村发展职业高中的新形式；在高等教育阶段，完善以“奖、贷、助、补、免”为主的贫困生资助体系。政府还应加大对义务教育的政策倾斜力度，向中西部地区尤其是西部地区倾斜，向农村倾斜，向少数民族地区倾斜，向广大中低收入家庭的子女倾斜，在这些地区、家庭实行完全免费的义务教育，甚至给予一定的学习资助。对这些地区的教育投入主要应依靠政府投资。

此外，教育法制建设是促进教育公平的重要环节，是维护教育公平已有成果的重要手段。通过立法程序，把国家关于促进教育公平的方针政策、制度措施、实现目标等用法律形式固定下来，使之成为整个国家的意志和整个社会所遵循的准则，是促进教育公平的最有效的措施。以法律保障教育公平必须建立健全教育法律体系，真正做到有法可依、严格执法、违法必究，尤其应加强在教育腐败、流动人口子女入学、教育行政机关监督等领域的立法、执法、监督工作。

2. 加强教师队伍管理，培养优质师资力量

培养德、智、体、美、劳全面发展的学生，提升教育的高质量发展，离不开教育战线广大教师和教育工作者的辛勤耕耘、爱岗敬业、开拓创新、无私奉献。因此，要把教学成果、教育质量作为考核学校、考核教师的主要标准和依据，与教师的绩效工资、职称评定、评先选优挂钩，充分调动各级学校、广大教师和教育工作者狠抓教育质量的积极性和主动性，积极营造想上课、能上课、上好课的良好局面；狠抓师德师风建设和校风校纪整顿，严格规范课后服务行为，强力整治乱补课、乱收费等问题，严肃处理教师脱贫攻坚帮扶工作搞形式、走过场行为，加大曝光力度，让教育系统知敬畏、守底线，真正打造教育净土，为学生创造一个良好的学习成长环境。

五 社保就业篇

2018 年社会保障和就业满意度得分为 55.83 分，在公共服务九项要素

中排第6位。2018年社会保障和就业满意度排名前三的城市是拉萨、厦门、杭州，得分分别为71.63分、63.72分、63.49分。相比2017年，只有厦门的满意度得分连续两年进入前三名，说明厦门社会保障和就业领域的发展呈现良好态势。在38个主要城市中，2018年满意度得分超过平均水平的只有16个城市，相较于2017年的19个城市，减少了3个，说明我国在社会保障和就业方面的发展依然存在不少短板（见图4－17、表4－11）。

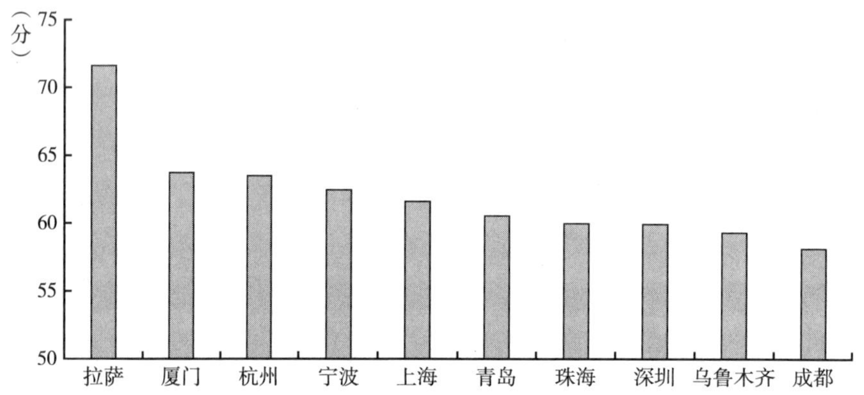

图4－17　2018年社保就业要素满意度排名前10名城市得分

表4－11　2018年38个城市社保就业要素满意度总体排名

单位：分

城市	得分	排名	城市	得分	排名
拉萨	71.63	1	重庆	56.71	12
厦门	63.72	2	广州	56.68	13
杭州	63.49	3	天津	56.47	14
宁波	62.45	4	长沙	56.24	15
上海	61.60	5	福州	56.10	16
青岛	60.54	6	武汉	55.74	17
珠海	59.98	7	济南	55.72	18
深圳	59.93	8	银川	55.46	19
乌鲁木齐	59.31	9	合肥	55.19	20
成都	58.12	10	贵阳	55.05	21
北京	57.88	11	西宁	54.73	22

续表

城市	得分	排名	城市	得分	排名
太原	54. 24	23	南昌	52. 02	31
南宁	53. 85	24	兰州	52. 01	32
南京	53. 48	25	海口	51. 57	33
昆明	52. 93	26	沈阳	51. 55	34
呼和浩特	52. 78	27	长春	50. 50	35
大连	52. 76	28	汕头	50. 03	36
石家庄	52. 59	29	哈尔滨	48. 72	37
郑州	52. 26	30	西安	47. 47	38
全国要素满意度	55. 83				

（一）横向对比

在2018年的社会保障和就业满意度调查中，38个主要城市的平均得分为55. 83分，其中最高分为71. 63分，最低分为47. 47分，最高分与最低分相差24. 16分，说明城市之间的发展存在较大差异。排名前10位的城市依次为拉萨、厦门、杭州、宁波、上海、青岛、珠海、深圳、乌鲁木齐、成都，其中东部城市有7个，西部城市有3个，而且38个主要城市中仅有16个城市该项的得分超过平均值，占比只有4成多，这些数据都从侧面反映出我国社会保障和就业工作在各地区的发展并不均衡。

（二）纵向对比

1. 2018年与2017年社保就业要素满意度前10城市对比

从图4－18和表4－12中可以看出，2018年社会保障和就业要素满意度得分与2017年相比有明显下降。通过对比满意度前10城市，可以发现拉萨、厦门、杭州、青岛连续两年进入该要素前10名，说明这些城市的社会保障和就业取得良好发展。其中，厦门的社会保障和就业工作发展效果最为显著，在2017年排名第1，在2018年排名第2，说明厦门在社会保障和就业发展方面更加受到人民群众的认可，对其他城市的社会保障和就业发展有可借鉴的经验。

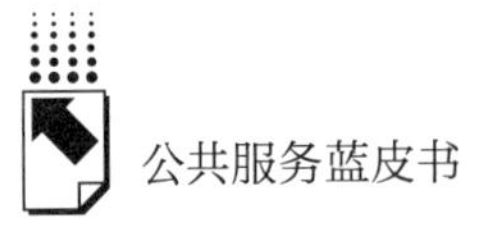

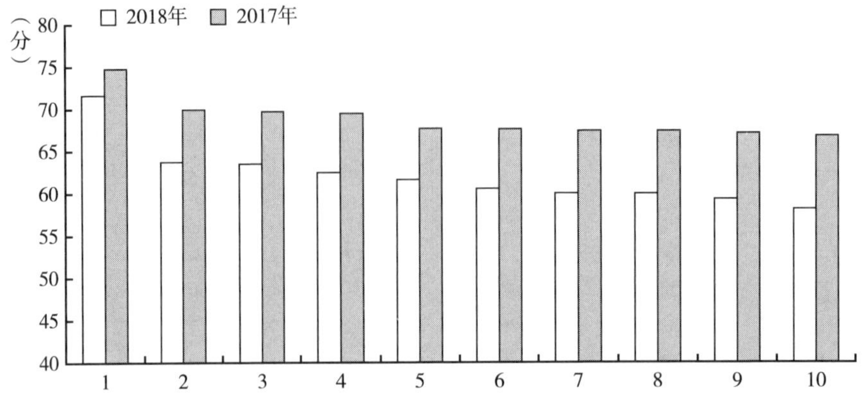

图 4－18　2018 年与 2017 年社保就业要素满意度排名前 10 城市对比

表 4－12　2018 年与 2017 年社保就业要素满意度排名前 10 城市得分情况

2018 年			2017 年		
城市	得分	排名	城市	得分	排名
拉萨	71.63	1	厦门	74.76	1
厦门	63.72	2	济南	69.93	2
杭州	63.49	3	青岛	69.70	3
宁波	62.45	4	杭州	69.47	4
上海	61.60	5	福州	67.67	5
青岛	60.54	6	大连	67.61	6
珠海	59.98	7	拉萨	67.39	7
深圳	59.93	8	西宁	67.38	8
乌鲁木齐	59.31	9	海口	67.12	9
成都	58.12	10	重庆	66.79	10
全国要素满意度	55.83		全国要素满意度	64.90	

2. 2011～2018年社保就业要素满意度及排名对比

图 4－19 反映的是过去八年公众对社保就业要素满意度得分变化。2011～2017 年，社会保障和就业满意度得分呈明显上升趋势，其中 2011～2012 年的满意度得分增幅最大，达到 45%，2012～2017 年呈现出稳步增长的态势，社保就业满意度得分在 2017 年达到历史最高值，为 64.90 分，2018 年由于

满意度评价体系及评价方法发生重大变化，评价结果仅供参考，暂不参与比较。

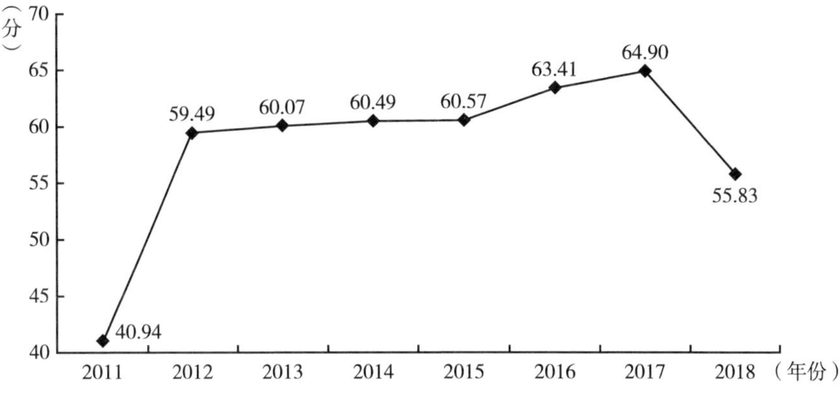

图 4－19　2011～2018 年社保就业要素满意度分值变化

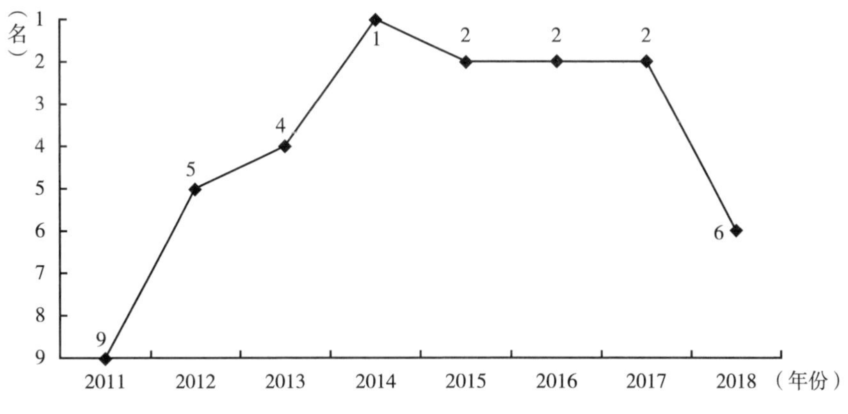

图 4－20　2011～2018 年社保就业要素满意度排名变化

图 4－20 反映的是过去八年内公众对社保就业要素满意度排名的变化。可以看出，2011～2014 年的满意度排名持续上升，在 2014 年达到排名第 1 的历史最佳状态，而后的 2015 年、2016 年、2017 年排名均处于第 2 的位置，但是在 2018 年的最新调查中，社保就业要素满意度排名跌至第 6 位，也从侧面反映出社保就业领域的各种矛盾和问题不断增多，改革仍有待持续发力。

（三）结果分析

第一，2011～2017年社会保障和就业满意度逐年增长，满意度排名也呈现整体上升趋势，其中2017年的满意度得分（64.90分）为历史最高点，2014年的满意度排名甚至达到第1，这些都表明我国的社会保障和就业工作取得了不小进步。然而，我们依然要清醒地看到，在2018年的满意度调查中，38个主要城市中满意度得分超过60分的城市只有6个，说明我国的社会保障和就业工作仍有较大的发展空间。

第二，就业是最大的民生，社会保障是群众最后的倚仗。当前，我国社会保障制度体系不断完善，覆盖全体国民的基本养老保险、基本医疗保险制度体系已经形成，待遇水平稳步提高。

（四）优秀城市经验推介——厦门市

2018年，厦门社保就业满意度得分在38个主要城市中排名第2，2017年得分排名第1，连续两年名列前茅，说明厦门在社会保障和就业方面的经验值得其他城市学习。

1. 民生为本，完善就业创业政策体系

第一，完善政策，建立健全就业创业政策体系。出台做好当前和今后一段时间就业创业工作的系列文件，以便促进重点群体就业创业。第二，加强协作，推进东西部扶贫任务落实。一方面，建立对口帮扶工作机制；另一方面，从政策措施上调动企业接收和劳动力来厦积极性。第三，周密部署，全面开展就业登记信息排查。不仅对用人单位开展就业登记大排查，而且对长期失业人员、因规模性失业突发事件也要开展隐患排查工作。第四，搭建平台，千方百计服务企业用工。比如，组织企业参加校企合作对接会，推动省外劳务输入基地建设工作等。第五，鼓励创业，促进以创业带动就业。举办创业项目推介会，扶持创业资助项目和创业孵化基地，落实各项创业优惠政策。

2. 人才优先，大力加强人才队伍建设

第一，加大人才引进集聚力度。加强人才需求开发，深入推进厦台人力资源开发合作工作，提升外籍人员在厦就业服务便利水平。第二，规范人力资源市场秩序。开展职业介绍机构清理整顿工作，实施人力资源服务机构年度验证制度，加强人力资源服务机构和人力资源服务业诚信体系建设。第三，搭建招才引智平台，服务产业发展。做好留学人员服务工作，举办各类洽谈会，扶持留学人员企业发展。第四，探索职称制度改革，推动优化职称评价体系。创新人才评价机制，发挥用人主体在职称评审中的主导作用，实现职称评价为人才培养和使用服务，为行业和企业发展服务。

3. 服务至上，不断提高社会保障服务水平

第一，及时完成社会保险待遇足额发放，保障社会保险权益。做好养老保险待遇的审核发放工作，做好工伤保险待遇的审核支付工作，做好失业保险待遇的审核发放工作。第二，加快落实惠民利民政策，做好社保经办管理工作。继续实施机关事业单位养老保险制度改革，执行城乡居民养老保险丧葬补助金制度，努力探索劳动能力鉴定工作新模式。第三，防控社保经办风险，强化基金监督管理。落实事中、事后监管要求，履行日常稽核管理职能。第四，深化推进社保公共服务体系试点建设。深化经办改革，推进“放管服”，持续开展“减证便民”专项行动。

4. 温暖人社，构建和谐平稳劳动关系

第一，协同联动推进和谐劳动关系构建。提升构建和谐劳动关系的层级，开展市级劳动关系和谐单位认定工作，全面落实劳动合同制度，推动工资集体协商工作的全面开展。第二，认真部署开展各项专项执法检查。联合建设局、公安局、总工会等多部门深入开展解决企业工资拖欠问题专项执法检查。第三，加强劳动保障监察，健全劳动保障监察制度。全面推进劳动保障监察“两网化”建设，大力开展劳动监察“双随机”抽查工作。第四，全面推行用人单位工资支付行为信用等级评价工作。同时，将评价等级名单抄报公共信用信息主管部门以及组织部门、统战部门和市解决企业工资拖欠问题部门联席会议有关成员单位，进行守信激励和失信惩戒。第五，加强劳

动争议调解仲裁工作。指导基层调解组织建立健全集体劳动争议预告及应急调解机制，制定各区派出庭或调解点硬件建设和软件建设具体标准。

（五）结论建议

1. 保持战略定位，稳步推进改革

坚决贯彻落实党中央、国务院、人社部关于社保就业的总方针和路线图，坚持以渐进式改革推动社会保障体系建设不断取得突破。社会保障体系建设涉及复杂的利益关系调整，必须立足当前、着眼长远，把握客观规律，积累改革经验。党和政府充分考虑发展实际和各方面的承受能力，坚持试点先行、由点及面，正确处理改革发展稳定关系，合理把握改革的节奏和力度，渐进式推动社会保障制度改革。让改革发展成果更多更公平地惠及全体人民，不断促进经济社会全面发展，逐步实现全体人民共同富裕，使社会主义制度优越性得到充分体现。

2. 紧抓主要矛盾，解决群众痛点

经过长期努力，中国特色社会主义已经步入新时代，我国社会主要矛盾已经转化为人民日益增长的美好生活需要和不平衡不充分的发展之间的矛盾，人民群众期盼享有更加可靠的社会保障。当前和今后一个时期，社会保障工作仍然面临不少困难和挑战，也面临着难得的历史机遇和有利条件。党的十九大明确提出，按照兜底线、织密网、建机制的要求，全面建成覆盖全民、城乡统筹、权责清晰、保障适度、可持续的多层次社会保障体系。我们必须以习近平新时代中国特色社会主义思想为指导，以新时期社保就业这一公共服务领域中存在的“不充分、不均衡”的问题为主线，以人民满意为目标，开展集中攻坚，解决群众痛点。

3. 持续改进作风，推动服务升级

改革创新、锐意进取，扎实做好各项社会保障工作，以办事群众为主视角，再造服务流程，打通部门壁垒，让办事群众少跑路，甚至不跑路。完善从中央到省、市、县、乡镇（街道）的五级社会保障管理体系和服务网络建设，为参保单位和群众广泛开展社保登记、待遇支付、政策咨询等服务。以信息化为支撑，加强“金保工程”建设，全面实施“互联网+人社”行动计划，进一步简化优化再造服务流程，积极推动数据共享和互联互通。与此同时，加强基层经办机构能力建设，持续改进工作作风，不断提升为民服务品质。

4. 坚持市场导向，实现充分就业

我国是人口大国，要实现充分就业，必须坚持市场导向的就业改革不动摇，必须发挥市场机制在人力资源配置中的决定性作用。深入贯彻落实习近平总书记关于就业工作的一系列重要论述，深刻领会做好就业工作的重大意义，正确把握就业工作的基本规律、目标任务和基本要求，把促进就业作为重大政治责任切实抓紧、抓实、抓好。坚持发挥市场在促进就业中的决定性作用，推动统一开放、竞争有序的人力资源市场体系建设，支持鼓励大众创业、万众创新，以创新创业带动就业，逐步形成供求双向选择、劳动者自主就业创业新格局。就业市场化改革的稳步推进，将有力地促进人力资源合理流动和有效配置，进而推动人力资源的充分开发和有效利用。

5. 优化就业结构，完善就业政策

改革开放40年来，我们以改革“统包统配”的就业制度为突破口，广开就业门路，推动组织起来就业和自谋职业。随着改革不断深入，计划经济时代“统包统配”的就业制度已经得到根本转变。从城乡二元体制改革入手，不断扩大城镇就业人员规模；从产业结构调整入手，引导第三产业成为吸纳就业的主体；从市场经济多元发展入手，逐步提高私营企业和个体从业人员在城乡就业人员中的比重。就业是最大的民生，就业形势的改善也不可能做到一蹴而就，综合考虑国内外各种因素尤其是我国经济发展向好态势，只要坚持以习近平新时代中国特色社会主义思想为指导，坚持以人民为中心的发展思想，持续深化改革，我们就有信心实现更高质量、更加充分的就业目标。

六　医疗卫生篇

2018 年医疗卫生满意度得分为 62.95 分，在公共服务九项要素中排第 3

位，医疗卫生的满意度是地看病时的费用是否方便和医疗卫生整体情况的感受。在38个主要城市中，排名第一的厦门得分为69.11分；杭州排第2位，得分为69.1分；拉萨排第3位，得分为67.86分（见图4－21、表4－13）。

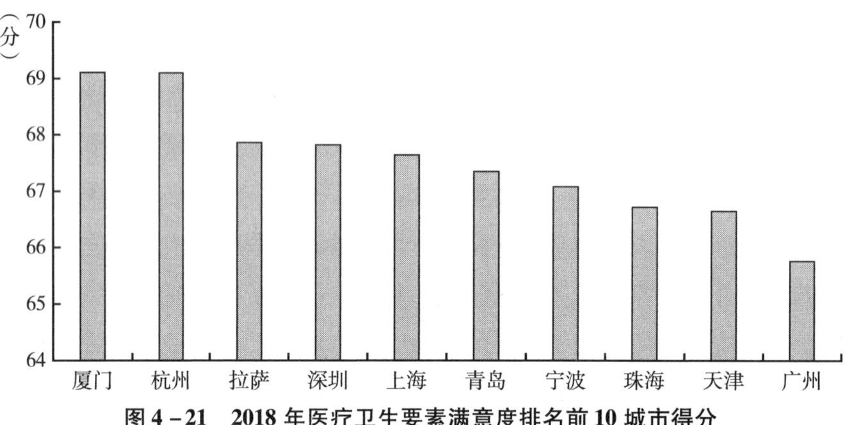

图4－21　2018年医疗卫生要素满意度排名前10城市得分

表4－13　2018年38个城市医疗卫生要素满意度总体排名

单位：分

城市	得分	排名	城市	得分	排名
厦门	69.11	1	南宁	63.34	20
杭州	69.10	2	石家庄	62.99	21
拉萨	67.86	3	长沙	62.95	22
深圳	67.82	4	沈阳	62.90	23
上海	67.64	5	太原	61.38	24
青岛	67.35	6	郑州	61.31	25
宁波	67.08	7	海口	60.46	26
珠海	66.72	8	兰州	60.42	27
天津	66.65	9	西宁	59.85	28
广州	65.76	10	南京	59.38	29
北京	65.49	11	昆明	59.32	30
成都	65.26	12	长春	59.17	31
乌鲁木齐	64.65	13	大连	58.99	32
合肥	64.34	14	呼和浩特	58.80	33
银川	64.30	15	汕头	58.41	34
重庆	63.82	16	南昌	57.93	35
济南	63.78	17	贵阳	57.26	36
武汉	63.56	18	西安	57.08	37
福州	63.51	19	哈尔滨	56.19	38
全国要素满意度	62.95				

（一）横向对比

从图4－21和表4－13可以看出，2018年度，38个主要城市医疗卫生要素满意度最高分为69.11分，最低分为56.19分，平均分为62.95分。前10位的城市依次为厦门、杭州、拉萨、深圳、上海、青岛、宁波、珠海、天津、广州，得分分别为69.11、69.10、67.86、67.82、67.64、67.35、67.08、66.72、66.65和65.76分，其中东部城市有9个，西部城市有1个。从与平均得分的比较看，38个城市中共有21个城市得分超过平均分。

（二）纵向对比

1. 2018年与2017年医疗卫生要素满意度前10城市对比

从图4－22和表4－14可以看出，2018年38个城市的医疗卫生要素满意度得分为62.95分，其中得分最高的为厦门市，得分为69.11分。从2018年与2017年排名前10的城市得分情况来看，厦门、青岛、珠海、广州连续两年排名位居前10。

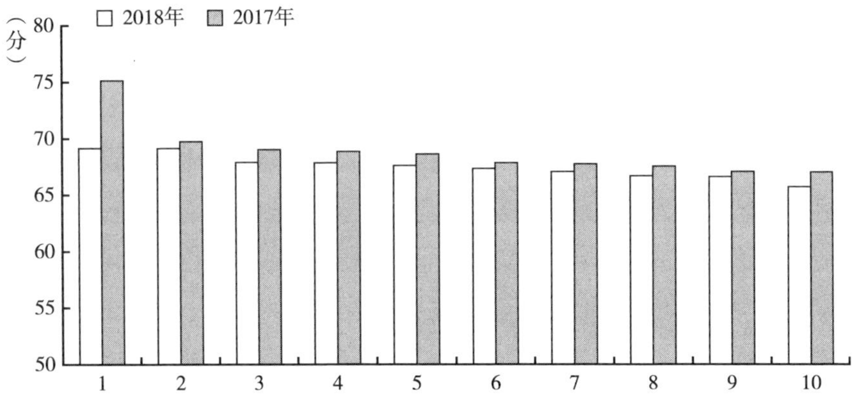

图4－22　2018年与2017年医疗卫生要素满意度排名前10城市对比

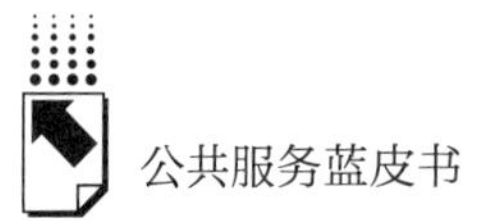

表 4－14　2018 年与 2017 年医疗卫生要素满意度排名前 10 城市得分情况

单位：分

2018 年			2017 年		
城市	得分	排名	城市	得分	排名
厦门	69.11	1	厦门	75.11	1
杭州	69.10	2	济南	69.73	2
拉萨	67.86	3	大连	68.98	3
深圳	67.82	4	长春	68.88	4
上海	67.64	5	青岛	68.62	5
青岛	67.35	6	西宁	67.81	6
宁波	67.08	7	珠海	67.74	7
珠海	66.72	8	长沙	67.53	8
天津	66.65	9	广州	67.08	9
广州	65.76	10	武汉	67.03	10
全国要素满意度	62.95		全国要素满意度	64.69	

2. 2011～2018年医疗卫生要素满意度及排名对比

图 4－23 反映的是过去八年内公众对医疗卫生要素满意度得分变化。可以看出，2011～2018 年医疗卫生要素得分呈现波动趋势，2012 年排第二，为 64.32 分，随后逐年下降，2014 年最低，为 58.24 分，2017 年得分最高为 64.69 分。由于 2018 年满意度评价体系和评价方式发生变化，评价结果仅供参考。

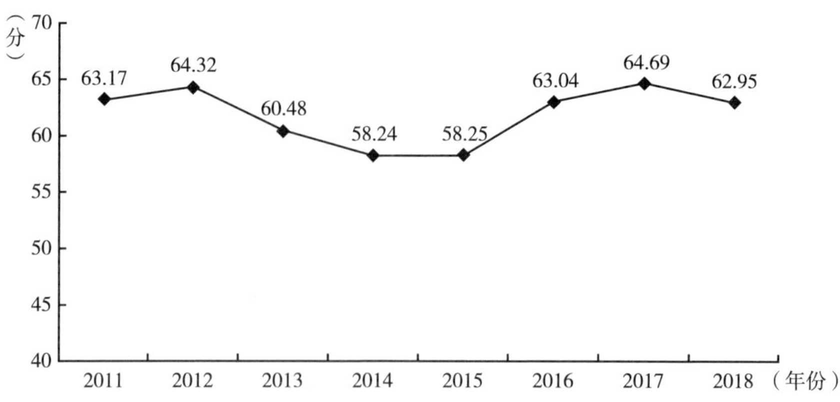

图 4－23　2011～2018 年医疗卫生要素满意度分值变化

图 4－24 反映的是过去八年内医疗卫生要素满意度排名变化。与满意度分值变化趋势接近，2012 年医疗卫生要素在九要素中排第 1 位，之后排名下降，2015 年排名最低，排第 6 位，2016 年之后一直排名第 3 位。

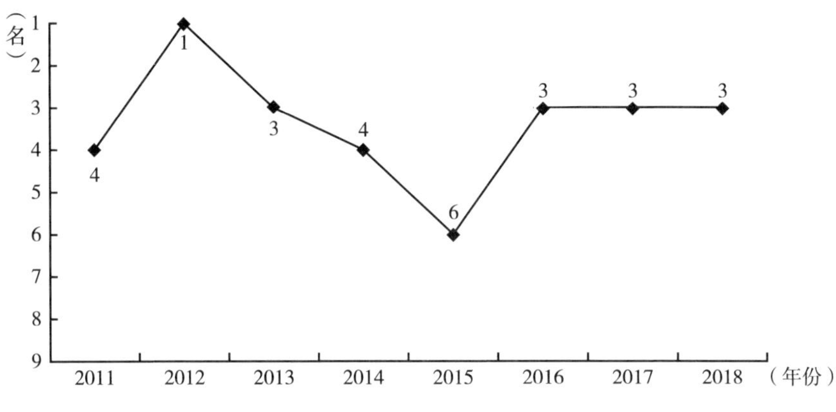

图 4－24　2011～2018 年医疗卫生要素满意度排名变化

（三）结果分析

根据课题组 2011～2017 年调查的总体情况来看，医疗卫生的关注度排名第一，这不仅表明医疗卫生是广大民众重点关注的公共服务领域，也反映了广大民众对不断完善公共医疗卫生服务的热切期望。作为公众关注度最高的公共服务领域，医疗卫生要素的满意度指标综合反映了民众对公共卫生、公立医疗服务、医疗诊疗水平、公共医疗卫生资源效率和费用负担以及公共卫生、公立医疗服务、基本医疗保障和公共健康管理领域的综合性主体认知水平。医疗卫生满意度也是一个综合指标，不等同于公立医院就医服务的满意度等特定专业指标。对医院诊疗服务的测评等特定专业指标具有条件分布特征和专业范式，采取全社会范围的抽样调查方式可能存在样本选择性偏差。从调查研究的分项评价结果看，城市医疗卫生情况满意度水平与医疗支出的痛感负相关（相关系数－0.53），而与公共医疗设施的便利性正相关（相关系数 0.49）。

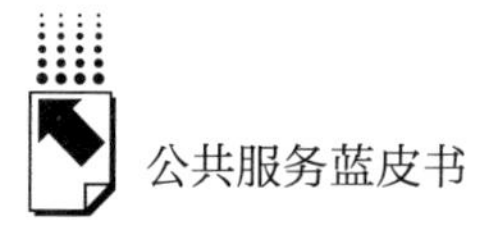

2018 年，38 个主要城市医疗卫生满意度平均分为 62.95 分，在九项公共服务要素中排名第 3。能够在广泛关注和热切期盼下取得靠前的评价排名，与 2009 年以来新一轮医疗卫生体制改革和党的十八大以来全面深化医改改善卫生健康服务的工作紧密相关，它反映了近年来医疗卫生领域改革取得的积极进展。但测度值也表明，当前的医疗卫生水平仍与人民群众对于美好生活向往以及建设“健康中国”的战略目标具有一定差距，深化医改，给广大民众提供连续系统公平可及的全方位全周期健康服务，是未来公共服务领域的重点。

（四）优秀城市经验推介——厦门市

2018 年厦门市医疗卫生要素满意度得分为 69.11 分，在 38 个城市中排名第 1。

近年来，厦门市高度重视基本医疗和公共卫生计生事业，于 2017 年 4 月公布了《厦门市“十三五”卫生计生事业发展专项规划》，对厦门市基本医疗和公共卫生计生事业基本原则、发展目标、主要任务做出部署。2017 年 11 月发布《“健康厦门 2030”行动规划》，对建设健康厦门提出明确目标。厦门市不断深化医药卫生体制改革，加强医疗卫生服务体系建设，提高公共卫生服务水平，厦门市医疗卫生服务较大程度上得到了公众的认可。

深化医药卫生体制改革，加强医疗卫生服务体系建设。厦门市持续深入推进公立医院管理体制改革，一是落实政府投入责任，规范合理用药和药物临床使用管理，进一步调整理顺医疗服务价格，健全公立医院价格补偿动态调整机制。二是健全市属公立医院现代医院管理制度，推进公立医院章程制定工作，发挥医管委的决策和监督作用，加强医院财务会计、医疗质量管理与控制，规范诊疗行为，强化公立医院精细化管理，提高医疗管理服务质量和效率。三是积极推进公立医院人事薪酬制度改革，完善工资总额管理办法，实施公立医院院长年薪制，提高人员支出占医院业务支出的比例，着力体现医务人员技术劳务价值，合理确定医务人员收入水平，并建立动态调整机制。同时，根据绩效考核自主进行收入分配，多劳多得、优绩优酬，重点向临床一线、业务骨干、关键岗位等人员倾斜。完善以公益性为导向的公立医院考核机制，考核结果与医院财政补助、医保支付、工资总额以及院长薪酬、任免、奖惩等挂钩。四是大力实施科教兴医、人才强卫战略，进一步加强专业人才队伍和领先学科建设。五是在岛内积极推进构建“院办院管”一体化医疗集团，在岛外开展区域紧密型医联体建设试点。六是全面推进家庭医生签约服务，完善“三师共管”分级诊疗模式，推进分级诊疗工作与慢性病健康管理服务和国际接轨。七是以健康城市试点工作为抓手，进一步加强公共卫生体系能力建设，构建陆海空立体化紧急医学救援网络。

以健康城市试点工作为抓手，积极推进健康厦门战略。厦门市依托实施“健康中国”战略，贯彻落实《“健康厦门2030”行动规划》，完善领导推进机制、工作考核机制、健康影响评价机制，积极推进健康中国示范城市创建工作，推进共建共享、全民健康。厦门市以为人民提供全方位、全周期维护健康服务和提高人民健康水平为目标，改革创新体制机制，把健康融入所有政策，开展普及健康生活、优化健康服务、完善健康保障、建设健康环境、发展健康产业等工作。《“健康厦门2030”行动规划》明确提出到2030年厦门主要健康指标要达到高收入国家水平，人均预期寿命达到82岁左右；依托国家健康医疗大数据中心项目建设，积极构建健康大数据服务平台，推进“互联网+分级诊疗+医保结算”；推动全民健身和全民健康深度融合，加大健身场所设施建设和学校体育场地向社会开放力度，完善城市社区15分钟健身圈。2017年以来，厦门市积极做好重点传染病防治工作，推进慢病一体化防治管理工作；扎实开展严重精神障碍管理治疗工作，推进精神卫生综合管理试点工作；坚持中西医并重，促进中医药事业发展；大力推进减盐、减油、减糖和健康口腔、健康体重、健康骨骼的“三减三健”专项行动，开展全民健康生活方式主题日等宣传活动，健康厦门建设有序推进。

（五）结论与建议

基本医疗和公共卫生是基本公共服务的重要组成部分，是建设健康中国的重要内容。《“健康中国2030”规划纲要》指出：“健康是促进人的全面发展的必然要求，是经济社会发展的基础条件，是民族昌盛和国家富强的重要标志，也是广大人民群众的共同追求。”党的十九大报告指出，人民健康是民族昌盛和国家富强的重要标志，明确提出实施健康中国战略。新时期，改善基本医疗和公共卫生服务，要按照健康中国战略的总体部署，深化医药卫生体制改革，健全中国特色基本医疗卫生制度，加强基层医疗卫生服务体系建设，全面提升公共卫生服务水平。

健全中国特色基本医疗卫生制度。一是全面建立分级诊疗制度。建立分级诊疗制度是医疗卫生体制改革的重要内容。要在明确各级各类医疗卫生机构功能定位的基础上，优化医疗资源结构和布局，建立城市医疗集团、县域医疗共同体、区域专科联盟等多种形式的医疗联合体，构建“基层首诊、双向转诊、急慢分治、下下联动”的分级诊疗制度，推进分级诊疗取得实效。二是建立健全现代医院管理制度。要明确政府办医职责，落实公立医院经营管理自主权，建立“权责清晰、管理科学、治理完善、运行高效、监督有力”的现代医院管理制度。三是健全全民医疗保障制度。要建立健全基本医保、大病保险、医疗救助、疾病应急救助、商业健康保险和慈善救助的多层次医疗保障制度；进一步完善城乡居民基本医疗保险制度，建立统一的城乡居民基本医疗保险制度和大病保险制度，加强制度衔接；完善异地就医管理和费用结算平台，实现异地就医基本医保直接结算。四是深化药品流通管理体制改革。全面取消以药养医，健全药品供应保障机制，完善基本药物制度，完善药品、耗材集中采购机制，推进国家药品价格谈判，推行药品采购“两票制”，降低虚高价格，完善并落实药品生产、流通、使用各环节的政策，鼓励新药研发。

加强基层医疗卫生服务体系建设。要以基层为重点，推动基本医疗和公共卫生工作重心下移、资源下沉，推进财力、物力和医疗技术人员向基层配置，深化医教协同，加强全科医生和卫生人才培养培训，建设壮大基层医疗卫生人才队伍，促进基层医疗卫生服务机构硬件和软件双提升。

全面提升公共卫生服务水平。要树立大卫生、大健康的观念，坚持预防为主，把以治病为中心转变为以人民健康为中心。要建立健全健康教育体系，提升全民健康素养，倡导健康文明的生活方式，争取让群众不得病、少得病。要加大健康产业培育力度，促进健康与养老、旅游、休闲等产业整合发展，充分调动社会力量增加供给。要继承和发挥爱国卫生运动优良传统，要贯彻食品安全法，完善食品安全体系。要发挥中医药在治未病中的主导作用，发挥中医药在重大疾病治疗中的协同作用，发挥中医药在疾病康复中的核心作用。

七　城市环境篇

2018 年城市环境要素满意度得分为65.47 分，较2017 年的64.25 分提升了1.22 分，较2016 年的62.05 分提升了3.42 分，在公共服务九项要素中得分排第1 位。2018 年该要素满意度排名前3 的城市为拉萨（78.42 分）、厦门（77.18 分）、海口（74.69 分），与2017 年排名前3 的珠海（84.67 分）、厦门（76.45 分）、上海（72.76 分）相比，有较大变化。

（一）横向对比

如图4－25 和表4－15 所示，2018 年，38 个主要城市的城市环境单项满意度均分为65.47 分，最高分为78.42 分，较2017 年最高分84.67 分减少了6.25 分。最低分为55.45 分，较2017 年最低分53.09 分提高了2.36 分，整体看满意度在提高，但是不同城市间的满意度得分差距依然较大，2018 年最高分与最低分差距为22.97 分，2017 年最高分与最低分差距为31.58 分。该项得分排名进入前10 的城市分别为拉萨、厦门、海口、珠海、杭州、深圳、青岛、西宁、宁波和福州，而2017 年得分排名进入前10 的城市分别为珠海、厦门、上海、青岛、大连、拉萨、长沙、海口、深圳和福

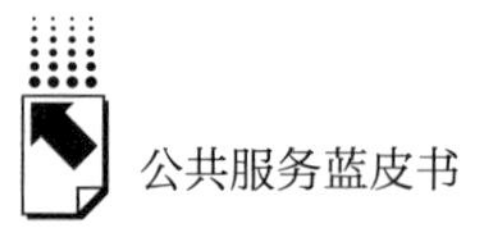

州。两年比较看，其中有7个城市保留在前10位。在前10位中，东部城市占8个，西部城市占2个。

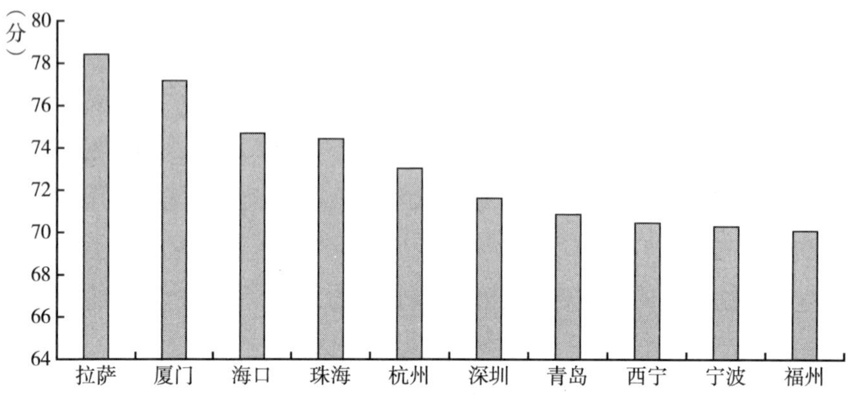

图4－25　2018年城市环境要素满意度排名前10城市得分

表4－15　2018年38个城市环境要素满意度总体排名

单位：分

城市	得分	排名	城市	得分	排名
拉萨	78.42	1	杭州	73.03	5
厦门	77.18	2	深圳	71.62	6
海口	74.69	3	青岛	70.86	7
珠海	74.44	4	西宁	70.47	8
宁波	70.30	9	大连	63.04	24
福州	70.10	10	合肥	62.06	25
银川	69.79	11	呼和浩特	61.89	26
南宁	69.68	12	太原	61.68	27
上海	69.06	13	武汉	61.42	28
重庆	68.44	14	石家庄	60.80	29
贵阳	66.20	15	南京	60.70	30
长沙	66.20	16	郑州	60.58	31
昆明	65.02	17	南昌	60.34	32
成都	64.99	18	沈阳	59.44	33
乌鲁木齐	64.21	19	汕头	58.84	34
天津	63.88	20	长春	58.59	35
广州	63.70	21	兰州	58.15	36
北京	63.62	22	哈尔滨	55.83	37
济南	63.08	23	西安	55.45	38
全国要素满意度	65.47				

（二）纵向对比

1. 2011～2018年城市环境要素满意度前10城市对比

从图4－26和表4－16中可以看出，2018年城市环境要素满意度得分与2017年相比，排名前10的城市全是70分以上，2017年有6个70分以上。

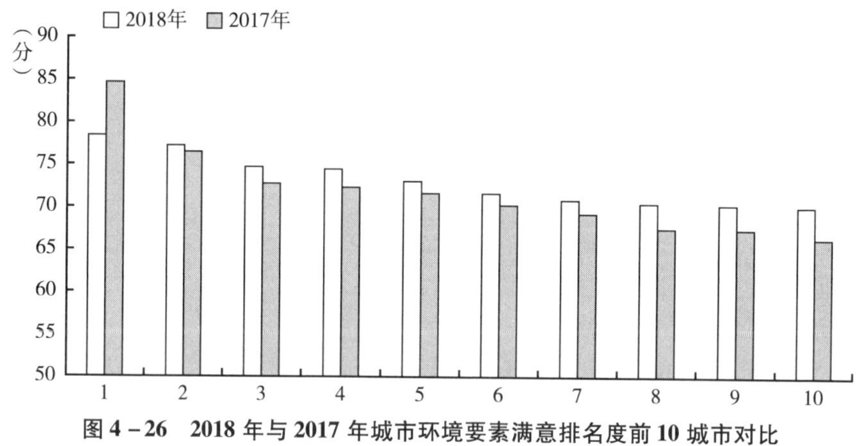

图4－26 2018年与2017年城市环境要素满意排名度前10城市对比

表4－16 2011～2018年城市环境要素满意度排名前10城市得分情况

单位：分

2018年			2017年			2016年			2015年		
城市	得分	排名	城市	得分	排名	城市	得分	排名	城市	得分	排名
拉萨	78.42	1	珠海	84.67	1	珠海	75.73	1	拉萨	84.69	1
厦门	77.18	2	厦门	76.45	2	青岛	71.84	2	昆明	74.43	2
海口	74.69	3	上海	72.76	3	西宁	70.85	3	海口	72.02	3
珠海	74.44	4	青岛	72.31	4	拉萨	70.60	4	厦门	69.29	4
杭州	73.03	5	大连	71.64	5	深圳	69.88	5	珠海	67.76	5
深圳	71.62	6	拉萨	70.25	6	银川	69.07	6	深圳	66.33	6
青岛	70.86	7	长沙	69.25	7	福州	68.35	7	银川	65.09	7
西宁	70.47	8	海口	67.51	8	呼和浩特	67.90	8	青岛	64.72	8
宁波	70.30	9	深圳	67.42	9	海口	67.71	9	重庆	64.67	9
福州	70.10	10	福州	66.35	10	杭州	65.71	10	上海	64.52	10
全国要素满意度	65.47		全国要素满意度	64.25		全国要素满意度	62.05		全国要素满意度	60.52	

续表

2014 年			2013 年			2012 年			2011 年		
城市	得分	排名	城市	得分	排名	城市	得分	排名	城市	得分	排名
拉萨	74.26	1	拉萨	81.69	1	拉萨	78.94	1	珠海	78.39	1
海口	65.51	2	厦门	77.58	2	厦门	77.90	2	海口	77.81	2
厦门	65.33	3	大连	73.33	3	珠海	72.06	3	厦门	75.76	3
银川	64.78	4	青岛	72.14	4	青岛	71.42	4	青岛	74.77	4
珠海	64.63	5	宁波	70.30	5	大连	68.39	5	大连	73.64	5
贵州	63.82	6	珠海	68.88	6	杭州	68.30	6	西宁	73.14	6
重庆	63.48	7	海口	68.64	7	南宁	66.67	7	南宁	72.65	7
青岛	63.47	8	杭州	68.04	8	上海	66.21	8	杭州	72.63	8
成都	62.86	9	深圳	68.04	9	宁波	65.97	9	昆明	71.25	9
太原	62.73	10	长春	66.57	10	昆明	63.91	10	拉萨	70.99	10
全国要素满意度	60.01		全国要素满意度	63.65		全国要素满意度	61.39		全国要素满意度	63.23	

表4－16把2011～2018年排名前10的城市放到一起对比，拉萨、珠海、青岛均位居前10，其中拉萨有5年排名第1。厦门、海口7次进入前10，杭州、深圳5次进入前10，大连4次进入前10，上海、宁波、银川、西宁都3次进入前10。从2011～2018年城市环境满意度变化来看，城市环境要素满意度主要集中在60～66分区间，8年来，2018年成绩表现最好，说明38个主要城市整体城市环境在不断改善。

2. 2011～2018年城市环境要素满意度及排名对比

图4－27和图4－28是2011～2018年城市环境要素满意度得分及排名变化情况。

（三）结果分析

从2011～2018年的城市环境得分情况看，2014年以来处在连续的提升中，满意度呈现持续增长态势。

第一，近几年，38个主要城市环境满意度在整体上呈逐步上升趋势，得益于我国生态文明建设的不断发展。以习近平同志为核心的党中央把生态文明建设摆在改革发展和现代化建设全局位置。党的十九大明确了到本世纪

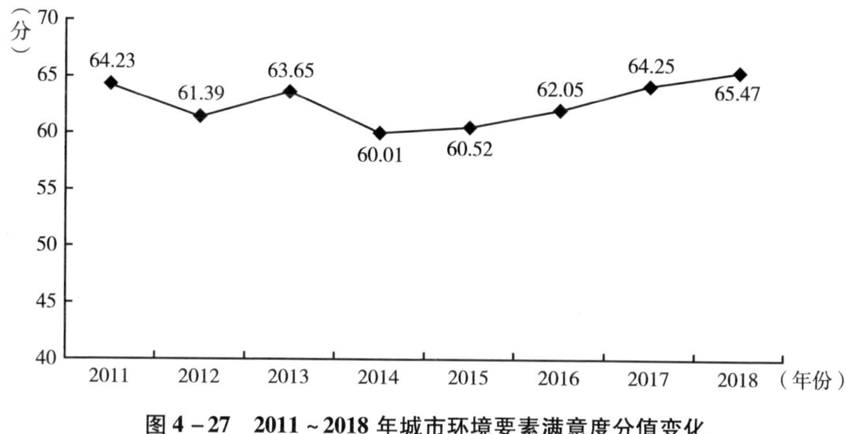

图 4-27　2011～2018 年城市环境要素满意度分值变化

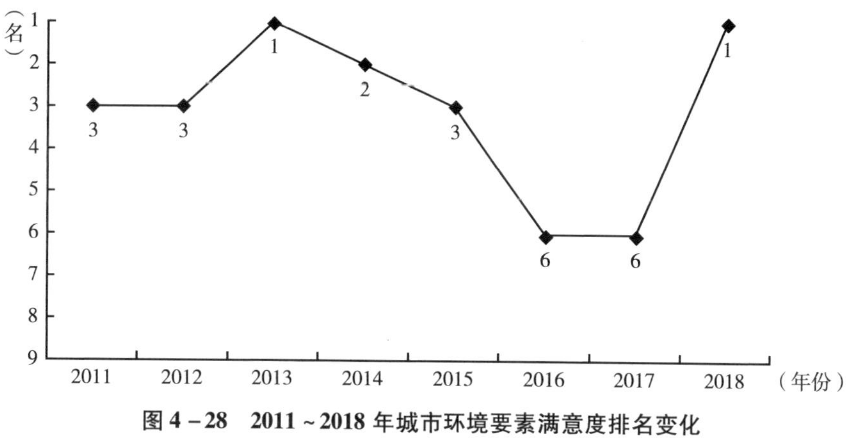

图 4-28　2011～2018 年城市环境要素满意度排名变化

中叶把我国建设成为富强民主文明和谐美丽的社会主义现代化强国的目标，十三届全国人大一次会议通过的宪法修正案，将这一目标载入宪法。党和政府坚定贯彻新发展理念，不断深化生态文明体系改革，推进生态文明建设的决心之大、力度之大、成效之大前所未有，城市环境随之发生较大变化。从规划、立法、环保督查等方面强化制度设计，保证绿色发展的可持续性。坚持节约优先、保护优先、自然恢复为主的方针，倡导和推动全民逐步形成节约资源和保护环境的空间格局、产业结构、生产方式与生活方式，推动可再生能源开发与零排放城市建设融合发展，确保经济建设与环境保护协调、生

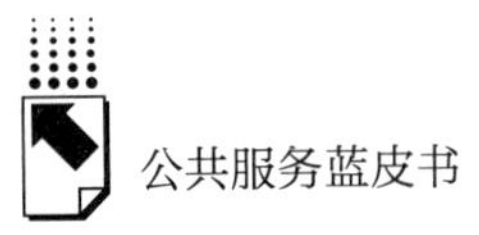

产与生活并重。雾霾天气减少，优质空气天数增多，能直观地说明城市环境明显改善。

第二，“美丽中国”行动计划正在撬动满意度提升。控制污染增量，减少污染存量，不断修复城市生态和自然生态，是美丽中国建设的起点。在雾霾锁城、污水横流、生态恶化的城市环境中，找不到城市的未来。全面打响污染防治攻坚战，就是要控制污染增量，消化污染存量，通过人为干预和自然自净的形式不断改善城市生态。近几年，中央出台的“大气十条”、“水十条”、“土十条”，锁定天蓝水清地净的目标。减少空气中高浓度常见污染物和低浓度高毒性有机污染物、有效进行城市污废水处理，确保城市居民的饮水安全，优化城市固体废物综合利用，从根本上杜绝垃圾围城现象发生。加大城市绿地建设力度，从生态涵养角度进行城市景观设计，使城市景观成为城市市民精神承载的有机组成部分。各城市依据中央要求，不断建立健全本区域的国土空间规划和用途管制制度、分级开发和保护制度，建立多元化的生态保护补偿机制，不断健全环境治理体系。从山水林田湖草是生命共同体理论立场布局城市规划与建设，注重生态要素的关联性和系统整体性，确保环境风险可控。

（四）优秀城市经验推介——珠海市

珠海市是广东生态建设的标杆，是首批“国家环保模范城市”，拥有“中国十大最具幸福感城市”称号，也是“国家森林城市”、“国家生态市”。该市正在致力于打造四季常绿的绿城、四季花开的花城。2018 年 5 月《珠海市城市环境清理规范优化提升工作方案》出台，以实现“干净、整齐、平安、优美”，建设城乡共美的幸福之城为目标，该规划包含三年行动计划和 2018 年重点工作项目，规划描绘了珠海“山海相拥、陆岛相望、城田相映”的山、海、河、田、岛、城、乡和谐共生的整体城市风貌和国际滨海风景名城图景。

第一，突出人民主体，为人民营造优美生态环境，不断满足人民日益增长的美好生活需要。偿还自然欠账，提升环境品质，实施珠海城市景观环境精细化、品质化提升工程。强化生态修复、市政基础设施、海绵城市公共空间、交通设施、风貌提升、历史文化等，未来3年将陆续实施环境提升共计160余项工程。

第二，以城市主轴、主城区、主干道、重点景区、码头区域为第一轮重点整治区域，带动全要素建设。如打造情侣路风情海岸带，对九洲大道、三台石路、红山路、机场东路等道路进行植物绿化、灯光照明、路面铺装、街道设施更新等全要素提升。对户外立柱广告设施、重点路段和场所实行18小时保洁，对人行道、路牙石、护栏、公交亭、果皮箱加强清洗，每日擦拭清除护栏污迹、灰尘、“牛皮癣”。提升珠海道路交通设施集约化、精细化水平，对全市主次干道、重点区域进行排查，优化清理配置不合理、与环境不协调的公益广告，提升全市道路沿线绿化环境水平，优化植物层次，增加植物色彩营造，打造整洁明快、缤纷多彩的道路绿化景观，在道路中央，实行绿化带景观提升，修剪整齐，种植时花。打造凤凰山和板樟山观景点、拱北口岸等门户地区等节点，建立山海城一体的鲜明城市意象，通过夜景灯光营造，提升前山河景观带。

第三，政府在生态建设实践中走在全国前列，干在实处。过去三年，珠海市委、市政府先后出台《珠海经济特区餐厨垃圾管理办法》、《珠海经济特区生态文明建设促进条例》、《珠海市生态控制线管理规定》、《珠海市主体功能区规划》等多项环保法规条例；拟颁布实施《珠海市无居民海岛开发利用管理暂行规定》；正在实施《珠海市城市环境清理规范优化提升工作方案》。该市不断完善生态文明考核机制，实施环保责任清单制度，不断压实部门责任，强化考核监督，确保环境保护责任落到实处。用实实在在的制度约束行为，用行动引领环保意识，用实践强化效果，用效果兑现美好家园的承诺。

（五）结论与建议

生态环境污染已成为民生之患、民心之痛，建设生态文明是中华民族永续发展的千年大计，人口聚集的城市生态环境改善更显紧迫。习近平总书记指出，生态环境是关系党的使命宗旨的重大政治问题，也是关系民生的重大

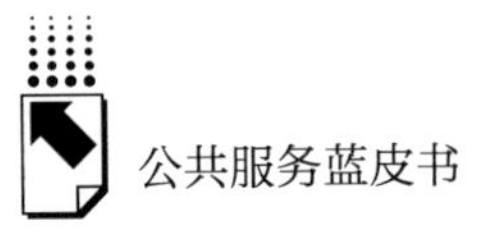

社会问题。必须加大力度推进生态文明建设，解决生态环境问题，坚决打好污染防治攻坚战，推动我国生态文明建设迈上新台阶，推动生态环境保护发生历史性、转折性、全局性变化。实践证明，国家发展的大忌是“挖祖宗坟、砸自己碗、断子孙路”那样的短视发展。生态与人的生存、生活和发展之间呈现正相关。

1. 必须提升城市生态资源配置能力，绝对不能再走“先污染后治理”的邪路

习近平同志指出环境上的“体力透支”在某种意义上就是制度透支。好制度本来是可以规避生态污染的。但在改革开放初期，我们在应对环境风险的问题上透支了社会主义制度的优越性。很多人粗浅地认为，社会主义的天然优越性决定了中国不会走先污染后治理的资本主义老路，但我们低估了生产对环境的破坏力。在很长的一段时间，我们还是选择了用绿水青山换金山银山的歧路。根本原因还是社会主要矛盾决定发展和积累物质财富的优先性，不发展生产力，就会饿死。前些年，“为金山银山可以暂时牺牲绿水青山”、“为了我的金山银山，不顾你的绿水青山”的教训已经足够深刻，用牺牲生命去换取物质财富，注定是得不偿失的。环保不经济、循环不经济、生态不经济是错误的环保逻辑。

城市的竞争力在于创造经得起历史检验的物质财富、精神财富以及生态财富。既涵盖提高人民生活质量的能力，又包括生态这一新的生产性要素的配置能力。生态文明重点就是要突破生态资源配置能力与经济发展能力不均衡问题。生存与发展的紧张关系决定生态文明建设必须被提升到“为子孙万代计，为长远发展谋”的高度。必须坚定不移贯彻新发展理念，坚定不移推进生态文明建设，推动美丽中国建设迈出重要步伐，为人民群众创造更舒适的居住条件、更优美的环境。

离开山清水秀的自然生态，就谈不上活力迸发的经济生态、和谐稳定的社会生态、多彩繁荣的文化生态和风清气正的政治生态，这个自然基础是综合发展的前提。必须大力发展绿色经济、打造绿色家园、完善绿色制度、筑牢绿色屏障、培育绿色文化，促进大生态与大扶贫、大数据、大旅游、大健康等融合发展，着力建设资源节约型、环境友好型社会，努力走出一条速度

快、质量高、百姓富、生态美的绿色发展新路。力争实现绿色经济蓬勃发展、绿色家园美美与共、绿色制度日臻完善、绿色屏障坚实稳固、绿色文化深入人心的活力四射的生态图景。擘画生态蓝图，走绿色经济新路，努力把生态优势转化为发展优势，开创经济效益、社会效益和生态效益多赢局面。加快建设美丽中国、生态文明建设的大趋势，如何利用绿色资源实现可持续发展？“生态兴则文明兴，生态衰则文明衰。”实现绿色发展，关键在保护好绿水青山的基础上，扎实推进生态产业化、产业生态化发展，绿色产业化发展，实现百姓富与生态美共赢发展。优先发展生态利用型产业、循环高效型产业、低碳清洁型产业。

2. 在人民“盼温饱”即将满足之时，必须把人民“盼环保”放到重要位置

在物质供给缺乏的情况下，“盼温饱”比“盼环保”更符合历史唯物主义基本价值判断。因为“一切人类生存的第一个前提也就是一切历史的第一个前提，这个前提就是：人们为了能够‘创造历史’，必须能够生活”。所以发展生产力是第一要务，唯有解放和发展生产力，人民日益增长的物质文化需求才能被满足。“盼温饱”实现之后，“盼环保”才有可能，这正是当前社会主要矛盾转化的根本原因，“人民日益增长的美好生活需要”必然意味着对美好环境、美丽家园、美丽中国的需求，社会主要矛盾的转化意味着物质产品分配和利益结构的调整，共享和需求结构、需求与积累的关系、需求质量与需求模式的变化。从勒紧腰带过苦日子的凭票供给制开始，新中国历经近半个多世纪的产品极度短缺，到“去产能、去库存”的供给侧改革。这种转变意味着获得物质需求满足的人民必然向往超越于物质需求的更立体化的更美好生活、更加美好的环境。

满足人民日益增长的美好生态环境需要，必须跨越“环境的卡夫丁峡谷”。“环境的卡夫丁峡谷”就是指中国在谋求发展时所遇到的资源约束趋紧、环境污染严重、生态系统退化等困难和挑战。到21世纪中叶，把我国建成富强民主文明和谐美丽的社会主义现代化强国，并非易事，必须进行伟大斗争。在绿色家园保卫战中，背离绿水青山就是金山银山的理念，不坚持节约资源和保护环境的基本国策，不能像对待生命一样对待生态环境，不实

行最严格的生态环境保护制度，绿色发展的“环境的卡夫丁峡谷”不仅难以跨越，还会进一步加剧。不能让“盼温饱”、“盼小康”的硬要求，遮蔽被软化但实际需要硬化的“盼环保”的要求。

3. 把市民生态福利要求前置，打响美丽中国建设的攻坚战

打响美丽中国建设的攻坚战。习近平说：“只有实行最严格的制度、最严密的法治，才能为生态文明建设提供可靠保障。”在河北视察时习近平还说：“在绿色发展方面搞上去了，在治理大气污染、解决雾霾方面作出贡献了，那就可以挂红花、当英雄。”强调必须“压减燃煤、控车减油、治污减排、清洁降尘措施”、“要建立大气环境承载能力监测预警机制，确定大气环境承载能力红线”、“要严格指标考核，加强环境执法监管，认真进行责任追究”。聚焦于环境质量提升，着力于解决损害群众健康的突出环境问题，协同强化大气、水、土壤、山林的污染防治。瞄准 2030 年碳排放峰值做文章，结合流域防治、地下水治理、生态考核制度、环境损害终身追究制度、生态补偿制度、碳排放交易制度、耕地轮作休耕制度、中水循环利用补贴制度，实现生态保护时空统一，规划统一，整体推进。

学习借鉴先进国家在固体废弃物二次利用、城市垃圾的减量和使之无害化与再资源化的先进做法。要善于借鉴西方在城市建筑垃圾的减量、物质再循环和再使用的实践努力。探索征收环境税、垃圾税，试点大气排污交易、企业排污权交易、酸雨定额交易、温室气体排放权交易。

4. 展示城市生态环境的“高颜值”，宣传市民践行绿色生产生活方式的“高素质”

城市环境建设以及城市生态改善是展示一个城市“颜值”的提升过程，城市的颜值高低决定着这个城市的吸引力和市民幸福指数的高低。提升城市颜值，需要通过多种渠道：第一，城市“颜值”的底色在于道路交通、供水节水、燃气热力、污水和垃圾处理等城市基础设施建设，在于搞好城市绿化、美化、亮化、净化工程，在于治理好城市的水环境和大气环境，减少“霾雾”天气，提高城市生态环境质量。第二，电线、通信线路下地，特别是老旧城区私搭乱建，管线老化，各种线路错综复杂，影响视觉美感。第

三，规范广告、店面楼宇牌匾，打好“天际线”保卫战。第四，临建违建拆除，见缝插绿，空地植绿，扩地增绿。第五，宣扬市民生活简洁化，反对过度包装、浪费性消费、奢侈性消费。第六，倡导生活领域的资源消减量化、污染物排放减量化、温室气体排放减量化、家庭垃圾减量化。第七，积极开展创建节约型机关、绿色办公和绿色家庭、绿色学校、绿色社区等活动，促进人们在衣食住行游中形成绿色生活消费习惯。第八，搭建公益性展示平台、绿色消费推优平台、绿色理念宣传平台、绿色生活展示平台。

5. 传播绿色文化，培育生态理念，美化家园底色，从自然的“生态外绿”走向“价值内绿”

第一，美丽中国建设与美好生活追求是宏观与微观的统一、国家战略与个人生活改善的统一。“环境共有原则”决定了搭便车的徒劳，良好生态环境是最普惠的民生福祉，推动形成绿色发展方式和生活方式是发展观的一场深刻革命。城市必须立足大生态观建设小生态系统，从“自然之绿”寻找“价值之绿”与“理念之绿”，生态已经不是单纯的自然问题，而是呈现出“生态政治”的明显倾向。“五大发展理念”的提出本身就是一个政治生态建设的问题。从宁要金山银山，不要绿水青山，到绿水青山和金山银山并重，再到绿水青山就是金山银山；从经济发展又快又好，到又好又快，再到经济新常态；从贫穷的社会主义，到唯GDP论，再到经济生态平衡论；从可持续发展、科学发展、两型社会到低碳循环经济、生态文明建设，再到绿色发展理念的形成，中国对绿色发展的认识经历了一个历史过程。从生态文明建设的提出到加强生态文明制度建设再到把生态文明建设纳入法治建设的轨道，绿色理念正在形成气候。进一步培育绿色文化，涵养绿色理念，树立生态文明新风尚，推行绿色生活方式，开展绿色创建活动。

第二，弘扬“天人合一、知行合一”的人文环保精神。维护生态平衡、永续利用自然资源，需要解决好“舍”与“得”的关系，生态智慧不能是先污染后治理，而应该是以超前的眼光研判经济发展与生态的关系，从前人的生态文化遗产中汲取创新发展的智慧。绿色文化作为一种价值理念，它是超越物质财富的精神财富，践行绿色文化，必须体现在行动上的积极参与。

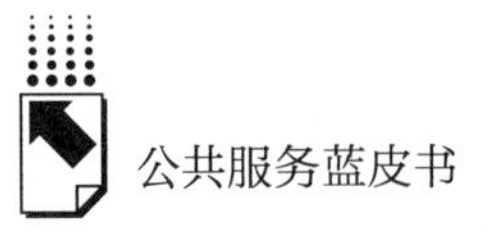

第三，以“自然之绿”内化“价值之绿”。世界上很多国家与城市，起初毫无顾忌地工业化把人类中心主义价值推向极致，而在后工业化时代，伴随着“生态中心主义”的环保理念的崛起，在国家治理、区域治理理念中绿色的因素不断增加，五大发展理念的彼此兼顾，表征生态绿色的自然之镜在中国工业化之路中正不断内化为“价值之绿”，绿色发展、可持续发展理念正在中国大地生根发芽。西塞罗说：大自然的万物都笼罩在乌黑的浓雾中，没有一个人的智慧可以穿透天与地。绿色智慧也许能突破这层迷雾。《寂静的春天》的作者也警示人类：“一个狰狞的幽灵已向我们袭来”，它是破坏环境引发生态危机的工业怪兽。生态危机感越差，破坏环境的幽灵就会四处游荡，以狰狞的面目警示人类。在人化的自然中，自然界不断剥离其自然属性而越来越具有公共属性和社会场域特征。生态系统具有整体性，其作为客观存在并不仅仅局限于一个市域、省域、人为划定的国家领土。一个城市是一个小生态系统，国家是更大的生态系统，全球则是人类共同发展的生态系统。生态理念最能体现“全球命运共同体”的价值诉求。生态危机的化解必须体现出地方政府和人民的利他主义境界，必须摒弃短视思维，以更高站位更远发展理念指导自己的行动。挽救物种凋零、环境退化的良方就在我们自己手中，懂得适度消费生态资源，爱惜地球之肺、重视生态失衡、预警生态危机，才能守住梵天净土。

第四，深化绿色发展理念，培育绿色文化，凝聚绿色共识，推行人人参与、人人有责、自觉践行绿色发展的生动实践。生态建设必须形成共建共治共享的格局，需要在社会培育绿色理念、生态文明意识。相对于生态文明建设的紧迫性来说，生态理念与环保共识还有很大差距，思想认识不到位，行动必然不到位，必须首先克服制约生态文明建设的思想短板和观念瓶颈。必须让大家充分意识到，保护环境不只是政府部门和少数人的事。改变生态文明意识薄弱的现状，必须通过系统、规范、科学的生态文明教育来实现，通过政府、学校、公益组织等多方，协同网络、动漫、直播、影视升级宣传手段，形成日常化、制度化、多元化、系列化、全镜像、宽领域、多视角、持久性的宣传教育态势。增益生态共识，普及生态价值，弘扬绿色美德，倡导生态行为，形成人人参与、积极作为、主动出击的保护生态、节约资源、合理消费、低碳生活的社会新风尚。推进生态农业、生态工业、生态旅游建设，需要对农业从业人员、工业从业人员和外来游客进行持续的环保宣传。

八　文化体育篇

2018 年，全国 38 个主要城市文化体育要素满意度平均得分为 55. 32 分，得分排名在公共服务九项要素中居第七位。38 个城市中，拉萨、厦门、宁波三个城市的文化体育要素满意度得分排名前三，得分分别为 64. 17 分、63. 03 分、62. 75 分。

（一）横向对比

如表 4 －17 和图 4 －29 所示，2018 年，38 个主要城市文化体育单项满意度均分为 55. 32 分。最高分为拉萨，为 64. 17 分，最低分为西安，为 48. 16 分。38 个主要城市中共有 16 个城市在该项的得分超过均分。除了排名前三的拉萨、厦门、宁波外，排名进入前十的城市还包括珠海、杭州、青岛、上海、深圳、银川、福州。城市得分分别为 62. 35 分、60. 96 分、60. 51 分、60. 16 分、59. 65 分、58. 86 分和 58. 28 分。

表 4 －17　2018 年 38 个城市文化体育要素满意度总体排名

单位：分

城市	得分	排名	城市	得分	排名
拉萨	64. 17	1	南宁	54. 62	20
厦门	63. 03	2	大连	54. 59	21
宁波	62. 75	3	南京	54. 29	22
珠海	62. 35	4	武汉	54. 21	23
杭州	60. 96	5	西宁	54. 16	24

续表

城市	得分	排名	城市	得分	排名
青岛	60.51	6	沈阳	53.67	25
上海	60.16	7	长春	53.41	26
深圳	59.65	8	合肥	52.69	27
银川	58.86	9	昆明	52.37	28
福州	58.28	10	海口	51.93	29
北京	56.98	11	呼和浩特	51.82	30
天津	56.64	12	石家庄	51.51	31
成都	56.02	13	南昌	51.19	32
太原	55.86	14	贵阳	51.09	33
重庆	55.82	15	汕头	50.80	34
乌鲁木齐	55.52	16	郑州	50.74	35
济南	54.92	17	哈尔滨	50.68	36
广州	54.86	18	兰州	48.21	37
长沙	54.84	19	西安	48.16	38
全国要素满意度	55.32				

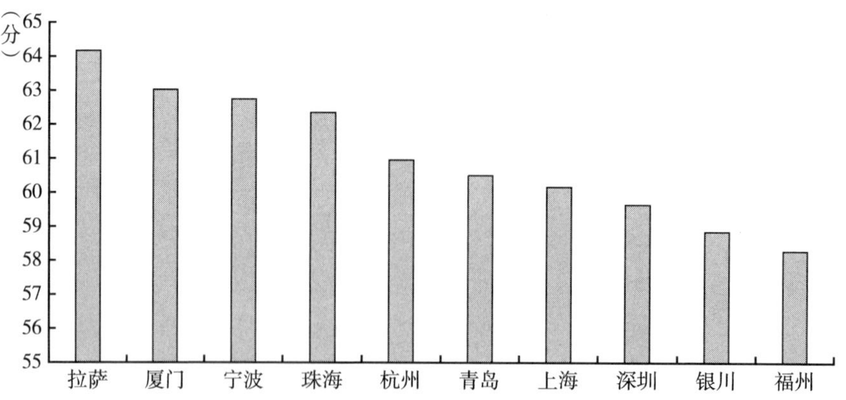

图4-29　2018年文化体育要素满意度排名前10城市得分

（二）纵向对比

1. 2018年与2017年文化体育要素满意度前10城市对比

从图4－30和表4－18可以看出，2018年38个城市的文化体育要素满意度得分为55.32分，其中得分最高的为拉萨市，得分为64.17分。从2018年与2017年排名前十的城市得分情况来看，厦门、珠海、杭州、青岛连续两年排名位居前十，其中厦门连续两年排名第二，其他城市排名变动较大。

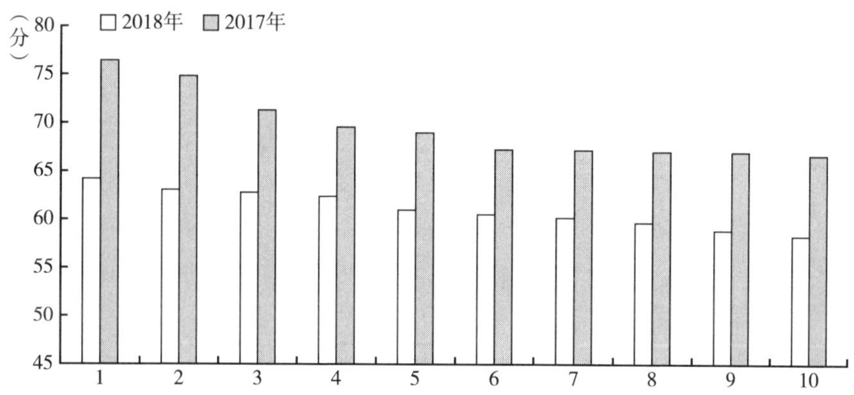

图4－30　2018年与2017年文化体育要素满意度排名前10城市对比

表4－18　2018年与2017年文化体育要素满意度排名前10城市得分情况

单位：分

2018年			2017年		
城市	得分	排名	城市	得分	排名
拉萨	64.17	1	珠海	76.43	1
厦门	63.03	2	厦门	74.82	2
宁波	62.75	3	武汉	71.30	3
珠海	62.35	4	青岛	69.55	4
杭州	60.96	5	杭州	68.97	5
青岛	60.51	6	西宁	67.24	6
上海	60.16	7	大连	67.18	7
深圳	59.65	8	长沙	67.03	8
银川	58.86	9	海口	66.98	9
福州	58.28	10	重庆	66.66	10
全国要素满意度	55.32		全国要素满意度	64.26	

2. 2011～2018年文化体育要素满意度、排名及关注度对比

由图4－31可见，2012年满意度最高，为59.16分，2013年由于权重指标调整等因素的影响，得分快速下滑到53.61分，下降了5.55分，2014年继续下行至50.48分。2014～2017年，满意度逐步提升，到2017年文化体育要素满意度得分为58.18分。需要说明的是，2018年由于满意度评价体系及评价方式发生变化，暂不参与比较。

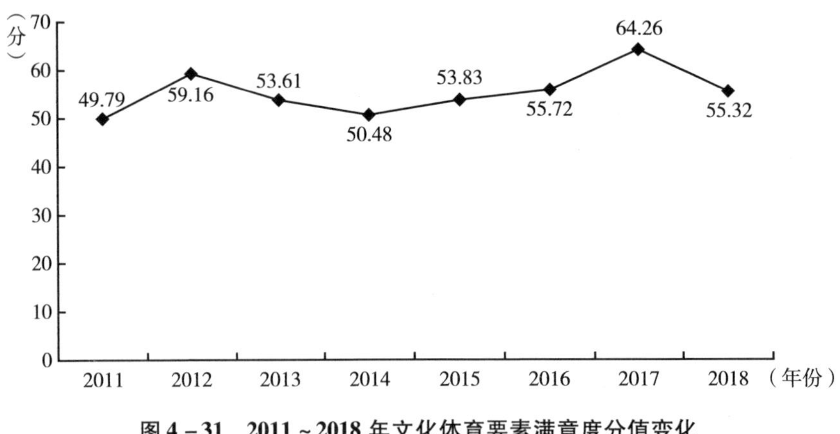

图4－31　2011～2018年文化体育要素满意度分值变化

图4－32反映的是过去八年内公众对文化体育要素满意度排名变化。可以看出，从2011年至2018年文化体育要素满意度排名并不理想，文化体育满意度在9项要素中排名总体呈下降趋势。2011～2013年文化体育满意度排名靠前，稳居前两位，到2014年下降到第五，2014～2017年，文化体育满意度一直徘徊在第四、第五名，2018年下降至第七名。说明公众对文化体育的期待值较大，而当前的服务水平与满足公众期待仍有一定距离。

（三）结果分析

从调查结果来看，2018年我国文化体育公众满意度排名有所下降，在公共服务9项要素中排在第七位，满意度超过60分的城市为7个，平均得分为55.32分，得分较为靠后，表明我国在文化体育方面仍存在较大改进空间。目前，我国文化体育方面的问题主要集中在我国文化产品无论是数量还

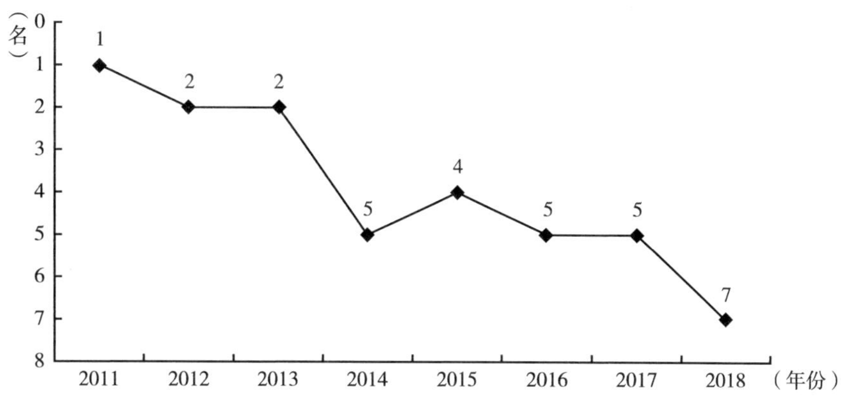

图 4－32　2011～2018 年文化体育要素满意度排名变化

是质量，都还不能很好地满足人民群众多方面、多层次、多样化的精神文化需求，进一步提高文化体育产品和服务供给能力及供给效率的任务更加紧迫。

2018 年文化部部门预算财政拨款首次突破 65 亿元，再创历史新高。在文化投入较快增长的基础上，文化部围绕扶贫攻坚等国家重大战略部署，实施了贫困地区村文化活动室设备购置、流动文化车、流动图书车等一批文化扶贫项目，为文化发展改革工作提供有力保障。

但尽管如此，从一系列关于文化体育要素满意度的数据来看，主要城市的文化体育满意度水平还需进一步提高，财政投入的社会效益和供给效率还有提高空间。

（四）优秀城市经验推介——上海市

1. 设立文化产业发展投资基金，加快推动文化创意产业发展

为贯彻落实党的十九大关于“文化发展开创新局面”要求，贯彻落实市委、市政府《关于加快本市文化创意产业创新发展的若干意见》（“上海文创 50 条”），推进文化事业和文化产业双轮驱动、比翼齐飞，上海市决定设立“上海文化产业发展投资基金”。“上海文化产业发展投资基金”将助力上海市更好地发挥财政资金的杠杆作用和放大效应，引导社会资本支持上

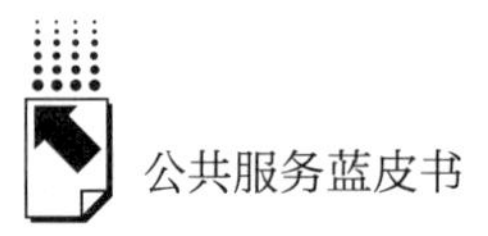

海市文化产业和文化事业的全面发展，对影视、演艺、动漫游戏、网络文化、创意设计、出版、艺术品、文化装备、旅游等重点领域精准投资。

2. 成立上海市文化创意产教联盟，举办“汇创青春”——上海大学生文化创意作品展

凝聚青春动能，驱动创新智慧，开启创业未来。上海市文化创意产教联盟于2018年5月30日第三届“汇创青春”——上海大学生文化创意作品展示活动开幕式上揭牌成立。上海市文化创意产教联盟将通过“人才培养、课程建设、双向引智、科学研究、成果转化、政策解读、培训交流、氛围营造”等多重举措，高效整合、共享、利用创新创业相关教育资源，搭建校园与市场、专业与行业的互动桥梁，立足于上海市文化产业和文化事业基本情况，不断创新发展文化产业和文化事业发展模式，以国际眼光谋划发展未来。联盟依托上海市文创办和上海市文教办两个协调平台，统筹协调、研究处理高校与文创园区、文创基地开展产教融合中的困难与问题。

“汇创青春”助力大学生扬帆起航，圆梦文创。为深入贯彻党的十九大精神、全国高校思想政治工作会议精神、“深化高等学校创新创业教育改革”等战略部署，贯彻落实《中共上海市委、上海市人民政府关于加快本市文化创意产业创新发展的若干意见》，上海市教育卫生工作委员会、上海市教育委员会主办“汇创青春”——上海大学生文化创意作品展示活动，旨在鼓励支持高等教育教学理念模式的创新发展，搭建“文教结合、产教融通”的桥梁，推进高校文创教育成果与市场创新创意产业的“无缝”对接，打通“学生作品—孵化产品—商品”的转化链条，培养优秀创新人才，孵化青年创业梦想，进一步拓宽高校大学生就业渠道。活动于2016年、2017年、2018年已经连续成功举办三届，包含作品征集、评选及展示全部环节，作品征集面向长三角地区各高校大学生（含研究生、留学生）在读期间完成的文化创新创意作品，作品类别划分响应高校办学特色、学科分类及文创产业发展需求，包括工艺美术类，数字媒体艺术、动画类，环境设计类，互联网 + 文化创意类，视觉传达设计类，戏剧舞蹈、音乐艺术类，产品设计类，服装设计类，综合类（含公共艺术、美术、影视等）九大类别。

3. 浦东打出“组合拳”，全面发力建设“文化强区”

2017 年 10 月 30 日，浦东新区政府在与市文广局签订战略合作协议后召开文化政策新闻发布会，发布了新一轮文化事业、产业（影视）专项资金管理办法。新区财政将在未来 5 年内投入 15 亿元，创设“浦东新区宣传文化发展基金”和“浦东新区文化创意（影视）产业专项资金”。此外，15 亿元的“人民浦东”文化产业基金，也将用于投资新区优质文创企业。

15 亿元“人民浦东”文化产业基金助力浦东优质文创企业。在新闻发布会上，浦东科创集团与人民网的代表签约，共同成立 15 亿元的“人民浦东”文化产业基金。这也是新区政府文化创意产业专项资金通过投资引导的方式，撬动社会资源发展文化产业的新举措。这一基金将用于投资新区的优质文创企业，首期基金年内将在浦东完成注册。值得一提的是，“浦东新区宣传文化发展基金”今后将更多地聚焦满足市民美好生活文化愿景的惠民工程和文化品牌，聚焦反映浦东改革开放重大题材的优秀文艺作品创作。生活、工作在浦东的市民，在完成实名认证后，到东艺等浦东文化场馆购买具有导向性艺术性的大型演出项目演出票，将获得不超过原价 50%、每张最高补贴 350 元的公益票补贴。

除了承担直接资助文化事业项目这一功能，“浦东新区宣传文化发展基金”也是浦东推进公共文化服务社会化、专业化的强有力杠杆。未来，在宣传文化基金政策的引领和驱动下，浦东文化事业将得到显著提升：文化设施布点将更加均衡、完善和便民，浦东的文化氛围将更加浓郁，文化品牌活动将更加丰富多彩。

浦东推出的一系列文化事业和产业发展举措，正是为了解决人民日益增长的美好生活需要和不平衡不充分的发展之间的矛盾。这两个 15 亿元，将助力新区实现文化事业和文化产业的双轮驱动，撬动千亿级文化市场，更将编织出一幅美好的文化画卷，将浦东人对美好文化生活的向往转化为实实在在的获得感和幸福感。未来浦东将推动文化的资源集聚、主体集聚、平台集聚和服务集聚，实施文化融入战略和文化融合战略。到 2020 年，浦东将基本建成上海国际文化大都市的核心功能区、示范区，成为文化要素集聚、文化生态良好、文化事业繁荣、文化产业发达、文化创新活跃、文化英才荟萃、文化交流频繁、文化生活多彩的国际文化大都市的核心承载区。浦东人将享受到更为丰富多彩、便捷可达的公共文化服务，感受到这座城的温度。

（五）结论与建议

要构建覆盖城乡的公共文化服务体系，更好地满足人民群众的基本文化需求，重点还是要在公共文化体系的建设中体现公益性、基本性、均等性、便利性的特色，坚持政府主导、社会参与健全公共文化服务体系，扩大公共文化产品和服务的供给，尤其是扩大贴近群众的基层文化体育事业供给。

1. 新时代新理念新模式助力薄弱地区文化产业和文化事业蓬勃发展

要解决发展中的“不平衡”、“不充分”的问题，需要重点关注西部地区和农村地区等薄弱地区、基层地区的文体事业发展。把加强公共文化服务建设作为占领社会主义文化阵地，进而丰富群众精神文化生活。建立文化投入长效机制，不断完善文化基础设施建设；创新融资模式，吸纳社会资本参与文体基础设施建设和公共文体事业的发展。

加强对基层文体事业建设的引导，逐步转变政府职能，在文化体育事业做好正确的引导，培育、推动文体活动常态化发展，鼓励广大群众自觉抵制“三俗”低劣文化，弘扬倡导先进、积极、科学的社会主义文化。同时，把握当下的工作重点，大力开展符合社会主义核心价值观的、群众喜闻乐见的文体比赛和文艺演出。

2. 创新思维助力文化发挥引领作用

新时代下实现文化引领，要推动文化内容创新领域的思维转变。文化产业和文化事业创新发展的核心在于优质内容资源的创作。当下我国主流文化产品创作领域存在诸多问题，“重规范轻创意，重生产轻整合，重刊发轻推广”、“爆款”理论产品稀缺、传播链条较短、受众规模有限等不符合客观创作规律的体制机制阻碍了优质内容资源的创作，颇为突出，亟待改进，这其中创新思维成为推动问题有效解决的关键抓手。以现代互联网文化产品的创作规律为例，可以简要概括为“潜移默化、内容为王、深度转化、链条传播、统一运营”，因此在推动文化内容创新实现文化引领过程中，要走“结合式”创新创意的路子，规划好理论传播链条和运营设计，打造包括策划、创意、生产、运营、推广等环节在内的完整链条，努力做到内容一次生成，多样态（文字、图像、视频、声音、动漫、H5 等）呈现，多频次传播，多渠道发布，多平台运营，避免零敲碎打，防止内容资源浪费。

3. 进一步完善和创新公共文化服务管理机制，顺应时代需求推动人才管理机制创新

进一步完善和创新公共文化服务管理机制，要切实加强文体基础设施的管理，建立健全管理长效机制，为基层文化工作的开展提供保证；鼓励工作创新和服务创新，逐步提升文体软件服务质量，使之与硬件建设相适应，广泛开展丰富多彩的文体活动，提高使用效率，强化服务能力；深化公益性文化事业单位改革，探索并推进文化馆、图书馆组建理事会和图书馆组建读书联盟。建立农村文化基础设施、文化建设专项资金管理使用长效机制，打通公共文化服务最后一公里；创新体育场馆管理体制和经营理念，大力推进文体惠民工作。

民众需求的快速变化呼唤创新型和复合型人才。我国人民群众对文化产品的需求随着人口老龄化、教育层次提高、家庭与社会结构变化、国民收入水平提升等一系列原因而发生巨大变化，推动文化产品发展走向内容优质、形式丰富的道路。因此，文化产品结构和内容的转变以及文化服务方式的更新对文化产业和文化事业的从业人员综合素质水平提出了更高层次的要求。以培育优秀人才队伍为重点，着力筑建基层文化体育人才高地。一方面要创新用人理念，完善用人制度，引进人才，加强培训，不断提升文体工作人员的综合素质；另一方面要做到人尽其才，充分发挥其自身特长和组织协调能力，引导他们积极投入到文体事业建设中来；此外还要建立健全文化体育人才激励机制和工作考核奖励机制。

4. 树立品牌意识，提升文化品位

发挥文化体育品牌效应，因地制宜，结合实际，合理定位，以民族特色文化提升文化品位，以文体建设培育特色灵魂，逐步培育打造文化体育品

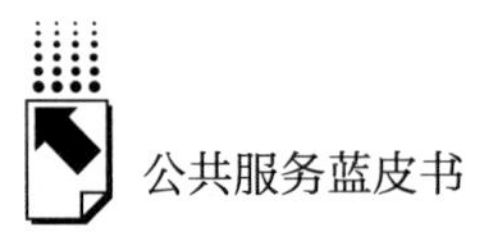

牌，促进文化旅游、文化产业长足发展。与此同时，也要通过多元化公共文化共建模式，提供高质量、现代化的公共文化体育服务与产品；依托文化品牌效应，加快演出、上网服务、游戏游艺、歌舞娱乐等传统文化产业的数字化转型升级。

综上所述，要加强文化体育建设，应当加大投入力度，把加强基层文化建设作为社会主义文化阵地，丰富广大人民群众精神文化生活；加强宣传引导，在文化体育事业做好正确的引导，弘扬倡导先进、积极、科学的社会主义文化，大力开展群众喜闻乐见的文体活动；完善管理机制，建立健全管理长效机制和常态化服务机制，鼓励工作创新和服务创新；加强人才队伍建设，进一步完善文化体育人才激励机制和奖惩机制；树立品牌意识，因地制宜，以民族特色文化提升文化品位，以文体建设培育特色灵魂，逐步培育打造文化体育品牌，促进文化旅游、文化产业长足发展。

九　公职服务篇

2018 年，公职服务要素满意度得分为 60.82 分，在公共服务九项要素中排第 4 位。2018 年，该项要素满意度得分前三的城市为杭州、厦门、宁波，其中杭州市得分最高，为 69.66 分。

（一）横向对比

如图 4 - 33 和表 4 - 19 所示，2018 年，38 个主要城市公职服务要素满意度平均分为 60.82 分，得分最高为 69.66 分，最低为 55.20 分。该项得分排名前十的城市包括杭州、厦门、宁波、银川、拉萨、福州、深圳、珠海、青岛、沈阳。得分分别为 69.66 分、68.79 分、68.30 分、66.06 分、65.70 分、65.19 分、64.72 分、64.63 分、64.04 分、62.71 分。38 个城市中共有 18 个城市在该项的得分超过要素满意度平均分，较 2017 年的 19 个城市减少 1 个，2018 年该要素得分超过 2017 年平均分 64.61 分的城市有 8 个。

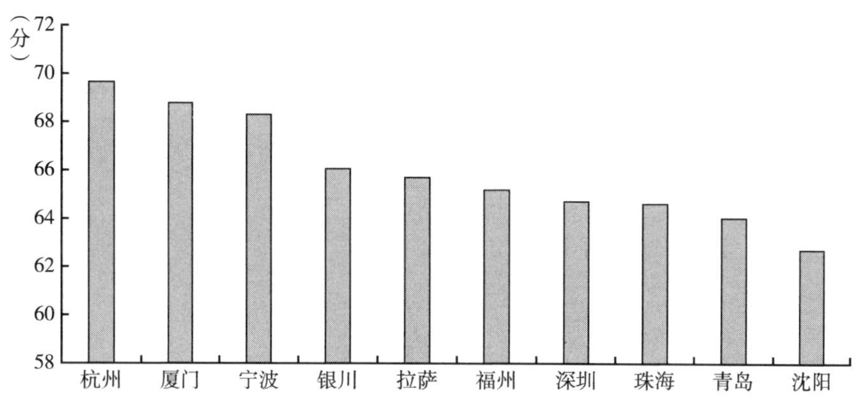

图 4-33　2018 年公职服务要素满意度排名前 10 城市得分

表 4-19　2018 年 38 个城市公职服务要素满意度总体排名

单位：分

城市	得分	排名	城市	得分	排名
杭州	69.66	1	广州	60.58	20
厦门	68.79	2	南宁	60.50	21
宁波	68.30	3	重庆	59.79	22
银川	66.06	4	贵阳	59.62	23
拉萨	65.70	5	石家庄	59.17	24
福州	65.19	6	海口	58.75	25
深圳	64.72	7	呼和浩特	57.99	26
珠海	64.63	8	汕头	57.89	27
青岛	64.04	9	南昌	57.78	28
沈阳	62.71	10	西宁	57.71	29
上海	62.60	11	兰州	57.13	30
济南	62.36	12	南京	57.04	31
武汉	62.12	13	乌鲁木齐	57.01	32
成都	61.92	14	昆明	56.65	33
长沙	61.57	15	长春	56.25	34
天津	61.37	16	郑州	55.91	35
北京	61.36	17	太原	55.55	36
合肥	61.34	18	大连	55.53	37
西安	60.58	19	哈尔滨	55.20	38
全国要素满意度	60.82				

（二）纵向对比

1. 2018年与2017年公职服务要素满意度前10城市对比

从图 4－34 和表 4－20 中的数据可以看出，珠海市连续三年进入前十。从区域分布来看，2018 年该项排名前十城市中，有 7 个城市位于东部，1 个城市位于中部，2 个城市位于西部。

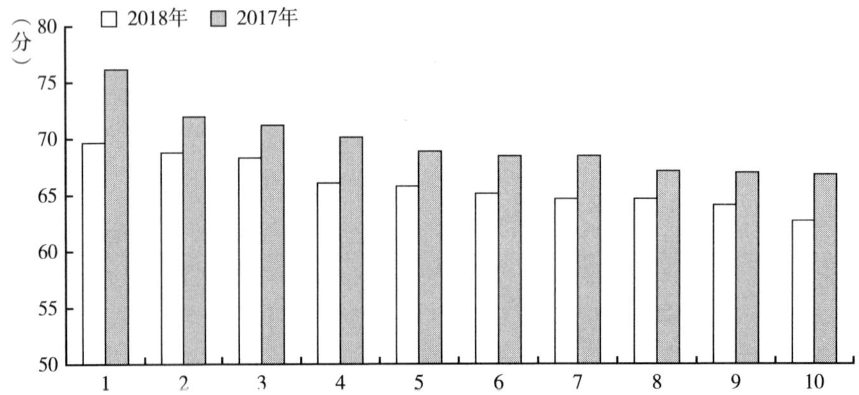

图 4－34　2018 年与 2017 年公职服务要素满意度排名前 10 城市对比

表 4－20　2018 年与 2017 年公职服务要素满意度排名前 10 城市得分情况

单位：分

2018 年			2017 年		
城市	得分	排名	城市	得分	排名
杭州	69. 66	1	厦门	76. 14	1
厦门	68. 79	2	济南	71. 93	2
宁波	68. 30	3	珠海	71. 17	3
银川	66. 06	4	青岛	70. 10	4
拉萨	65. 70	5	长沙	68. 88	5
福州	65. 19	6	武汉	68. 40	6
深圳	64. 72	7	福州	68. 38	7
珠海	64. 63	8	上海	67. 12	8
青岛	64. 04	9	长春	66. 95	9
沈阳	62. 71	10	沈阳	66. 77	10
全国要素满意度	60. 82		全国要素满意度	64. 61	

2. 2011～2018年公职服务要素满意度及排名对比

从2011～2018年公职服务要素满意度变化图4－35中可以看出：除了2013年公职服务满意度有所下降外，其他年份均呈现上升趋势，2017年公职服务满意度提升至64.61分，为7年来最高。2018年由于满意度评价体系及评价方式发生变化，不进行比较。

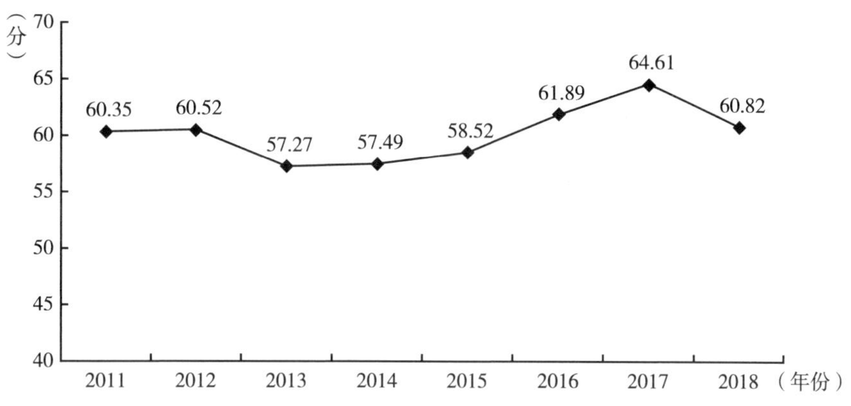

图4－35　2011～2018年公职服务要素满意度分值变化

从图4－36可见，2011～2018年公职服务要素满意度排名中，2011～2012年，满意度排名靠前，2013年排名下降，排名第八。2013～2015年满意度排名逐年稳步上升，2017年排名再次排到第四。2018年由于满意度评价体系及评价方式发生变化，不进行比较。

（三）优秀城市推介——杭州市

为提升政府服务效率、推进城市治理，杭州市自2009年开始，开展了一系列公述民评电视问政活动。

“公述民评”活动，要求政府工作人员向他们的服务对象和其他服务相关群众报告自身履行职责、工作作风等情况，接受服务对象和其他服务相关群众的评议，改正工作当中存在的问题，以提高自己的工作能力。

杭州市“公述民评”活动开展以来，问政的对象和形式从最开始的职能部门分管处长介绍所在单位的成绩，到部门负责人坐在台上直面市民的提

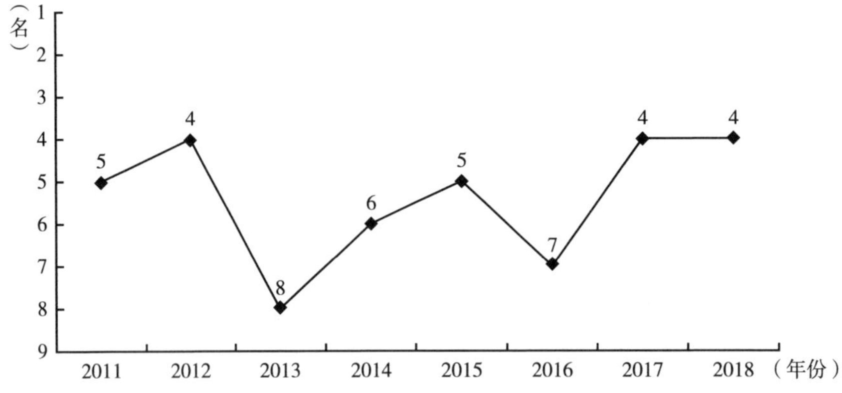

图 4－36　2011～2018 年公职服务要素满意度排名变化

问，再到属地区长“站台”，活动组织程序和规格日益完善和扩大。

根据全市深化作风建设和综合考评总结大会的部署，2018 年“公述民评”面对面问政活动围绕市委、市政府重点工作和社会公众关注的热点难点问题，以及问政活动开展 10 周年等情况，确定“聚焦担当作为、聚焦营商环境优化、聚焦城市精细化管理、聚焦教育培训机构管理、聚焦小区管理”五大主题，定于 10 月下旬起组织开展五场电视问政活动。

此外 2018 年的问政方式与 2017 年的相比有许多亮点与创新，如 2018 年的电视现场问政，采用延时直播方式进行，每场时间控制在 120 分钟左右；在此基础上，2018 年的问政方式在舞台设置、专家点评、现场评价等六个方面又有创新。

一是改进问政现场舞台设置。将多年来民评代表坐在台下的安排，调整为请部分参与提问的民评代表坐在台上，与主要问政嘉宾面对面问政。

二是取消过去现场问政开始时先播放成效展示片的环节，而是直接播放问题短片，直奔主题开展问政。

三是设置了场外连线。在场外新闻现场设立 4G 连线点，实时报道最新情况，与现场问政开展互动。

四是实行“双人制”专家点评，每场邀请两名专家学者，围绕问题短片、民评代表提出问题后嘉宾回答问题情况，穿插进行点评，最后作总结点评。

五是各民评代表通过评价器，针对问政嘉宾回答问题情况进行现场满意度评价。现场问政活动结束时，还将请民评代表对各主要问政单位问政主题和重点内容的工作成效进行测评，测评结果纳入综合考评专项目标考核。

六是针对现场问政中反映的、民评代表提出的、专项测评征集到的各类问政问题，市考评办梳理汇总后，下达各问政单位整改，并及时在媒体上公开相关单位整改结果。

“公述民评”问政活动已成为杭州市推动政务公开，促进机关作风效能建设，密切党群、干群关系的有力抓手，并产生了广泛的影响。

（四）结论与建议

“最能评价政府工作好坏的是群众”、“时刻把群众满意不满意、高兴不高兴、答应不答应作为工作的最高标准”、“民之所望，为施政所向”等等从字里行间透露出的是我们党和政府对人民利益诉求的服务意识和责任意识。深化行政体制改革，实现政府职能转变，有利于提升政府公信力和执行力，更好地建设服务型政府，这就需要做到以下几点。

1. 进一步深化简政放权，加强监管创新

要按照“放得彻底、管得到位、服务得好”的要求，综合配套，统筹兼顾，协同推进改革；要多维度、全方位推进简政放权改革，创新监管方式，以制度创新引领体制改革和职能转变，降低行政成本，提高工作效率。一是以问题导向、需求导向、目标导向削减行政审批事项等；二是简化审批内容，改进审批方式，采用线上审批监管平台，实行“一站式”网上并联审批，限时办结；三是提高简政放权的协同性、联动性，承接行政权力的部门要确保“接得住”、“管得好”；四是推动规范化行政机制建设，继续推进权责清单制度改革、政府信息公开和数据开放制度建设、第三方评估和政府绩效管理制度建设、行政问责等制度建设；五是创新监管方式，建立随机抽查事项清单，制定随机抽查工作细则；六是加强信用监管，运用大数据、云计算等信息技术，建立无死角一体化监管体系，建设诚信档案和黑名单制度，完善市场退出机制和激励惩戒机制；七是优化市场监管执法体制，推进

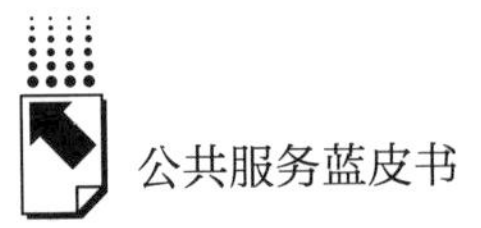

综合行政执法体系建设，建立联动响应和协作机制，降低执法成本；八是对“互联网+”和分享经济等新业态、新模式，建立审慎监管模式，量身定制监管方式，推动新经济健康发展。

2. 进一步优化政务环境和政府服务

坚持以习近平新时代中国特色社会主义思想为指导，进一步加快形成便捷、优质、高效、法治、廉洁的政务服务体系，深入推进“放管服”改革，持续推进“最多跑一次”、“互联网+政务服务”、“马上办”等政务服务新模式，加快职能转变，提升行政效能，深化作风纪律；持续开展“减证便民”行动，建立标准化流程模板，按事项分类建立审批、服务流程，除必须上报、转报或进行技术性审查等的事项外，一般事项内部审批流程设置不得超过受理、审查、决定3个节点；坚持权责一致，完善权责清单，实行清单管理、动态管理、编码管理，逐步实现政务服务事项标准化、流程标准化、服务标准化、管理标准化、评价标准化；进一步拓展优化政务信息公开渠道，完善机制体制，切实做好机构设置、办事程序等信息公开工作。

附　　录

Appendix

B.5
附　　录

一　城市基本公共服务力评价指标体系

表 5－1　城市基本公共服务力评价指标体系（理论模型）

		问卷(安全感)
		问卷(交通安全)
		问卷(食品安全)
		问卷(信息安全)
	整体满意度	问卷(整体满意度)
住房保障	住房拥有率	问卷(有房情况)
	保障性住房建设	经济适用房覆盖率指数*
		廉租房货币补贴保障指数*
		问卷(保障性住房覆盖)
		问卷(申请公平程度)
	宏观政策	问卷(房屋租赁监管)
		问卷(调控影响)
	整体满意度	问卷(整体满意度)

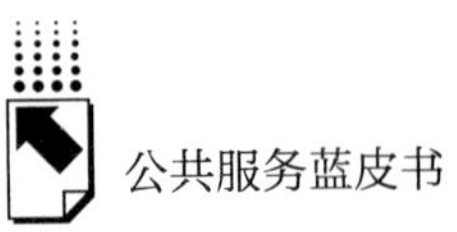

续表

基础教育	财政投入	财政投入占 GDP 比重*
		人均财政投入*
	幼儿教育	生师比*
		问卷(幼儿入托公平度)
	小学教育	生师比*
		每千小学生拥有小学数*
		问卷(小学入学公平度)
	中学教育	生师比*
		每千中学生拥有中学数*
		问卷(中学入学公平度)
	教育收费	问卷(乱收费)
	整体满意度	问卷(整体满意度)
社会保障和就业	财政投入	财政投入占 GDP 的比重*
		人均财政投入*
	社会福利	每万人口公办老年福利机构数(无工商)*
		每万人口公办老年福利机构床位数(无工商)*
		每万人口公办老年福利机构人员数(无工商)*
		每十万人口公办儿童福利机构数(无工商)*
		每万人口公办儿童福利机构床位数(无工商)*
		每万人口公办儿童福利机构人员数(无工商)*
		问卷(社会保险贯彻)
	社会救助	最低生活保障指数*
		城市临时救济人数*
		问卷(弱势群体救助)
	就业	问卷(就业服务)
	养老	问卷(养老服务)
	政策扶持	问卷(扶持创业)
	政策改革	问卷(养老保险的并轨)
		问卷(延迟退休)
	整体满意度	问卷(社保就业整体满意度)
基本医疗和公共卫生	财政投入	财政投入占 GDP 比重*
		人均财政投入*
	医院、卫生院建设	每万人口医院拥有数*
		每万人口执业(助理)医师*
		每万人口床位数*
		问卷(等待时间)

续表

		问卷(医疗费用)
		问卷(医院分布便利度)
		问卷(医院运营管理有效性)
	防疫活动	每万人口防疫站拥有数*
	政策改革	问卷(计划生育)
	整体满意度	问卷(整体满意度)
城市环境	财政投入	财政投入占 GDP 比重*
		人均财政投入*
	大气环境	可吸入颗粒物日均值*
		空气质量适宜指数*
		问卷(空气质量)
	水环境	城镇生活污水处理率*
		工业废水排放达标率*
		问卷(自来水质量)
	市容环境	工业固体废物综合利用率*
		人均绿地面积*
		生活垃圾无害化处理率*
		问卷(街道、景观、市政管理、绿化)
	城市建设	问卷(城市规模)
	整体满意度	问卷(整体满意度)
文化体育	财政投入	财政投入占 GDP 比重*
		人均财政投入*
	场馆设施	问卷(参与文化活动便利程度)
		问卷(参与体育健身活动便利程度)
		问卷(政府文体活动提供)
	社区文体活动	每十万人口社区服务中心单位数(无工商)*
		每十万人口社区服务中心职工数*
		活动项目数*
		活动人次数*
	整体满意度	问卷(整体满意度)
公职服务水平	等待时间	问卷
	服务效率	问卷
	业务态度	问卷
	接待环境	问卷
	电子政务	问卷(政务网站与公众互动性)
	整体满意度	问卷(整体满意度)

注：三级指标由问卷和非问卷构成，*为非问卷指标。

本课题组研创的城市基本公共服务力评价指标体系与《国家基本公共服务体系“十二五”规划》具有内在一致性，二者界定的基本公共服务大致相同，略有区别（见图5－1和图5－2）。《国家基本公共服务体系“十二五”规划》对基本公共服务的概念、范围、标准作出了明确的界定：狭义的公共服务一般包括保障基本民生需求的教育、就业、社会保障、医疗卫生、计划生育、住房保障、文化体育等领域；广义的公共服务还包括与公众生活紧密联系的交通、通信、公共设施、环境保护、公共安全、消费安全、国防安全等方面。政府基本公共服务力则是包括城市政府在社会保障和就业、基本医疗和公共卫生①、公共安全、基础教育、住房保障、公共交通、城市环境、文化体育等方面向公众提供优质服务的能力和水平。

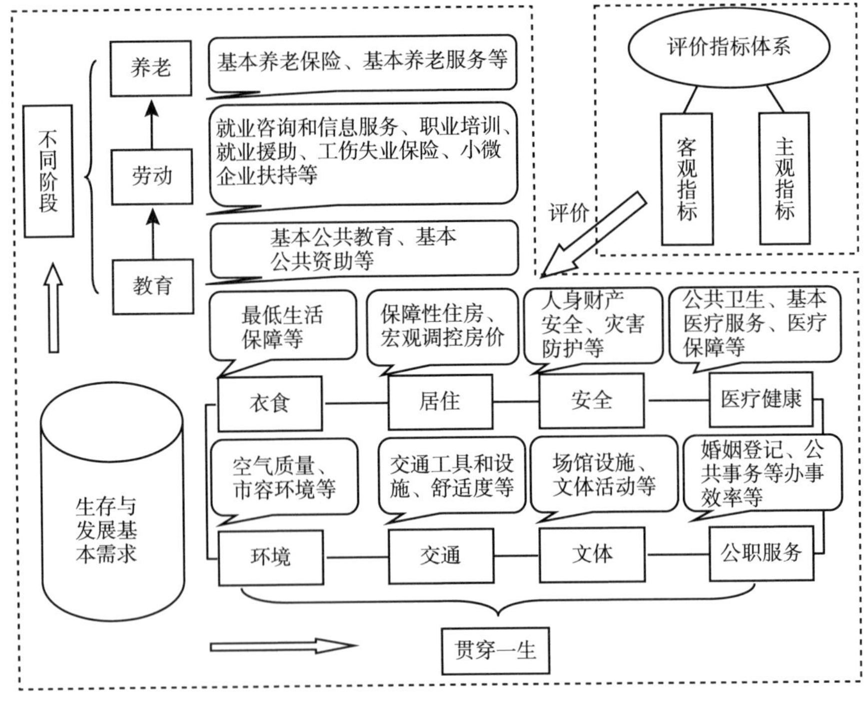

图5－1　城市基本公共服务体系

① 含人口与计划生育方面。

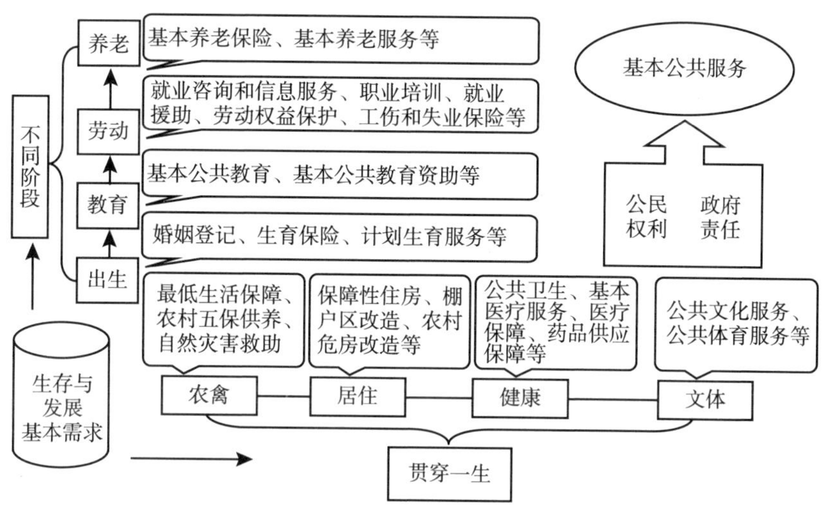

图5－2　国家基本公共服务体系“十二五”规划基本公共服务范围

城市基本公共服务评价指标体系与《国家基本公共服务体系“十二五”规划》不同之处及主要原因在于：第一，由于城市基本公共服务评估体系侧重对政府为城市提供公共服务能力的评估，而《国家基本公共服务体系“十二五”规划》则不但强调政府为城市提供公共服务的能力，也强调政府为农村提供公共服务的能力。因此，城市基本公共服务评估体系并未涉及《国家基本公共服务体系“十二五”规划》中的统筹城乡、区域的公共服务均等化等内容。相反，增加了公职服务水平这一衡量城市公共服务力的重要指标。第二，《国家基本公共服务体系“十二五”规划》针对全国各地公共服务的普遍问题，而我们所关注的主要是城市基本公共服务，更多的把视野聚焦在副省级以上城市，力图通过主要城市的基本公共服务的深入研究，为全国城市基本公共服务的建设提供蓝本和借鉴。第三，逻辑结构不同，《国家基本公共服务体系“十二五”规划》将人口与计划生育、残疾人基本公共服务作为重点内容加以规划，城市基本公共服务体系并未将这些内容作重点评估，而是将相关内容别置于其他一级指标中予以关注。第四，《国家基本公共服务体系“十二五”规划》从制度安排上关注基本公共服务体系的体系建设。我们作为第三方研究机构，更多地从群众满意度方面来呈现主要城市基本公共服务的质量。

从理论上来说，为了更加客观、准确和真实地评估城市政府基本公共服务力，形成了一个科学合理、全面综合、可以操作的评价指标体系，我们需要把评价指标体系分为主观评价体系和客观评价体系两个部分，从公众的主观感受和客观投入两个维度对城市政府基本公共服务水平全面地、系统地进行评估。其中主观评价主要是考察公众对政府基本公共服务在公平性、便利性以及整体性等方面的满意程度；客观评价主要是考察城市政府在基本公共服务所做的财政投入和硬件投入及投入成效。主观评价通过问卷方式获取，客观评价通过文献研究或调研采访等方式获取。在主观评价数据和客观评价数据有效获取的基础上，采用先进的统计学计量方法，把二者进行有机结合，从而对某个城市的基本公共服务力进行科学评估。但在实际操作中，由于统计口径的不同和统计数据的滞后发布，客观数据的获取非常困难，因此，对城市基本公共服务力评估的可操作形式就是通过调查问卷的方式对城市基本公共服务满意度进行评估。

实际上，城市基本公共服务满意度是评价政府基本公共服务力的重要标志，通过调查公共服务满意度对城市基本公共服务力进行评估也具有非常重要参考价值。城市基本公共服务满意度是广大城市居民对政府所提供的基本公共服务的满意程度，也就是城市基本公共服务力的主要评价。城市基本公共服务满意度以广大城市居民的主观感受和心理状态呈现出来，是公共服务需求被满足后的愉悦感与满意感。群众满意不满意、高兴不高兴、答应不答应是衡量政府工作好坏的唯一标准。“群众比较满意”也是《国家基本公共服务体系“十二五”规划》的主要目标之一。“群众比较满意”的内涵就是城乡居民基本公共服务需求表达机制有效建立，服务成本个人负担比率合理下降，绩效评价和行政问责制度比较健全，社会满意度不断提高。城市基本公共服务的客观投入及其结果对公共服务满意度具有决定性作用。一般来说，政府在基本公共服务方面的投入的规模和效率与满意度是正相关的，满意度高表明投入规模大或投入效率高。反之，则或可说明投入规模不够大，或效率不高。因此，城市基本公共服务满意度的高低体现了政府提供城市基本公共服务力的强弱，政府提供城市基本公共服务力最终通过城市基本公共服务满意度体现出来。

二　满意度计算方法

1. 计算各小题得分

通过对问题各选项赋予权重，选择第一项赋1分，选择第二项赋2分，依此类推，选择“不清楚”则不参与计算，然后分别乘以各选项在各城市样本中的选择比率，并相加得出各城市在该题的总得分。

2. 所有小题更改为百分制计分

按问题选项数（不含“不清楚”选项）将各小题乘以相应乘数，将（1）中所算得分换算为百分制。按问卷的设置，选项数只有2个、4个和5个三种情况，因此只有三种情况的乘数选择，即：两个选项的小题得分乘以50，4个选项的小题得分乘以25，5个选项的小题得分乘以20。

3. 计算指标得分

问卷中，各指标均包含不止一个小题，此步过程计算中，我们将每小题以分层权重计算，计算各指标项内各小题的平均得分值即为该指标项的满意度得分。

4. 计算满意度总得分

在步骤3的基础上，取九项基本公共服务满意度指标的平均值，便可得各城市地方政府基本公共服务的公众满意度。

三　样本数量及分布

2018年，城市基本公共服务满意度网络调查共发放问卷18998份，回收有效问卷15613份。单个城市具体问卷数量如表5－2所示。

1. 性别分布

在参与调查的人群中，填写了性别的共有15613人，具体分布见表5－3。从性别比上来看，与我国在第六次人口普查的性别比例（105.2∶100）略有差距，但差距较小。

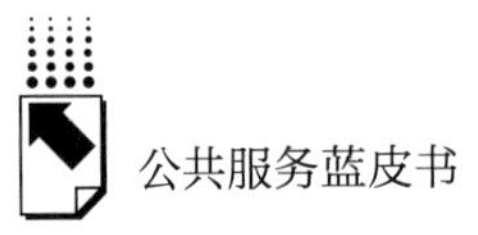

表 5－2　各城市有效问卷数量

城市	数量	城市	数量	城市	数量	城市	数量	城市	数量
北京	1322	贵阳	299	拉萨	195	汕头	361	西安	569
长春	260	哈尔滨	283	兰州	288	沈阳	247	西宁	144
长沙	461	海口	130	南昌	331	深圳	1088	厦门	316
成都	759	杭州	394	南京	367	石家庄	321	银川	157
重庆	692	合肥	317	南宁	290	太原	268	郑州	430
大连	245	呼和浩特	200	宁波	353	天津	378	珠海	169
福州	312	济南	312	青岛	318	武汉	468		
广州	1187	昆明	302	上海	819	乌鲁木齐	261		

表 5－3　性别分布

单位：人，%

性别	男	女	汇总
数量	7145	8468	15613
比例	45.76	54.24	100.00

2. 年龄分布

在 2018 年的调查中，我们进行了关于样本年龄的甄别。更符合实际情况的样本年龄分布能更全面、准确地反映当地情况。具体的样本分布情况如表 5－4 所示。可以看到，由于此次采取网络调查方式，样本年龄主要分布在 20 到 40 岁之间。

表 5－4　年龄分布

单位：人，%

年龄	20～29 岁	30～39 岁	40～49 岁	50～59 岁	60 岁及以上	总计
数量	7778	5695	1478	501	161	15613
比例	49.82	36.48	9.47	3.21	1.03	100.00

3. 学历分布

在网络调查结果中，占主流的是受过大学教育（大专和本科）的人，比例为 68.07%。受过高等教育的群体对地方政府的基本公共服务感知力更强，更有诉求的意识，而且也更能接受和理解问卷调查的方式和内容，能够准确表达自己观点（见表5－5）。

表5－5 学历分布

单位：人，%

学历	初中及以下	高中（中专/技校）	大专	本科	研究生及以上	总计
数量	797	2529	3617	7010	1660	15613
比例	5.10	16.20	23.17	44.90	10.63	100.00

4. 工作单位性质分布

从工作性质来看，2018年受访者工作单位分布以私营企业和其他性质企业工作的样本为主，其中私营企业占比为41.07%，其余选项具体分布情况如表5－6所示。

表5－6 工作单位分布

单位：人，%

单位	国家行政机关	事业单位	国有企业	私营企业	外资或合资企业	其他	总计
数量	796	1888	1769	6413	982	3765	15613
比例	5.10	12.09	11.33	41.07	6.29	24.11	100.00

5. 收入分布

2017年，样本的具体收入分布情况如表5－7所示。可以看出，52.89%的样本群体月收入在5000元以下，收入为5001～7000元的比例19.69%，占比最大，而2016年为收入在4001～5000元的人数比例最大，

表5－7 收入分布

单位：人，%

收入（元）	2000及以下	2001～3000	3001～4000	4001～5000	5001～7000	7001～10000	10000以上	总计
数量	1251	1633	2683	2690	3074	2266	2016	15613
比例	8.01	10.46	17.18	17.23	19.69	14.51	12.91	100.00

对比可以看出受访群体的收入变化情况，可以说明我国城市人均收入有所提升。月收入 7000 元以上的群体所占比例较上年也有所增加。

四　参评城市分类一览表

表 5－8　参评城市分类一览

城　　市	城市类型	东中西部
北　　京	直辖市	东
长　　春	省会	中
长　　沙	省会	中
成　　都	省会	西
大　　连	计划单列市	东
福　　州	省会	东
广　　州	省会	东
贵　　阳	省会	西
哈 尔 滨	省会	中
海　　口	省会	东
杭　　州	省会	东
合　　肥	省会	中
呼和浩特	省会	西
济　　南	省会	东
昆　　明	省会	西
拉　　萨	省会	西
兰　　州	省会	西
南　　昌	省会	中
南　　京	省会	东
南　　宁	省会	西
宁　　波	计划单列市	东
青　　岛	计划单列市	东
汕　　头	经济特区	东
上　　海	直辖市	东
深　　圳	计划单列市、经济特区	东
沈　　阳	省会	东
石 家 庄	省会	东
太　　原	省会	中
天　　津	直辖市	东

续表

城　市	城市类型	东中西部
乌鲁木齐	省会	西
武　汉	省会	中
西　安	省会	西
西　宁	省会	西
厦　门	计划单列市、经济特区	东
银　川	省会	西
郑　州	省会	中
重　庆	直辖市	西
珠　海	经济特区	东

五　2018年城市基本公共服务满意度调查问卷

问卷编号：________　　　　城市编号：________

地方政府基本公共服务满意度问卷调查

尊敬的先生/女士：

您好！

为了解公众对地方政府基本公共服务的满意度，我们在全国38个城市展开了此次调查，可能会耽误您10分钟左右的时间。本次调查采取匿名制，不需填写单位和姓名，请根据实际情况在合适的选项上打“○”，您的回答将关系到地方政府基本公共服务的数量和质量，与您的切身利益息息相关，感谢您的支持与配合！

×××课题组

2018年6月

G. 甄别问题

【这部分问题是甄别性问题，如果被访者不符合条件，请终止访问】

G1. 您的年龄是?

(1) 20 岁以下➔【终止访问】　(2) 20～29 岁
(3) 30～39 岁　(4) 40～49 岁
(5) 50～59 岁　(6) 60 岁及以上

B. 公共交通

B1. 您外出时，通常情况下感觉路上拥堵吗?

(1) 非常堵　(2) 比较堵，但还能承受
(3) 有点堵车　(4) 不堵车，但车辆缓行
(5) 很顺畅

B2. 您外出时，通常情况下乘坐公共交通工具（公共汽车、地铁等）感觉方便吗?

(1) 很不方便　(2) 不太方便
(3) 一般　(4) 比较方便
(5) 很方便

B3. 您出门乘坐公共交通工具（公共汽车、地铁等）通常觉得拥挤吗?

(1) 无座，非常拥挤　(2) 无座，有些拥挤
(3) 无座，不拥挤　(4) 有座，有些拥挤
(5) 有座，很舒服

B4. 您在本城市打车时，等待出租车的时间一般大概是多久?

(1) 30 分钟以上　(2) 20～30 分钟
(3) 10～20 分钟　(4) 5～10 分钟
(5) 5 分钟以内

B5. 请您对本城市的公共交通情况进行整体评价：

(1) 非常不满意　(2) 不满意
(3) 一般　(4) 满意
(5) 非常满意

C. 公共安全

C1. 过去一年，您或您认识的人曾经在所居住城市遭遇过或看见过以下现象吗?

	(1)4 次及以上	(2)1~3 次	(3)从未遇过
财物被偷盗、抢劫			
诈骗现象(如传销、消费陷阱等)			

C2. 您如何评价本地政府的食品安全监管工作：

(1) 政府不作为，食品安全问题很严重

(2) 政府的监管工作不到位，食品安全问题比较严重

(3) 政府监管比较到位，食品安全问题得到部分缓解

(4) 政府监管很到位，食品安全问题得到很大缓解

C3. 您或您认识的人是否遇到过个人隐私信息泄露的情况？

(1) 经常　(2) 偶尔

(3) 没有

C4. 请问本城市的政府是否有过应对灾害（地震、火灾、水灾等）的宣传或演练？

(1) 没有　(2) 有，但没有效果

(3) 有，效果不明显　(4) 有，效果还行

(5) 有，效果很好　(9) 不清楚

C5. 请您对本城市的公共安全情况进行整体评价：

(1) 非常不满意　(2) 不满意

(3) 一般　(4) 满意

(5) 非常满意

D. 公共住房

D1. 您本人或认识的人是否享有或了解本城市的保障性住房（经济适用房、两限房、公租房、廉租房）？

(1) 不享有，也不了解　(2) 不享有，但了解

(3) 享有，但不了解　(4) 享有，也了解

D2. 您觉得宏观调控政策对您所在城市的房价有影响吗？

(1) 没有影响，房价依然快速上涨

(2) 有影响，房价涨的没那么快了

(3) 有影响，房价保持平稳　　(4) 有影响，房价稍微下降了

(5) 很有影响，房价下降了很多　　(9) 不清楚

D3. 请您对本城市的住房保障情况进行整体评价：

(1) 非常不满意　　(2) 不满意

(3) 一般　　(4) 满意

(5) 非常满意

E. 基础教育

E1. 就您所知，本城市孩子上幼儿园/小学/初中是否需要找关系或变相缴费：

(1) 全部需要　　(2) 多数都需要

(3) 偶尔需要　　(4) 全部不需要

(9) 不清楚

E2. 您本人或认识的人的孩子上幼儿园/小学/初中是否遇到择校等教育资源不公平的情况？

(1) 非常多　　(2) 比较多

(3) 一般　　(4) 比较少

(5) 非常少　　(9) 不清楚

E3. 请您对本城市的基础教育情况进行整体评价：

(1) 非常不满意　　(2) 不满意

(3) 一般　　(4) 满意

(5) 非常满意

F. 社会保障和就业

F1. 您认为本城市弱势群体（孤寡老人、低收入群体、流浪人群等）是否得到有效救助？

(1) 没有效果　　(2) 效果不明显

(3) 一般　　(4) 比较有效

(5) 非常有效

F2. 您对本城市的养老服务（社区养老、养老院设置等）是否满意？

（1）非常不满意　　（2）不满意

（3）一般　　（4）满意

（5）非常满意　　（9）不清楚

F3. 您所在的城市政府是否出台了扶持创新创业的政策，并进行了有效落实？

（1）没有　　（2）有，但落实效果不明显

（3）有，感觉一般　　（4）有，落实比较有效

（5）有，落实非常有效　　（9）不清楚

F4. 请您对本城市的社会保障和就业情况进行整体评价：

（1）非常不满意　　（2）不满意

（3）一般　　（4）满意

（5）非常满意

H. 医疗卫生

H1. 您去本城市的公立医院看病，是否感觉有不必要的检查和费用发生？

（1）有，非常严重　　（2）有，比较严重

（3）一般　　（4）有，但是还可以接受

（5）没有　　（9）没去过

H2. 请问您去离家最近的公立医院（包括社区医疗卫生中心）的便利程度？

（1）非常不方便　　（2）比较不方便

（3）一般　　（4）比较方便

（5）非常方便　　（9）不清楚

H3. 请您对本城市的医疗卫生情况进行整体评价：

（1）非常不满意　　（2）不满意

（3）一般　　（4）满意

（5）非常满意

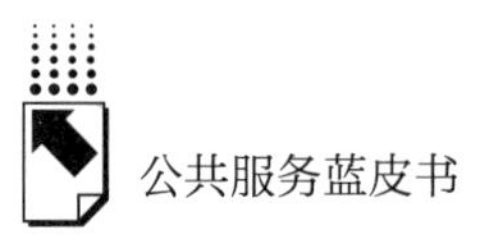

I. 城市环境

I1. 下面请您对所在城市的生活环境进行满意度评价：

生活环境	非常不满意＝＝＝＝＝＝＝＝＝＝➔非常满意				
1）河流湖泊水质如何？	1	2	3	4	5
2）绿化如何？	1	2	3	4	5
3）街道社区卫生如何？	1	2	3	4	5

I2. 您对过去一年本城市的雾霾治理状况是否满意？

（1）非常不满意，雾霾非常严重　　（2）不满意，雾霾比较严重

（3）一般　　（4）满意，雾霾情况较少

（5）非常满意，基本没有雾霾

I3. 请您对本城市的环境情况进行整体评价：

（1）非常不满意　　（2）不满意

（3）一般　　（4）满意

（5）非常满意

J. 文化体育

J1. 您周边公共的文化体育场馆或设施是否能满足您或家人的日常文化体育需求？

（1）远不能满足　　（2）不太能满足

（3）一般　　（4）基本能满足

（5）全部能满足　　（9）没去过

J2. 请您对本城市的体育文化情况进行整体评价：

（1）非常不满意　　（2）不满意

（3）一般　　（4）满意

（5）非常满意

K. 公职服务

K1. 您认为政府减少行政审批等简政放权的效果如何？

（1）非常不明显　　（2）不明显

(3) 一般　　(4) 比较明显

(5) 非常明显

K2. 您上一次去政府部门办事，同一件事务办理完毕总共跑了几趟？

(1) 3 趟及以上　　(2) 2 趟

(3) 1 趟　　(9) 没去过

L. 公共产品和公共政策

L1. 您如何评价延迟退休这一政策改革？

(1) 不赞成　　(2) 赞成

(9) 说不清楚

L2. 您对本城市共享单车的管理情况评价如何？

(1) 非常混乱　　(2) 比较混乱

(3) 一般　　(4) 比较有序

(5) 非常有序

L3. 您或您认识的人的孩子是否遭遇过校园欺凌？

(1) 是　　(2) 没有

(9) 不清楚

Q. 背景资料

【下面是关于您的一些个人信息，仅供资料分析。我们会对您的个人信息进行保密】

Q1. 您的性别：

(1) 男　　(2) 女

Q2. 您的最高学历：

(1) 初中及以下　　(2) 高中（中专/技校）

(3) 大专　　(4) 本科

(5) 研究生及以上

Q3. 您的单位性质是：

(1) 国家行政机关　　(2) 事业单位

(3) 国有企业　　(4) 私营企业

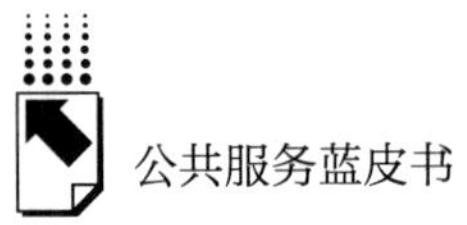

（5）外资企业或合资企业　　　　（6）其他

Q4. 您当前个人的月收入【包括工资、奖金、津贴、股票和第二职业等所有收入】为________？

（1）2000 元及以下　　　　（2）2001 元～3000 元

（3）3001 元～4000 元　　　　（4）4001 元～5000 元

（5）5001 元～7000 元　　　　（6）7001 元～10000 元

（7）10000 元及以上

访问到此结束，再次感谢您的支持与配合！

Abstract

This report, by using the optimized evaluation index system and analyzing the results of 15613 online questionnaires, comprehensively and thoroughly evaluates and studies the basic public service capability in 38 major Chinese cities, and issues the ranking lists and results of satisfactoriness of these cities in 2018 from all aspects. Meanwhile, the network big data analysis method is used to verify and evaluate the basic public service capability of 38 major Chinese cities. By comparing the results obtained by two methods above, the degree of satisfaction with basic public services from network big data analysis is highly correlated with the satisfactoriness index for public services from questionnaire analysis, which indicates that the network big data analysis is scientific, feasible and reliable.

A series of indices is applied to further study the degree of public satisfaction with basic public services in 38 major cities, including the index of GDP leveraging public satisfactoriness index for basic public services, the rising index of the degree of public satisfaction with basic public services, and the development index of public satisfactoriness index for basic public services elements. The monomial evaluation on the satisfactoriness index for the nine basic public service elements is also concerned, including Public Transportation, Public Security, Housing Guarantee, Basic Education, Social Security and Employment, Basic Healthcare and Public Health, Urban Environment, Culture and Sports, and Government Services, according to the online survey results. In addition, referring to the Tencent Index social hotspot data, the top ten hot issues in public services that the public is most concerned about in 2018 are summarized. By using the public opinion big data analysis method, the in-depth analysis of typical cases in the sector of public health, education, housing, transportation, social security, individual taxes, etc. is the last important component of the investigation report.

Keywords: Public Services; Basic Public Service Capability; Public Satisfactoriness Index for Basic Public Services

Contents

Ⅰ General Report

Abstract: This report, by analyzing the results of online questionnaires, comprehensively and thoroughly evaluates and studies the basic public service capability in 38 major Chinese cities, and issues the ranking lists and results of satisfactoriness of these cities in 2018 from nine aspects, which are Public Transportation, Public Security, Housing Guarantee, Basic Education, Social Security and Employment, Basic Healthcare and Public Health, Urban Environment, Culture and Sports, and Government Services. Meanwhile, the network big data analysis method is used to verify and evaluate the basic public service capability of 38 major Chinese cities. Because of the adjustment of the survey method, the overall satisfactoriness index for basic public services in Chinese cities decreases, from 63. 37 in 2017 to 58. 05 in 2018.

Keywords: Basic Public Service Capability; Public Satisfactoriness Index for Basic Public Services; Reform and Innovation of Basic Public Services

Ⅱ Big Data Analysis Report

Abstract: This report refers to the social hot news database of the Tencent Index from October 2017 to October 2018. Based on the total network traffic of ten thousand hot public opinion events of government affairs in the entire database, top 33 popular cases spread over millions times are selected, which the public is most concerned about in the social public service field in 2018. These hot issues are distributed in various public service areas such as medical care, education, housing, transportation, and social security. Using Tencent's big data to conduct in – depth analysis of typical cases in related fields, we try to present the problems and shortcomings of the current urban basic public services in the report, and sort out the policy recommendations from experts in various fields to improve public service capability of relevant government departments, providing scientific reference for government departments decision – making.

Keywords: Urban Basic Public Service, Hotspot Issues, Degree of Satisfaction

Ⅲ Evaluation Reports

B. 3 The Evaluation Report of the Public Satisfactoriness Index for Basic Public Services in 38 Major Chinese Cities, 2018 / 091

Abstract: This report reveals the general information and development of the degree of public satisfaction with basic public services in 38 major cities in China (including Municipalities \ Provincial Capitals \ Special Economic Zones and Cities Specifically Designated in the State Plan) through systematic assessment and comparative study, in accordance with the evaluation index system of local government's public service capability. By researching the changes of annual data between 2018 and 2017, a comparative analysis based on the assessment of the situation about the degree of public satisfaction with basic public services in different types of cities and different criteria is also included.

Keywords: Public Satisfactoriness Index for Urban Basic Public Services; Questionnaire Survey ; Big Data

Abstract: This report focus on the monomial evaluation on the satisfactoriness index for the nine basic public service elements, including Public Transportation, Public Security, Housing Guarantee, Basic Education, Social Security and Employment, Basic Healthcare and Public Health, Urban Environment, Culture and Sports, and Government Services. The report studies the overall satisfactoriness ranking list, and analyzes the annual assessment situation about these elements. The development index of public satisfactoriness index for nine basic elements of public services are also concerned. Regional comparison and excellent city reviews are the important component of this report.

Keywords: Public Service Capacity; The Development Index of Public Satisfactoriness Index for Basic Public Services Elements; The Satisfactoriness Index for Basic Elements of Public Services

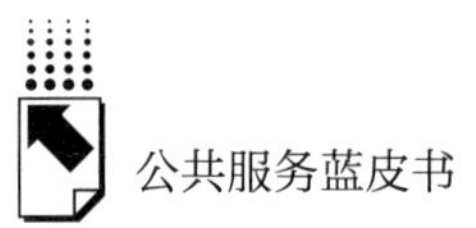

Ⅳ Appendix

皮书起源

“皮书”起源于十七、十八世纪的英国，主要指官方或社会组织正式发表的重要文件或报告，多以“白皮书”命名。在中国，“皮书”这一概念被社会广泛接受，并被成功运作、发展成为一种全新的出版形态，则源于中国社会科学院社会科学文献出版社。

皮书定义

皮书是对中国与世界发展状况和热点问题进行年度监测，以专业的角度、专家的视野和实证研究方法，针对某一领域或区域现状与发展态势展开分析和预测，具备原创性、实证性、专业性、连续性、前沿性、时效性等特点的公开出版物，由一系列权威研究报告组成。

皮书作者

皮书系列的作者以中国社会科学院、著名高校、地方社会科学院的研究人员为主，多为国内一流研究机构的权威专家学者，他们的看法和观点代表了学界对中国与世界的现实和未来最高水平的解读与分析。

皮书荣誉

皮书系列已成为社会科学文献出版社的著名图书品牌和中国社会科学院的知名学术品牌。2016 年，皮书系列正式列入“十三五”国家重点出版规划项目；2013~2018 年，重点皮书列入中国社会科学院承担的国家哲学社会科学创新工程项目；2018 年，59 种院外皮书使用“中国社会科学院创新工程学术出版项目”标识。

中国皮书网

（网址：www.pishu.cn）

发布皮书研创资讯，传播皮书精彩内容

引领皮书出版潮流，打造皮书服务平台

栏目设置

关于皮书：何谓皮书、皮书分类、皮书大事记、皮书荣誉、
皮书出版第一人、皮书编辑部

最新资讯：通知公告、新闻动态、媒体聚焦、网站专题、视频直播、下载专区

皮书研创：皮书规范、皮书选题、皮书出版、皮书研究、研创团队

皮书评奖评价：指标体系、皮书评价、皮书评奖

互动专区：皮书说、社科数托邦、皮书微博、留言板

所获荣誉

2008 年、2011 年，中国皮书网均在全国新闻出版业网站荣誉评选中获得“最具商业价值网站”称号；

2012 年,获得“出版业网站百强”称号。

网库合一

2014 年，中国皮书网与皮书数据库端口合一，实现资源共享。

权威报告·一手数据·特色资源

皮书数据库

ANNUAL REPORT(YEARBOOK) DATABASE

当代中国经济与社会发展高端智库平台

所获荣誉

- 2016年，入选“‘十三五’国家重点电子出版物出版规划骨干工程”
- 2015年，荣获“搜索中国正能量 点赞2015”“创新中国科技创新奖”
- 2013年，荣获“中国出版政府奖·网络出版物奖”提名奖
- 连续多年荣获中国数字出版博览会“数字出版·优秀品牌”奖

成为会员

通过网址www.pishu.com.cn访问皮书数据库网站或下载皮书数据库APP，进行手机号码验证或邮箱验证即可成为皮书数据库会员。

会员福利

- 使用手机号码首次注册的会员，账号自动充值100元体验金，可直接购买和查看数据库内容（仅限PC端）。
- 已注册用户购书后可免费获赠100元皮书数据库充值卡。刮开充值卡涂层获取充值密码，登录并进入“会员中心”—“在线充值”—“充值卡充值”，充值成功后即可购买和查看数据库内容（仅限PC端）。
- 会员福利最终解释权归社会科学文献出版社所有。

数据库服务热线：400-008-6695
数据库服务QQ：2475522410
数据库服务邮箱：database@ssap.cn
图书销售热线：010-59367070/7028
图书服务QQ：1265056568
图书服务邮箱：duzhe@ssap.cn

社会科学文献出版社 SOCIAL SCIENCES ACADEMIC PRESS (CHINA) 皮书系列
卡号：337999919495
密码：

S 基本子库
UB DATABASE

中国社会发展数据库（下设 12 个子库）

全面整合国内外中国社会发展研究成果，汇聚独家统计数据、深度分析报告，涉及社会、人口、政治、教育、法律等 12 个领域，为了解中国社会发展动态、跟踪社会核心热点、分析社会发展趋势提供一站式资源搜索和数据分析与挖掘服务。

中国经济发展数据库（下设 12 个子库）

基于“皮书系列”中涉及中国经济发展的研究资料构建，内容涵盖宏观经济、农业经济、工业经济、产业经济等 12 个重点经济领域，为实时掌控经济运行态势、把握经济发展规律、洞察经济形势、进行经济决策提供参考和依据。

中国行业发展数据库（下设 17 个子库）

以中国国民经济行业分类为依据，覆盖金融业、旅游、医疗卫生、交通运输、能源矿产等 100 多个行业，跟踪分析国民经济相关行业市场运行状况和政策导向，汇集行业发展前沿资讯，为投资、从业及各种经济决策提供理论基础和实践指导。

中国区域发展数据库（下设 6 个子库）

对中国特定区域内的经济、社会、文化等领域现状与发展情况进行深度分析和预测，研究层级至县及县以下行政区，涉及地区、区域经济体、城市、农村等不同维度。为地方经济社会宏观态势研究、发展经验研究、案例分析提供数据服务。

中国文化传媒数据库（下设 18 个子库）

汇聚文化传媒领域专家观点、热点资讯，梳理国内外中国文化发展相关学术研究成果、一手统计数据，涵盖文化产业、新闻传播、电影娱乐、文学艺术、群众文化等 18 个重点研究领域。为文化传媒研究提供相关数据、研究报告和综合分析服务。

世界经济与国际关系数据库（下设 6 个子库）

立足“皮书系列”世界经济、国际关系相关学术资源，整合世界经济、国际政治、世界文化与科技、全球性问题、国际组织与国际法、区域研究 6 大领域研究成果，为世界经济与国际关系研究提供全方位数据分析，为决策和形势研判提供参考。

法律声明